U0737314

逆袭民国

那些生如夏花之绚烂的**女**子

刘承沅 ◆ 著

中国言实出版社

图书在版编目（CIP）数据

逆袭民国：那些生如夏花之绚烂的女子 / 刘承沅著 . —
北京：中国言实出版社，2014.3

　　ISBN 978-7-5171-0466-7

　　Ⅰ . ①逆… Ⅱ . ①刘… Ⅲ . ①女性—名人—生平事迹—
中国—民国 Ⅳ . ① K828.5

中国版本图书馆 CIP 数据核字（2014）第 051749 号

责任编辑：王文娟

出版发行　中国言实出版社
　　地　　址：北京市朝阳区北苑路 180 号加利大厦 5 号楼 105 室
　　邮　　编：100101
　　编辑部：北京市西城区百万庄大街甲 16 号 5 层
　　邮　　编：100037
　　电　　话：64924853（总编室）64924716（发行部）
　　网　　址：www.zgyscbs.cn
　　E-mail：zgyscbs@263.com
经　　销　新华书店
印　　刷　北京普瑞德印刷厂
版　　次　2014 年 4 月第 1 版　2014 年 4 月第 1 次印刷
规　　格　710 毫米 ×1000 毫米　　1/16　18 印张
字　　数　250 千字
定　　价　35.00 元　　ISBN 978-7-5171-0466-7

目 录
CONTENTS

序　言

一百年过去了，一个世纪的舞台终于落下帷幕，血与火的洗礼，爱与恨的纠葛，痛与悟的交融，生与死的彻悟……波澜壮阔的历史画卷里，我们却注意到了这幅长卷角落里淡淡晕染的几丛幽兰芳草的倩影——那些绰约多姿，才情满溢却命途多舛的民国女子，在时代的浪潮里若隐若现，散发着幽静芬芳，留给世人无尽的叹与羡，歌与怜。

怀旧与反思潮流的盛行，令近乎要淡出人们视野的民国风情再次浮现，成为大众文化消费的焦点。民国那些人，那些事，那些国难深重下的声色犬马、灯红酒绿、歌舞升平，经过一个世纪的洗练和沉淀，我们开始用另外一种视角去审视，层层剥啄，探寻时代的脉搏，人物灵魂最深处的悸动——尤其是那些奇女子：

她们谋爱，谋自由，亦谋生之璀璨；

她们，风华绝世，惊才绝艳，是乱世民国一道绚烂的风景；

她们，兼具了贵族的气度、文士的风骨、志士的气魄；

她们，是生如夏花之绚烂，死如秋叶之静美的经典诠释。

我亦因此而深信，这黑白底色的民国，亦因她们而有了婉约的诗意，摇曳的风姿。不是么？无论世界多么残酷，现实多么黑暗，可生活总得继续，这个善于在隐忍负重中蜗索前进的民族，总会在生活中寻出些许亮色，些许景致，让我们于艰难前行之路获得少许心灵休憩。一百年后的我们，以更为宽容的眼光看待这些传奇女子，忽而理解了她们的美丽与哀愁，也让我们的心灵有所顿悟！

如今的我们，比较民国那个时期，眼界却似乎真的不够开阔了！仔细一瞧，似乎那个时代才是真真正正的"碎片化"：光怪陆离、风雨如晦、诸侯蜂起……这些词怎样形容都不为过。思想上，呈现的是一种类似战国时期"百家争鸣"的态势——中西文化的碰撞，引发了新文化运动与各种主义思潮的激烈交锋……民国之于后人，其文化上的影响太过深远，不仅仅是在政治、经济、艺术领域，更甚者，是对延续了两千多年的文化传统的一种彻底反思：是批判地继承还是彻底地唾弃抛却？是完全地西化还是固守传统？其变革风潮之热烈，自我中华大文化圈形成以来，前所未见。时代大潮如此，社会风尚、民众生活百态亦一一呈现出戏剧性看点。这些传奇女子便成为民国时的一道独特风景。

我有心想要表达对那个年代的好奇，对那些逝去的衣香鬓影的欣叹，却觉得无从下笔……直到有一天，不经意间发现了一首朦胧的旧诗，大约写于十年前，才觉得非如此不能表达我对于民国那些人、那些事的感触。

时代的真相

那耀眼的强光刹那消退

自空樽中洒了出来

从仰天痴神的那刻起

人间便失去了真相

　　那个年代，那个人间

　　已经出走太远

　　长夜漫漫

　　城市陷落得更深

　　买醉女的歌声渐退

　　酒杯和桃花，仍是那么迷人

　　……

　　不可否认，那时我对民国的理解仍有可能是片面的，甚至是不切实际或滑稽的。与今日今朝的理解相比，两者有着迥然不同的差异：如今我更倾向于研究它的文化模式，而并非欣赏表面的"酒杯和桃花"。多年的辗转，以及不断地学习，让我对那段历史有了更深入的思考。恰逢机缘，创品书业旗下的徐编辑询问我有无兴趣尝试创作民国女子的题材，我怦然心动，等接收到她传来的完整策划案时，我忽然有一种多年期待，一朝得偿所愿的欣喜满足感。是的，这本书正是我想写的，也是我多年积淀升华迫不及待想要倾诉表达的——命运的安排让人惊讶，莫非这就是人们常说的心想事成？

　　我需要感谢这样一个机会，让我能够将那些年的思想的体悟融到字里行间，诉诸纸上。

　　我一度想过将那些身在苦难之中，却又命运不同的人物单独陈列出来，用一种类似于"思维情境"的模式进行对比整合，探讨那个时代的命运流转。但在这本书中我还是放弃了，一则考虑了本书的受众，二则经反复比较仍觉得传统"史笔"叙述模式有无可比拟的优点——

我可以为每个人物先"正名"。例如普及常识：林徽因真正的价值在哪里，是她的诗才还是建筑学上的贡献？吕碧城真正令人敬佩的地方在哪里，是她的才名还是卓越的思想？王映霞与郁达夫"最著名的情事"始末是如何的，背后隐藏着什么样的真相？诸如此类都该是我们特别关注的。诚然，甄别大量或真或假的资料是一项繁琐和极考验人耐性的工作，幸运的是，我从这漫长的琐碎整理工作中得到了乐趣——因为中途，我豁然发现，我到了前人未曾发掘的琅嬛福地。故而，当我提笔时，便胸有成竹，确信笔下的每个女子不是当下"民国热"中出现的脸谱化、教条化的人偶，而是活泼泼的，有坚强亦有脆弱，有感性亦有冷酷到底的决然——我想我已经深刻明白"人是一个矛盾结合体"这句话了。

民国的女子是各有特色的，并非仅是我们常常提及的那几个人：林徽因、陆小曼、张爱玲……可以说，在三十六年的民国史中，有着无数个独特的、无限风情的女子。她们当中，有的在乱世中找到了自我，"谋爱，谋自由，亦谋生之璀璨"；有的难逃千年儒教文化的思维禁锢，"在通往悲剧的路途上昙花一现"；有的则在中西文化的交锋中犹疑不决，并最终走向"毁灭或光明"……这是一种值得关注的文化现象，它的独特性，让我们可以从更宏观的历史视野里寻找出一些端倪：一面是传统礼教的压迫，一面是西方人权思潮的涌入，从这当中走出来的女性，无疑带着一种更为天然的，令现代人无法切身感受的挣扎与迷茫……

在写作这本书的过程中，我虽在有意无意中将某种类似于"悲悯"的情怀融入其中，但更多的，还是尽量将更为客观的史实呈现于读者面前，希望读者能够从中获取点有价值的信息，那便是我值得庆幸鼓舞的一件事了。在此我要感谢创品书业的徐编辑敬业地甄别史料、细致修改，以及众多朋友在背后的默默支持，最后摘录我的一首诗《时代》，以飨读者：

痴男怨女

功名利禄

为世界的虚无而哀嚎

为繁华或败落而忧叹

在烈日下找到自己的影子

在黑夜中点亮心里的灯

这都不算什么

求生的愿望本是那么强烈

对和错

谁来评判

价值是那么的孤立

很容易便被摧毁

人们集成圈子抱守一团

在许久的分离之后

他们寻找慰藉

他们揭开伤痕

刘承沅
于癸巳年冬

才华馥比仙

林徽因：一身诗意千寻瀑，万古人间四月天

浮光掠影

　　林徽因（1904—1955），原名林徽音，取自《诗经·大雅》中"大姒嗣徽音，则百斯男"，后为避免与当时一位作家林微音混淆，故改名徽因。她的祖父林孝恂为清朝翰林，曾在浙江金华、孝丰等地为官；父亲林长民毕业于日本早稻田大学，擅长诗文书法，曾任北洋政府司法总长等职，晚年号双栝庐主人。林徽因 1904 年 6 月出生于杭州，5 岁时由林泽民授课发蒙，8 岁移居上海。后举家搬至北京，就读于北京培华女中。自 1920 年起，林徽因随父亲游历欧洲，立下了攻读建筑学的志向，与此同时，结识了诗人徐志摩，开始写诗。1924 年，林徽因与梁思成同赴美国宾夕法尼亚大学攻读建筑学，后入耶鲁大学戏剧学院学习半年。1928 年，同梁思成结婚并回国，在中国开讲建筑学。1930 年到 1945 年年间，林徽因夫妇二人游历全国，考察全国建筑，开展建筑科学研究，并从事文学创作。1949 年，林徽因被聘为清华大学建筑系教授，从而开启了她的宏伟蓝图：保护文物古建筑、挽救传统文化工艺、设计人民英雄纪念碑及国徽。1955 年，51 岁的林徽因病逝于北京同仁医院，死因为肺结核。

人物心语

你是一树一树的花开，是燕在梁间呢喃，——你是爱，是暖，是希望，你是人间的四月天！

是你，是花，是梦，打这儿过／此刻像风在摇动着我／告诉日子重叠盘盘的山窝／清泉潺潺流动转狂放的河／孤僻林里闲开着鲜妍花／细香常伴着圆月静天里挂／且有神仙纷纭的浮出紫烟／衫裙飘忽映影在山溪前……

缄默之环

"一身诗意千寻瀑，万古人间四月天。"或许这个世上真正懂得林徽因的人，也就那么几个。不论是从那个年代近看，还是如今我们再去追忆，徐志摩的追恋，梁思成的惊喜，金岳霖的坚守，众人都为之唏嘘不已，也惊慕不已……人们用浪漫而温软的笔调叙述她，琢磨她，却仍不能深入她的内心世界。

自古美女多如云，才女却寥寥无几，美貌与才华兼具者，更是少之又少。林徽因便是在这样一个时代成了引人瞩目的焦点：一个女权主义萌芽的时代，她本可以用她的笔，来绘出美丽的画卷；也可以用她轻柔的文字，写出更好的诗歌或散文，但她竟通通将之放到了最末位，而把所有的寄望都放在一个本该是男性一统天下的行业——建筑学。这个寄望，在她的大半生中，不论是光彩夺目，还是沦落潦倒之时，都不曾放弃，或者建筑学本来就是她一生的追求，乃至信仰了——而她却绝非是自不量力的：如果现代意义上的建筑学有奠基人一说的话，她无疑是其中之一。她对建筑专业教育、建筑史的整理、建筑理论营造学的贡献不在梁思成之下，可以说，她是中国现代建筑学的开拓者之一，也是中国现代最著名的建筑师之一。

或许，论及这些，只是一点小小的点缀罢了，对于不懂林徽因的人，林徽因的情感或文艺风采才是最终吸引着他们去追捧，令他们把这个奇女子定位于才女或美女的范畴。而那些真正懂得她的人呢，却一个个地缄默着：徐志摩是最不甘于沉寂的诗人，面对林徽因变得婉转难言；梁思成与她是结发夫妻，人们却只能从他第二任妻子林洙那儿得到关于林徽因的只言片语；金岳霖逝世前一年，面对采访时只说："我所有的话，都应该同她自己说，我不能说，我没有机会同她自己说的话，我不愿意说，也不愿意有这种话。"他们不愿来评述，不能去评述，甚至认为评述林徽因这个女子，是一种潜在意义上的误会、误解。

康桥之恋

有人以为林徽因是不幸的，他可曾知道什么才是不幸？是运道的寡然，还是世俗的偏见？抑或是错过了美好事物？如今的时代，有着太多偏见和虚荣，甚至连坦率也难得一见了。

1904 年 6 月的杭州，莲花盛开，绿柳荫荫，在这座美自浑然天成的城市里，诞生了一位难能一评的女子——林徽因。冥冥中她带着一种使命，且不管这个使命是什么，但却不可避免地成为一个传奇。

林徽因 5 岁时由姑母发蒙，教她认字、读书；8 岁时，随父亲林长民迁居到上海，住在虹口区，入爱国小学；4 年后，父亲到北洋政府任职，又举家搬迁至北京，进了英国教会办的北京培华女子学校。1920 年,林长民以"国际联盟中国协会"成员的身份被政府派赴欧洲访问考察，为时一年半，并决定携女儿林徽因同往。林长民告诫女儿说："我此次远游携汝同行，第一要汝多观览诸国事物增长见识；第二要汝近在我身边能领悟我的胸次怀抱；第三要汝暂时离去家庭烦琐生活，俾得扩大眼光养成将来改良社会的见解与能力……"父亲的良苦用心，使得这段经历让 16 岁的少女终于有机会拓展视

少女时代的林徽因

野，见识到国外的风土人情，并在欧洲见识到迥异的建筑风貌。在英国房东女建筑师的影响下，她产生了一种奇异的念头：或许建筑学才是她毕生所求。

1921年9月，林徽因考入伦敦圣玛丽学院，11月，结识了25岁的徐志摩。徐志摩起先与林长民成了忘年之交，两人相见恨晚，成了无话不谈的朋友，还彼此互通"情书"，一个扮演有夫之妇，一个扮演有妇之夫，两人对这个游戏甚觉有趣，成了他们不可多得的情志交流。徐志摩最喜欢林长民的一句诗："万种风情无地着"，抒发了一个在现代文明与传统文化中挣扎的士人的追求和感慨，并劝林长民"趁早返国，引领新时期的文化变动"。随着长久与深入的交往，徐志摩更加着迷的却是这位忘年之交的女儿——林徽因。他向林长民称赞林徽因的天分，而林长民也作了相应的回复："做一个有天才的女儿的父亲，不是容易享的福，你得放低你天伦的辈分，先求做到友谊的了解。"父亲是懂女儿的，在林徽因芳华初绽的年龄，如何面对那么一个风流倜傥而又温软多情的男人？如何能抗拒得了一个诗人的追求？而作为父亲他不能有更多的托辞，他知道女儿的挣扎，当他发现徐志摩的狂热举动时，他能做的只是在"情书"中隐晦地表达自己的隐忧。可惜此时的徐志摩，正沉浸在理想的爱恋之中，他从不会矫揉造作些什么，也不管什么世俗礼节，生平第一次为一个小小的女孩儿所打动，用诗歌将他爱恋的痛苦和甜蜜抒发。

林徽因与父亲林长民

面对徐志摩率真的爱，林徽因不可能不动心的，但她的动心却与徐志摩不同，是一种对其广博的学识，独特的见解，奔放之性情与坦荡之为人的动心。她坦率地承认这种感情，又分不清到底是羞涩还是担忧，或是异性之间的爱慕，她犹豫着，但也更能认清理想境界的诗人是何等的高傲与不能亵渎。在她的回忆当中，对徐的印象总是与雪莱、济慈并比，以致他在她的生命中至多是一个长者，一个引领者，而并非一个平等真实的知己。是的，没有比她的眼睛更为明亮的女子了，她知道徐志摩爱的并非她的本人，而是一个与她模样相同但却只存在于幻想中的人，当一个诗人面对着眼前人却仍旧期盼着幻想中的公主时，结局会怎样？这是任谁都能猜到的。而或许她并非是冷静得如坚冰不能融化，或许她早就融化了，融化到想要得到他永世的爱，而那永世的爱便是不能被眼前的诗人所俘获，只能永远存在于他的诗意当中。可怜的女孩，内心是这样的矛盾，矛盾到不惜把自己变作一个绝情之人，又不惜把自己变作一个"多情"之人，从而引导他迸发出全部的诗情。做出决定是这样的艰难，艰难到不惜去放弃选择的权利，任由一切发生——她不再去把控，而把一切权利交给别人，听天由命。

伦敦的美，是由那时期的雾带来的，在那薄薄的雾中，恋人间相互追逐，若隐若现；而康桥的美则不同，桥下流水淙淙，仿佛充满着无尽的情思，热烈而奔放。在诗人笔下，这所有的美感都被无限放大：徐志摩的爱是炽热的，他在信中反反复复地诉说着自我，"也许，从现在起，爱、自由、美将会成为我终其一生的追求，但我以为，爱还是人生第一件伟大的事业，生命中没有爱的自由，也就不会有其他别的自由了……如果有一天我获得了你的爱，那么我飘零的生命就有了归宿，只有爱才可以让我匆匆行进的脚步停下，让我在你的身边停留一小会儿吧，你知道忧伤正像锯子锯着我的灵魂……"有什么人能阻挡这样的求爱？恐怕只有坚定理智如林徽因吧。但她也不能完全拒绝了这份爱，这份爱是纯洁并洒脱的，恐怕终其一生一世都再难遇到。她几乎有点控制不住要奔向他，告诉他，她并非是一个情窦未开的少女，而是一个被热爱所灼烧，被理智所囚禁，内心却百般煎熬的女人啊。

终于，父亲的回航解救了她，让她在犹豫不决甚或要溃堤的情感之中仓促逃离。波罗加号客船在泰晤士河港口起航了，林徽因结束了这段令她毕生难忘的旅程，她知道徐志摩已与张幼仪离婚，但又能怎样呢？还是什么都不要做了罢！泰晤士港已渐行渐远，她的心中或许早已有了决定……只是旅途中一段华丽的风景罢，命运已然有了安排，也不必再有更多的奢望。人世间的一切感情不都如此吗？终究要离别，任你百般阻挠都无用，注定了的命运，就算躲藏逃避也无用。

各安天命

也许这场相逢只是茫茫尘世中的一个偶然，也许正因为这样一次邂逅，林徽因对未来才变得清晰淡然起来。她无法否认对徐志摩的感情，甚至在每次面对他时都投以默默的一瞥。徐亦知那颊边的红晕已是生命中定格的幻象，美丽且不真实，他不得不以一种超然的姿态立在那里，默默注视。

1922年，林徽因又回到培华女子学校学习。1923年，徐志摩、胡适等人在北京成立新月社，林徽因参加。同年4月，印度诗人泰戈尔访华。由沪入京，泰戈尔受到新月派众人的欢迎，他即兴在日坛公园演讲，由徐志摩充当翻译，林徽因充当助手。当他们三人出现后，全场的人都兴奋起来，时人曾这样形容："林小姐人艳如花，和老诗人挟臂而行，加上长袍白面郊寒岛瘦的徐志摩，有如松竹梅的一幅三友图。"5月8日泰戈尔的寿辰，大家为其举办了一场生日晚宴。晚宴之后演出了泰戈尔的诗剧《齐德拉》，林徽因饰马尼浦王之女齐德拉，徐志摩饰爱神玛达那。二人的精彩表演，赢得阵阵掌声，而他们却注定了与剧中的结局一样，娶走齐德拉的是阿顺那，而爱神玛达那只是一个成全者而已。从兹以后，两人再会面只能以朋友相称——此时，林徽因已与梁思成谈婚论嫁了。

林徽因与梁思成的相识是在1919年，那时二人尚且年幼，梁启超与林长民虽有撮合之意，但并未加以干涉；直到1921年，林徽因从英国归来，梁思成登门拜访，两人迅速开始了恋情，远在异乡的徐志摩鞭长莫及。1923年5月，梁思成在去往游行示威的路上被汽车撞倒，重伤入院。时值初夏，林徽因毫不避讳，为他揩面擦身，无微不至地照顾他，他们自恋爱以来从未如此亲密地接近，因而恋情也迅速升温。在此期间，林徽因提出，她计划留学学习建筑，在她的指引下，本对建筑一无所知的梁思成终于决定与她一同攻读建筑学。在伤好后的第二年，二人相携相伴，比翼漂洋过海，一起赴美入宾夕法尼亚大学美术学院学习。梁思成在美术学院建筑系，当时建筑系不招女生，林徽因便只好注册在美术系，英文名字是 Lin Phyllis Whei-Yin。

而他们在外的几年，噩耗频传，一是梁思成的母亲李惠仙因乳癌病逝；二是林长民于一次袭击中中弹身亡，林徽因顿成失怙失恃之女。正当梁启超料理林长民的丧事之时，他本人也发了肾病，而协和医院却误将其一只正常的肾切除，他余下的日子屈指可数了。身处异国，两人经历着同样的精神煎熬，更加相濡以沫。

也正是从这时起，林徽因才算真正成熟起来。父亲的死是她人生中第一次打击，为此她难以专心学业，渴望立即回国，但却遭到梁启超的劝阻，不得不接受梁家的恩惠，这种寄人篱下的情境对她产生了极大的忧患，从而真切地感受到某种不能言说的压力。

也正当此时，徐志摩与陆小曼的恋情迅速曝光，林徽因替费城教育会写信请胡适来讲演，与胡适做了一番交谈，了解到国内的一些最新情况，并谈到了徐志摩。此时她或许更坦然了，或更

林徽因、泰戈尔、徐志摩

林徽因与梁思成

能看清这样一位浪漫的诗人，她请胡适转告徐志摩，希求彼此能够互谅，用徐志摩的话说，"让过去的算过去的"，不必重提了，永远纪念着。

1928 年 3 月 21 日，梁思成与林徽因在加拿大温哥华举行婚礼。

婚前，梁思成问她："有一句话，我只问这一次，以后都不会再问，为什么是我？"林徽因回答："答案很长，我得用一生去回答你，准备好听我了吗？"至此，两人便不再为此事纠结，爱情终归是有了结果，那之前的种种往事，也不过是过眼云烟罢了。聪明如林徽因者不多，坦诚如梁思成者也不多，这样的婚姻也许才最长久。婚礼后，两人由梁启超安排去欧洲旅行，但主要目的是观摩希腊、意大利、法国、西班牙等国的建筑名胜，研磨欧洲经典的建筑艺术。旅行中，他们对欧式建筑进行了近距离接触，拍照、绘画、记录、查阅资料……从某种意义上讲，这可以算是一次真正意义上的学术体验。

1928 年 8 月，夫妻二人偕同回国，一起受聘于东北大学建筑系。林徽因先回到福州探亲，应福州师范学校和英华中学之邀，作了"建筑与文学"和"园林建筑艺术"的演讲，设计了福州东街文艺剧场。第二年，到东北大学讲授"雕饰史"和专业英语，并在此后一年设计了吉林西站，被称为国内独一无二的中西合璧的建筑杰作之一。

芳心无迹捉弄人

1931年12月，徐志摩因赶着参加林徽因的建筑学讲座，在济南上空遇难触山身亡。林徽因写下了《悼志摩》："……突然的，他闯出我们这共同的世界，沉入永远的静寂，不给我们一点预告，一点准备，或是一个最后希望的余地。这种几乎近于忍心的决绝，那一天不知震麻了多少朋友的心！现在那不能否认的事实，仍然无情地挡住我们前面。任凭我们多苦楚的哀悼他的惨死，多迫切的希翼能够仍然接触到他原来的音容，事实是不会为我们这伤悼而有些须活动的可能！这难堪的永远静寂和消沉便是死的最残酷处……"最末，她写道："志摩，你这最后的解脱未始不是幸福，不是聪明，我该当羡慕你才是。"此时，1920年的二人相遇，才终被盖棺论定。是友情，是爱情？或许只是难辨的仰慕与同情吧。

诗人徐志摩离世了，而哲学家金岳霖却靠近了，林徽因陷入了一场更艰难的选择。当时，梁思成从天津考察古建筑回京，一进家门，林徽因便沮丧地向他倾诉说，此时她爱上了两个人（梁思成与金岳霖），不知该如何是好。梁思成多年后回忆，当时林徽因坦诚得就像小妹在向兄长请教，让他欣慰于妻子未把他当成一个傻丈夫，但他还是感到震惊和痛苦。一夜的思考后，梁思成说："你是自由的，如果你选择了金岳霖，我祝你们永远幸福。"两人顿时哭了，林徽因对他说："你给了我生命中不能承受之重，我将用我一生来偿还！"后来林徽因将此事说给金岳霖听，金岳霖回答："看来思成是真正爱你的，我不能伤害一个真正爱你的人，我应该退出。"于是，金岳霖果真说到做到，可因内心实在放不下，于是就"择林而居"，梁家搬到哪儿他就搬到哪儿，并说："一离开梁家，就像丢了魂似的。"但与林徽因、梁思成二人还是终身的好友，甚至连他们夫妻间的吵架，金岳霖也去做"仲裁"，这从某种程度上来说，金岳霖成了他们的亲人之一。及至林、梁相继去世，他们的儿子梁从诫一直和金岳霖一起生活，并且亲切地称他金爸，直到1984年金岳霖去世，享年89岁。

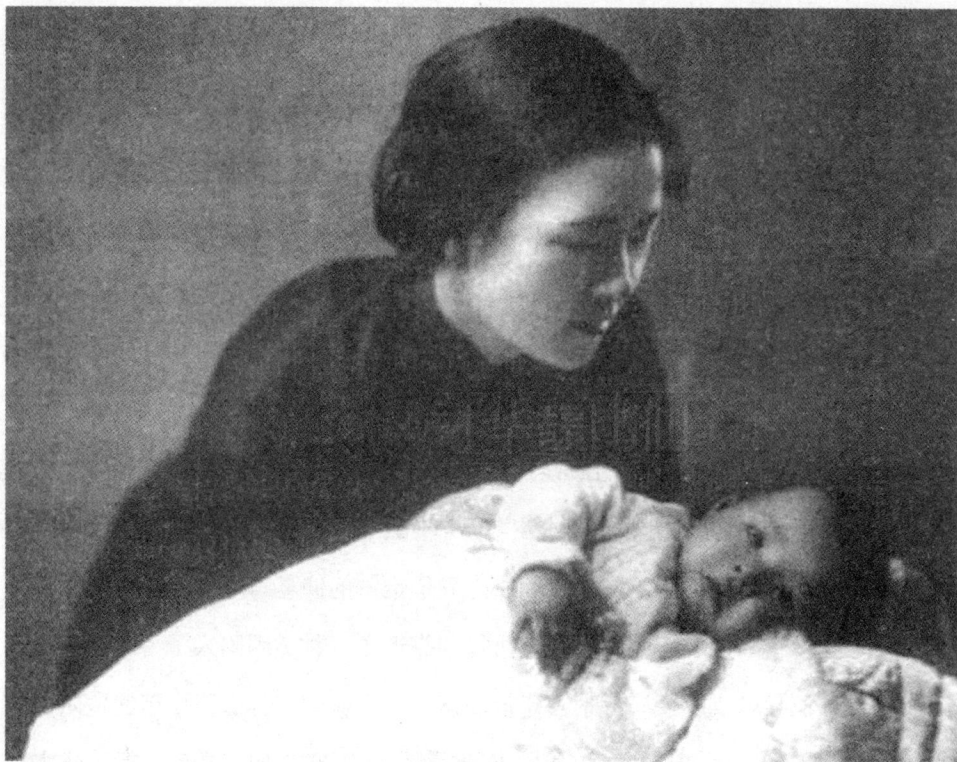

林徽因与儿子

　　这样的描述大概是诗化的刻意，但对于那场遭遇来说，林徽因是坦诚的，梁思成是真挚的，金岳霖则是明理的。本来是一场刀锋相对的婚外恋，却以一种平静的方式和解。时人曾传金岳霖为林徽因终身未娶，无疑也为林徽因的感情世界抹上了重重一笔。而事实却多有周折，李文宜在《回忆金岳霖同志生活佚事》中说，上世纪 60 年代，金岳霖曾为民盟中央常务委员，并认识了名记者浦熙修，不久后两人相爱，已经到了谈婚论嫁的地步。事不凑巧，彭德怀在庐山被批，浦熙修是彭德怀夫人的姐姐，政治上的羁绊令金岳霖进退两难；而祸不单行，浦熙修不久被确诊为癌症，金岳霖也因病住院，于是结婚的事便被耽搁了下来。出院后，金岳霖去看望浦熙修，但她病情发展太快，很快卧床不起，也许是命运的安排，两人终未成为眷属。

晚年的金岳霖，仍对林徽因不能忘怀。一天，他突然把一些老友请到北京饭店，未说理由，让众人纳闷不已。开席之后，金岳霖忽然站起来说："今天是林徽因的生日。"老友们才恍然大悟。

他从未说过要等她一辈子，也没说过要爱她一辈子，他只是以他的方式爱着。这样的爱不痛苦，但沉默；可沉默的爱或许才是真的，能说出来的，大约都是脆弱的。

一片落叶任飘零

抗战期间，林徽因与梁思成辗转走过了中国十几个省市，考察并绘制了100多处古建筑，如五台山佛光寺、赵州大石桥、山西应县木塔等，皆因他们的宣传才未遭受战火的毁坏而得以受到保护。北平沦陷后，二人举家搬迁至云南昆明，继续营造学社的工作，在抗战后方继续古建筑的调研工作。也正是这段时期，对古建筑的考察、研究，促使梁思成破解了《营造法式》的全部奥秘。1940年，林徽因随梁思成迁至李庄上坝村，住在一个叫月亮田的地方，那里远离都市文明，一片破败不堪，林徽因不得不抽出大量时间忙于家务。她在给美国朋友费慰梅的信中透露："每当我做些家务活时，我总觉得太可惜了，觉得我是在冷落了一些素昧平生但更有意思、更为重要的人们……"不久，林徽因肺病发作，多年辗转奔波，令她落下病根，最终卧床不起，只能在被子上工作。加上营造学社的经费短缺，他们只能变卖随身携带的家当，用以维持家用。为此，好友傅斯年写信向朱家骅求助："思成之研究中国建筑，并世无匹，营造学社，即彼一人耳，营造学社历年之成绩为日本人羡妒不已，此亦发扬中国文物之一大科目也。其夫人，今之女学士，才学至少在谢冰心辈之上。"但二人仍旧不曾因生活的困顿而放弃对学术研究的坚持，儿子梁从诫问她："如果四川沦陷你们怎么办？"林徽因平静地回答："中国读书人不是还有一条老路吗？咱们家门口不就是扬子江吗？"

一句话，让梁从诫无言以对。

从当年太太客厅的沙龙中心人物，到穷乡僻壤、拮据窘迫、贫困交加，两者形成了鲜明对比。也正是由于这种对比，世人或许才能真正懂得林徽因，明白她的价值所在，明白她在学术上的忍耐与寂寞……若说后人只记得那个清秀优雅、才思敏捷的她，那就忽略了一个真正敢于面对国难家难洒脱的她。两个她合二为一，或许才会得到一丝半点的真相。这个时期林徽因的作品，已用决然、超脱代替了之前的清纯、恬雅，她的诗中流露出的是对命运的关怀与对理想的坚持。

金岳霖的到访无疑让林徽因一家为之一振，饶有趣味的是汪曾祺对此情景的回忆："金先生是个单身汉，无儿无女，但是过得自得其乐。他养了一只很大的斗鸡，这只斗鸡能把脖子伸上来，和金先生一个桌子吃饭。"正是在好友的陪伴下，林徽因的病情开始好转，冷清的家里又充满了欢快之声。

1943年，英国学者李约瑟拜访，令李约瑟更为惊喜的是，林徽因的英语带着爱尔兰口音，使得李约瑟深有一种他乡遇亲人的感触。

抗战胜利后，林徽因全家于1946年返回北平。1949年，当她得知北平古建筑能够得以保存之时欣喜若狂。此后，她又参与挽救景泰蓝传统工艺、参与人民英雄纪念碑的深化设计、参与中华人民共和国国徽，以及八宝山革命公墓主体建筑格局的设计。1953年，她率先提出了要保护民居住宅建筑，这在中国，即使在国际上都是十分先进的思想。她用那敏锐的思维和洞察力，为中国建筑学术做出了前瞻性思考，力主保护古城墙建筑，并与当时的北京市副市长吴晗发生了正面冲突，厉斥身为历史学家和政府官员的吴晗保护古城墙不力……之后不久，林徽因病情恶化，最终在1955年4月1日病逝。其遗体安葬在八宝山公墓，墓碑由梁思成设计，上面镌刻着：建筑师林徽因之墓。"文革"中，这一行大字被清华大学红卫兵砸毁。

上世纪五十年代后期，在林徽因追悼会上，金岳霖写下了"一身诗意千寻瀑，万古人间四月天"的挽联。

一身诗意林徽因

林徽因的才情是世人公认
的，胡适称她为"中国第一女
才子"，梁思成也夸耀"老婆是
自己的好，文章是老婆的好"，
其他人的赞颂无以计数，不必
赘述。自 1931 年，林徽因开始
创作诗歌，她的第一首诗《谁
爱这不息的变幻》以"徽音"
为笔名，发表在《诗刊》第二期，
此后好诗频发；后徐志摩意外
失事，她的诗歌创作陷入停滞，

中年时代的林徽因

几乎让她失去了写诗的动力，直到 1933 年到 1937 年，她迎来了诗歌创作的又一
高峰，写出了如《忆》《你是人间四月天》《深笑》等名诗。

遗憾的是，林徽因的很多诗稿已经遗失。1937 年，冯至、卞之琳等主编的《新
诗》月刊已预告林徽因诗集要出版的消息，但因日本侵华战火的蔓延，此事便被
搁置。1985 年，梁从诫收集母亲的手稿出版了《林徽因诗集》，但已不够全面，
由于战乱及十年浩劫的影响，其诗稿大部分还是遗失了。

"真正的平静，不是避开车马喧嚣，而是在心中修篱种菊……"在这浮躁而
繁杂的社会，有几个人能做到真正的平静，能够在一片落寞之中固守终穷，能够
在理想面前虽九死其犹未悔？林徽因做到了，她于晦暗的时代里，纷乱的尘世间，
活出了独属于她的那份优雅与美丽。

你是人间四月天

—— 一句爱的赞颂

我说你是人间的四月天；

笑响点亮了四面风；轻灵

在春的光艳中交舞着变。

你是四月早天里的云烟，

黄昏吹着风的软，星子在

无意中闪，细雨点洒在花前。

那轻，那娉婷你是，鲜妍

百花的冠冕你戴着，你是

天真，庄严，你是夜夜的月圆。

雪化后那片鹅黄，你像；新鲜

初放芽的绿，你是；柔嫩喜悦

水光浮动着你梦期待中白莲。

你是一树一树的花开，是燕

在梁间呢喃，——你是爱，是暖，

是希望，你是人间的四月天！

佳人如梦

她很美丽，很有才气。

——冰心

徐志摩的女朋友是另一位思想更复杂、长相更漂亮、双脚完全自由的女士。

——张幼仪

她从不拐弯抹角，模棱两可。这种纯学术的批评，也从来没有人记仇。我常常折服于徽因过人的艺术悟性。

—萧乾

她天生是诗人气质，酷爱戏剧，也专学过舞台设计，却是她的丈夫建筑学和中国建筑史名家梁思成的同行，表面上不过主要是后者的得力协作者，实际却是他灵感的源泉。

—卞之琳

欧洲文艺复兴时期，曾出现过像达·芬奇那样的多面手。他既是大画家，又是大数学家、力学家和工程师。林徽因则是在中国的文艺复兴时期脱颖而出的一位多才多艺的人。她在建筑学方面的成绩，无疑是主要的，然而在诗歌、小说、散文、戏剧等方面，也都有所建树。

—文洁若

张爱玲：生命是一袭爬满了虱子的华美衣袍

浮光掠影

　　张爱玲（Eileen Chang, 1920—1995），原名张煐，10岁时母亲以她的英文名 Eileen 的译音，改名为爱玲。她祖籍河北丰润，生于上海公共租界西区的一幢仿西豪宅中。父亲张志沂为清末大臣张佩纶之子，生母黄素琼为清末水师提督黄翼升之孙女，祖母李菊藕为李鸿章之女。她出身名门，家世显赫，因此受到极好的教育。上海沦陷期间，发表《沉香屑·第一炉香》《倾城之恋》《心经》《金锁记》等作品，轰动上海文坛。后又创作《十八春》《赤地之恋》《半生缘》《小团圆》《流言》等数量极多的脍炙人口之作。张爱玲于1944年结识作家胡兰成并与之交往，1952年离开大陆赴美，1956年与德裔美国人赖雅结婚，1960年取得美国国籍，1973年定居洛杉矶。1995年，因动脉硬化和心血管病，被房东发现死于加州韦斯特伍德市罗彻斯特大道的公寓，享年75岁。

人物心语

你问我爱你值不值得，其实你应该知道，爱就是不问值不值得。

生命是一袭华美的袍，爬满了蚤子。

于千万人之中，遇见你要遇见的人。于千万年之中，时间无涯的荒野里，没有早一步，也没有迟一步，遇上了也只能轻轻地说一句："哦，你也在这里吗？"

也许每一个男子全都有过这样的两个女人，至少两个。娶了红玫瑰，久而久之，红的变成了墙上的一抹蚊子血，白的还是"床前明月光"；娶了白玫瑰，白的便是衣服上的一粒饭粒子，红的却是心口上的一颗朱砂痣。

她是传奇

也许是对人世的情感看得过于透彻，也许是那些本就注定的结局太过幻灭，她才有了这样的眼神，把生活看作爬满虱子的华丽衣袍，也把孤独看作一张淡淡的底影——那究竟是什么样的眼神，疑惑或是睥睨？尖锐或是包容？世人于惊艳赞叹之余，只想起那一个华丽丽的词：奢华。

张爱玲是谈到中国文学史时不能回避的作家。正如施叔青所说："中国（近现代）作家不管死了还是活着，有三个人可以得诺贝尔文学奖：沈从文、张爱玲、老舍，但三个人都死了。"这个探究人性的女人，几乎在一夜之间成为传奇，也影响了那一代人：只因她是代表着全天下的女人来这世上走一遭，所求的是一个圆满。

她如同活在九重天之上的神女，苍凉而华美，用那刻刀一样的文字，刻画着人世间难以琢磨的情感，把悲欢喜怒哀乐，拿到面上，让人看让人叹，让人哭让人笑……关乎人性的永恒主题，以悲情为基调，爱或不爱，命运的转折……如果说这不是她带给人类精神世界的最精妙的礼物，又能算是什么呢？中国现代的作家们，哪一个不曾从中汲取些什么，不曾深深地中着她的"毒"？

华丽心经

从张爱玲来到世上起，就注定了她是一个特立独行的女子。正如她后来所说："我生来是一个写小说的人。"

人生的经历，不过是为她的小说提供些素材。她的母亲爱慕西洋文化，父亲喜欢吟风弄月，家中可谓文墨飘香。旧体制的风气与新世界的事物相互交融，张爱玲如鱼得水般地汲取着其中的养分。事实恐非三毛在《滚滚红尘》中所描述的

替我告诉庆姊，只有它，静庵壮
美的宅，能做好的伴侣；也久有它，
天真激刺的效，能做宅的所朝。
爱玲、

张爱玲签名照

那样悲绝：她或许是陶醉这样的记忆当中的，从她三岁背诵"商女不知亡国恨"，再到七岁写小说，十几岁看红楼……真正袭扰她的恐怕是那早熟的烦恼，而非在童年中无法改变的出身：对父爱之渴求，对母亲之悯爱。她想快点长大，改变自己的宿命……

张爱玲曾说："我喜欢我四岁的时候怀疑一切的眼光。"四岁那年，母亲出于对父亲的失望，与姑姑一起远走海外，父亲将姨太太迎进了门。直到八岁那年，父亲丢官，身体孱弱，无奈只好举家搬到上海，将姨太太赶走，给母亲写信，表示痛改前非，挽救他们的婚姻。此时母亲才动了心思回国，全家人在上海安了新家：花园洋房、狗和花儿、母亲和姑姑……而好景又不长，两年后父母离婚。此后，张爱玲便跟随父亲生活，居住在宝隆花园，母亲黄素琼和姑姑张茂渊住在法租界白尔登公寓。

1931年，张爱玲进入美国圣公会所办的贵族学校圣玛利亚女中就读。也正是那时，她开始了漫漫的文学旅程。私塾教育的底子，加上对文字的天然敏感，1932年她便发表了短篇小说处女作《不幸的她》，次年，又发表了她的第一篇散文《迟暮》。

1934年，父亲再婚，张爱玲与弟弟陷入了苦闷的生活，继母孙用蕃待他们并不好，常常因些小事责骂他们，也就是在这段时间，她完成了小说《摩登红楼梦》，父亲张志沂为之撰回目，这年她十五岁。在古代，女子十五岁称作及笄之年，预示着已经长大成人。回过头来看，也或许正因这样的环境才逼得她早早成熟，早早地周转于复杂的社会俗世当中，也早早地陷进了文学所造的避风港之中。她之后所发表的小说，无不有着一种对生活的叛逆和对自由的向往，对一切善的怀疑和对一切恶的探索。她往后那种深入骨髓、古今交汇的文风，在早年之时就已经初露端倪。在与继母和父亲进行了激烈斗争后，她毅然逃离了这个毫无人情的家庭，转而投向了有着西式思想的生母黄素琼。

毕竟母亲的爱是让人宽慰的，她给了她两条可走的路：要么嫁人，用钱打扮自己；要么用钱来读书。张爱玲别无选择。1939 年，张爱玲获得伦敦大学的奖学金，准备前往留学，却因二战爆发而改入香港大学文学院，后香港沦陷，她的档案也悉数尽毁。而此前的种种努力，即便是有了成就，恐怕也是注定要被打翻的了……未来之事，也只有在尽历黑暗之后，才有了得见天日的机会。

香港的生活，让张爱玲感受到一种比上海租界更为深刻而冗杂的文化交锋。不同的人文环境、价值观、生活方式对她的影响是巨大的，如果说中学生活是不愉快的、家庭生活是牵绊的，那大学生活让她有了一种真正活泼而年轻的心境。无拘无束并洒脱自在，驱散了前路的愁云惨淡，抹去了过往历史的深暗幽黑，如同云朵静浮在蓝天一般，一切都是忘情的，有趣的。那少女的本性直到这时才显露出来，她格外发奋用功，成绩算得上数一数二，而才情也得到了极大的发挥。

谋生之外也谋爱

在一个旋涡似的时代，每个人都难以把握自己的命运。时代恐怕并没教会这个女子失败，教会她的，可能只是对一切的怀疑、对生存的渴望，流转于怀疑之外的一切事物，都是不能改变的历史，但生存，却给了她一种似乎是某种意义上的推力，把她推向一个成熟的高峰。

写作是她唯一赖以生存的工具。1942 年，她返回上海就读于圣约翰大学，不到两月便陷入了困境，经济的压力使得她被迫为英文报刊撰写评论，以专职写作赚取稿酬谋生。幸运的是，自 1943 年开始，张爱玲得到作家兼编辑周瘦鹃的赏识，连续发表了十多篇轰动性小说，如最出名的《沉香屑·第一炉香》《倾城之恋》《金锁记》，使得她一夜成为全上海文学界的新星。在当时的评论中，《金锁记》被称作文坛最美的收获之一。杂志的哄抬，新闻的推举，使得张爱玲轰动全城，继而下去，她写出了更多让人瞠目结舌的美文，文笔老练而成熟，仿佛出自饱经沧桑的大家之手。她所刻画的人物心理、人性曲折，已然不能仅仅说是"传奇"，更称得上是绝作了。这个奇迹并在 1944、1945 年进一步放大，她的小说集《传奇》、散文集《流言》结集出版，两本书一版再版，一时间洛阳纸贵。在《传奇》再版的前言里这位才女快乐地说："出名要趁早，来得太晚的话，快乐也不那么痛快。"因为"个人即使等得及，时代是仓促的，已经在破坏中，还有更大的破坏要来。有一天我们的文明，不论是升华还是浮华，都要成为过去。如果我最常用的字是荒凉，那是因为思想背景里有惘惘的威胁"。

张爱玲侧脸照

她童年过往的所有记忆，在一段段回味中幻化成一幕幕戏剧，每个细节都成为深入骨髓的刻画，每种温情脉脉的爱都被最后的虚伪钻破，被物欲的贪婪膨胀，世间百态与她的经历揉杂一起，刻成了流觞的文字，她以她对语言的感悟和对美的体验，把那些繁冗浮美的辞藻变作精心刻画之句。她从古典小说中汲取的创作手法，与西方文学所擅长的内心刻画，浑然凝聚到了一起，成为一种独特的文体。在那个时代的格局中，她不能再晚一些把这些具有时代符号的人或物表达出来，必须是那个时代，没有那个时代的动荡与沉浮，也就没有其存在的必要了——她需要一场属于自己的风景，一场独特的宴会，因为时代必将把她照亮，而又因为时代必将把她湮没，所以在两个浪潮的空隙当中，她必然要选择一个短暂的节点，把自己的所有光彩照亮，尽管太短、太仓促。

"夜上海，夜上海，你是个不夜城……"旧上海的歌舞妙曼，把张爱玲和上海联结在了一起，成为令世人难解的情结。现代人再去翻看这座城市的历史时，已是曾经沧海。也就是在这个女子的名气如日中天时，胡兰成出现在她的生命中，成了她心头抹不去的一道伤痕。

1944 年 5 月，《杂志》月刊刊出了胡兰成的文章《评张爱玲》。胡兰成在上海沦陷时任汪精卫伪政府的宣传部副部长，《中华日报》的总主笔。在《评张爱玲》中，他用另一种简介式的笔法对张爱玲进行了评价："张爱玲是一枝新生的苗，寻求着阳光与空气，看来似乎是稚弱的，但因为没受过摧残，所以没有一点病态，在长长的严冬之后，春天的消息在萌动，这新鲜的苗带给了人间以健康与明朗的，不可摧毁的生命力。"

这段文字的写出，其实是有私人的情感在其中的，因为那时二人已经陷入恋爱。时人多说是胡兰成因《封锁》一文对张爱玲产生情愫，也有说他因避难与其相识，但不管如何，两人的恋情掀起了巨大的舆论波澜。时年张爱玲 24 岁，胡兰成 38 岁。

胡兰成每月回上海，从来只去张爱玲在赫德路的公寓，在那里他们度过了最美的时光。胡兰成是懂得她的，懂得她的出身所带来的天生的华丽，懂得那种从一种深渊式的情感中带来的细腻之敏感，以至于让她无法自控，只得深深陷入其中，管什么年龄的差距，管什么汉奸的骂名，在她眼中，他只有"懂自己的男人"

的唯一身份。这个角色所带来的一切都令她痴情不已，令她不能想起其他更多的比较：那世俗的般配与否只是一个无用的评价而已，大可不必去理会。

她送出自己的照片，背面写着动心的情话："遇见你我变得很低很低，一直低到尘埃里去，但我的心是欢喜的。并且在那里开出一朵花来。"他们的恋爱一度疯狂，对于胡兰成来说，或许只是情场上的一次小小冒险，但对张爱玲来说，却是一次人生豪赌。"我想过，你将来就是在我这里来来去去亦可以。"也或许，她却曾这样想过，想过留不住眼前这个温文尔雅的男人，但毕竟她知晓，如果没有眼前的一切，抓住的恐怕只能是空气罢了。

1944 年 8 月，胡兰成的第二任妻子提出离婚。张胡二人从此有了名分之实，没有法律程序，只有一纸婚书："胡兰成与张爱玲签订终身，结为夫妇。愿使岁月静好，现世安稳。"仪式有或没有又有何用？见证有或没有又有何必要？只是那美好岁月的逝去总让人感叹，人生短短几十年，总让人匆匆忙忙，患得患失，与其如此，还是及时为乐吧。她知道胡兰成最终必将遭难，这个时代的变动恐怕难以逃脱她的慧眼，那毕竟是一颗敏感的心，可她还是全盘接受了。

1944 年 11 月，胡兰成起身到湖北，临行前说："来日大难，口燥唇干，今日相乐，皆当喜欢。"她明了他的意思，却强迫自己不去在意，或许只有那全心全意的爱才会将这样的话给遗漏。总之，胡兰成在湖北确实又有了新人并结婚：一个十七岁的护士周训德，年轻娇艳如宝石般的女子。次年三月，胡兰成回到上海，将此事告诉了她，那坚贞不屈的爱情忽然崩塌，但却在倒前被某个不知道为何物的希望所支撑，她短暂地希冀过，这恐怕只是一次玩笑吧？然而后来的打击令她感慨难言：日本战败投降，胡兰成逃到浙江诸暨斯家，而后又由斯家庶母范秀美送他去温州，温州未到，二人已结成了夫妻。张爱玲思念夫君，从上海赶来温州，三人相见，顿成尴尬情境。范秀美的三言两语，已经把身在旅馆的张爱玲变作了前妾，最多算是一个朋友。而胡兰成却只能哑然，既不能离开避难之处，又不能对眼前的情人说声抱歉。离开温州的那日，天降着雨，也恐是离情别怨的最后浪漫了，她叹着气："你到底是不肯。我想过，我倘使不得不离开你，亦不致寻短见，亦不能够再爱别人，我将只是萎谢了。"

1947 年 6 月 10 日，张爱玲写信与逃亡中的胡兰成分手："我已经不喜欢你了，你是早已经不喜欢我的了。这次的决心，是我经过一年半长时间考虑的。彼惟时以小吉故，不欲增加你的困难。你不要来寻我，即或写信来，我亦是不看的了。"随信附上 30 万元稿费，结束了这场爱情。至此，她对胡兰成的爱确确实实地萎谢了。

半生之缘

人生如梦如戏，在一场梦还未骤然醒来之时，另一场梦却悄然开始。"死生契阔，与子成说；执子之手，与子偕老"已经是一首壮烈的诗，而并非耳鬓厮磨的情爱，人生的悲剧总是美的。爱情到最后，恐怕只是诉说在文字中的悲情而已。

1945 年以后，张爱玲还有新作，但却少了创作的激情，恐怕是那个留情无数的男人的遗毒吧，她的小说再难有传奇的爱情，只有幽怨与沉静的悲情，成熟与嗔恨的忧伤。直到 1949 年上海政权更替，张爱玲仍留居上海。1950 年土改，迫于政治压力无法写出带有歌颂色彩的作品，于是便少有作品发表。1952 年，她声称"继续因战事而中断的学业"，只身迁居到香港，任职于美国新闻处，开始翻译外国小说《老人与海》《爱默森选集》，并创作小说《秧歌》与《赤地之恋》，小说的故事背景涉及"土改"，由于作品与时政主流相悖，被称"毒草"而遭到大陆的批判并封杀。她在香港期间结识了毕生挚友邝文美及宋淇。在宋淇的建议下，开始为香港电影懋业公司编写《情场如战场》等剧本，十部中有八部被拍成电影。

1955 年，张爱玲赴美国定居。次年，生活窘迫的她居住在新罕布什尔州彼

风华绝代张爱玲

得堡的麦克道威尔文艺营，在此结识了左翼剧作家赖雅。赖雅原是德国移民后裔，是一个崇尚社会主义、自由与友情的男作家，由于家境优越，所以对生活的品味也有着奢侈之风。与张爱玲一样，他早年就显露出了创作才华，七岁能吟诗，十七岁进宾州大学文学系，二十岁前写就诗剧《莎乐美》，二十一岁进入哈佛大学，写成剧本《青春欲舞》，二十二岁在麻省理工学院任教。而他生性奔放自由，虽结过婚有女儿，却不适应婚姻的束缚，直到 65 岁这年遇到 36 岁的张爱玲。或许张爱玲本身便有着一种恋父情结，结交的总是忘年之恋，但也正因此说明了她超前的成熟，他们第一次见面便有似曾相识之感，之后演变成难舍难分，关系进展神速。赖雅在相识两月后的日记中写道："去小屋，一同过夜"，开始了这份超越年龄与国界的爱情。没过多久，赖雅离去，张爱玲写信说怀了孩子，赖雅便向她求婚，不多久二人便在纽约结了婚。从相识到结婚，不过是半年时间——于世人来说，这种恋情恐怕是异类，而对张爱玲来说只能算是直觉。有时候，感情只是两个人的事情而已，与他人无关，爱就爱了，再无其他。

赖雅是剧作家，对电影的了解比张爱玲更深，所以婚后她将小说的失意转向了电影剧本，如《情场如战场》《人财两得》《南北一家亲》等，都在此期间写就，相当卖座。赖雅的兴趣广泛，知识包罗万象，对张爱玲来说是个很好的合作伙伴。结婚最初几年，为了让张爱玲专心写作，赖雅包揽了大部分家事，他们在外租了一个小工作室，每天都要去写几个小时。直到 1961 年因经济状况每况愈下，张爱玲奔赴港台筹钱，二人却接连生病，赖雅身体健康几近崩溃，频繁中风，张爱玲只好返美。此后的几年时间，赖雅又多次中风，最终瘫痪在床，大小便失禁，全靠张爱玲照料。为了生计她四处奔波，经朋友相助，接到位于麻省康桥的赖德克利夫大学的邀请，于是 1967 年 4 月离开了久居的迈阿密大学。然而半年后，赖雅终于支撑不住溘然长逝。这一年，张爱玲四十七岁。

迟暮花落

独居的生活让张爱玲顷刻变得孤寥起来。在此后的近三十年中，她一个人在异国飘零，但她至死都以赖雅为自己的姓，以赖雅夫人自居。1969 年，她移居加州，受聘于柏克莱加州大学，做研究性工作，这对于擅长创作的她来说无疑是枯燥的。而与此同时的台湾却掀起了张爱玲热，尽管在美国的写作境况不佳，但她往年的作品仍旧让华人读者热捧，这对她来说可能算是一个迟来的补偿吧。张爱玲在柏克莱加州大学的工作从下午四五点钟到午夜，所以很难见到同事，加上她深居简出，便仿佛成了一个大隐隐于市的隐士，以至于外界因对她的了解甚少而感到甚为神秘并心生向往。对张爱玲的唯一一次采访，是台大外文系毕业的水晶先生，他对张爱玲的晚年生活状况有所记录：她的起居室犹如雪洞一般，墙上没有一丝装饰和照片，迎面一排落地玻璃长窗。她起身拉开白纱幔，参天的法国梧桐，在路灯下，随着扶摇的新绿，耀眼而来。远处，眺望得到旧金山的整幅夜景。隔着苍茫的金山湾海山，急遽变动的灯火，像《金锁记》里的句子："营营飞着一窠红的星，又是一窠绿的星。"

1971 年，因研究所主持人陈世骧病故，张爱玲遭到解聘。当时她已从皇冠出版社拿到了稳定的版税收入，所以这次解聘并未对她造成很大压力。1973 年，她迁居洛杉矶，开始了真正自由自在的日子。在她今后几十年的隐居生活中，她所做的最主要的事就是英译《海上花列传》和研究《红楼梦》。她的生活惊人的简单，绝少与外界联系，闭门谢客。她用了近十年的时间写作了一部《红楼梦魇》，从一个小说家的角度来观摩《红楼梦》，可谓是"十年一觉迷考据，赢得红楼梦魇名"。而此时的她，恐怕早已经是心淡如月，平静如夜，正如她的生活一样，中午起床工作至天亮，常与月亮相伴……也许，正是有了《红楼梦》的陪伴，她的晚年才过得安详宁静。滚滚红尘早已被她拒之门外，一切事物都不过是身外之物。她彼时的心境，已经被红楼梦中的一切裹挟，家族的落败和繁华过后的凄凉，与她的生命形成了卓然的映照。

张爱玲在她的最后一本书《对照记》中，公开了她的私人相片，给世人揭晓了一个真正的张爱玲。这个历经沧桑的老人，谈起她的往事，却有着另一种镜花水月的虚幻。她风华正茂的年代，刻骨铭心的爱恋，以及那些名利之外的蹉跎，都成了一个个没有头、没有尾的故事。不论是胡兰成或是赖雅，都在她的书中消失不见。在《对照记》的结尾，她写道："然后时间加速，越来越快，越来越快，繁弦急管转入急管哀弦，急景凋年倒已经遥遥在望。一连串的蒙太奇，下接淡出。"宛若一颗沉寂已久的蓝巨星，怅然爆发出她最后的光亮，面对终将来临的死亡，化作一颗冰冷的星球。

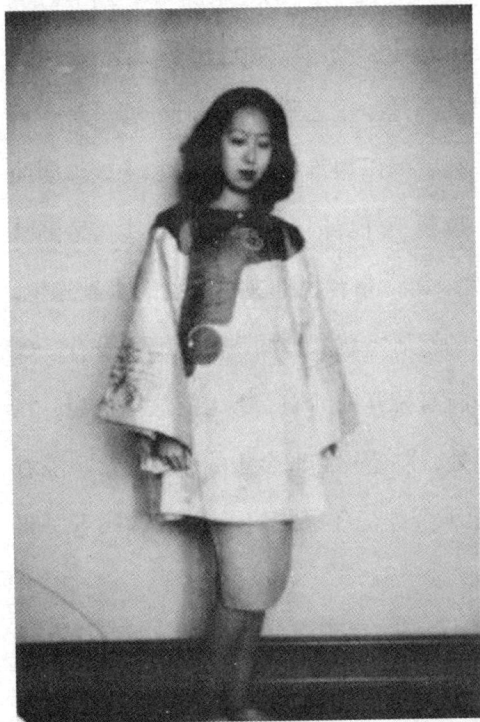

《对照记》中的张爱玲，只见大袄，不见旗袍

1995 年 9 月 8 日，中秋。房东发现已经好久没见到这位瘦削的中国老太太了。洛杉矶警署的警员打开她公寓的门，发现她已在六七天前去世。

在遗嘱中，她叮嘱马上火葬，不举行葬礼仪式。

恍若隔世。五十年前她以"传奇"的方式横空出世，五十年后却平静地死去。这苍凉的世界对她来说仿佛一扇轮回的窗户，那短暂的生命不过是双向外探望的眼睛。浩渺的宇宙曾经辉煌，但终究免不了要黯然消寂。死亡是每个人都必然的归宿，"人生是残酷的，看到我们缩小又缩小的，怯怯的愿望，我总觉得有无限的惨伤。"这个女人用她的才情

晚年张爱玲

为自己下了一次又一次定义，用自己美而枯槁的手指抚平着一个又一个心绪，最终为自己找到了解脱的窄门。

佳人如梦

天下的文章谁敢这样起名，又能起出这样的名，恐怕只有个张爱玲。

——贾平凹

我读张爱玲的作品，觉得自有一种魅力，非急切地吞读下去不可。读下去像听凄幽的音乐，即使是片段也会感动起来。她的比喻是聪明而巧妙的，有的虽不懂，也觉得她是可爱的。

——苏青

她对现实生活的爱好是出于对人生的恐惧，她对世界的看法是虚无的。在《公

寓记趣》里，她饶有兴味地描述了一系列日常景致，忽然总结了一句："长的是磨难，短的是人生。"于是这短促的人生，不如将它安在短视的快乐里，掐头去尾，因头尾是与"长的磨难"接在一起的。

——王安忆

张爱玲用老宅、天井、阳台、镜面、屏风、满月、蚀月、正午的太阳、下午的太阳、胡琴声、三弦声、锣鼓声……她的世界，虽近荒凉，却带着世俗的希望，从生命的底里涌动与勃发，总能温暖人心。

—刘峰杰

几乎占到二分之一篇幅的调情，尽是些玩世不恭的享乐主义者的精神游戏；尽管那么机巧，文雅，风趣，终究是精练到近乎病态的社会产物。好似六朝的骈体，虽然珠光宝气，内里却空洞洞，即没有真正的欢畅，也没有刻骨的悲哀。

—傅雷

凌叔华：人生如梦亦如客

浮光掠影

凌叔华（1900—1990），原名凌瑞棠，笔名素心、叔华、瑞唐，英文名 Su. Hua。祖籍广东番禺，于 1900 年生于北京仕宦与书画世家，排行第十。幼年时先后师从缪素筠、王竹林、郝漱玉等学画，跟随辜鸿铭学习英文。1922 年，考入燕京大学外语系，并加入校文学会；1924 年在《晨报》发表处女作《女儿身世太凄凉》，1925 年在《现代评论》发表小说《酒后》，奠定了她在文坛上的地位，其后又发表了《绣枕》等脍炙人口的作品。1926 年毕业，并与陈西滢结婚，次年旅居日本。1928 年开始，其作品开始集结出版。1929 年任教于武汉大学，其后主编《武汉文艺》。1947 年，与丈夫陈西滢赴法国，从此定居欧洲，其间主要从事西方文学和艺术的研究。1956 年后在新加坡、加拿大教授中国近现代文学。1960 年出版自选集《凌叔华短篇小说选》和散文、评论集《爱山庐梦影》。1962 年，凌叔华应邀在巴黎塞禄斯基博物馆举办画展，轰动巴黎。侨居海外期间，她曾多次举办个人画展和藏画展，影响甚大。1989 年底，凌叔华回国，于 1990 年 5 月在北京逝世。

人物心语

闲来静坐学垂钓，秋水秋色入画图。

就拿这两道眉来说罢，什么东西比得上呢？拿远山比——我嫌她太淡；蛾眉，太弯；柳叶，太直；新月，太寒。都不对。眉的美真不亚于眼的美，为什么平时人总是说不到眉呢？

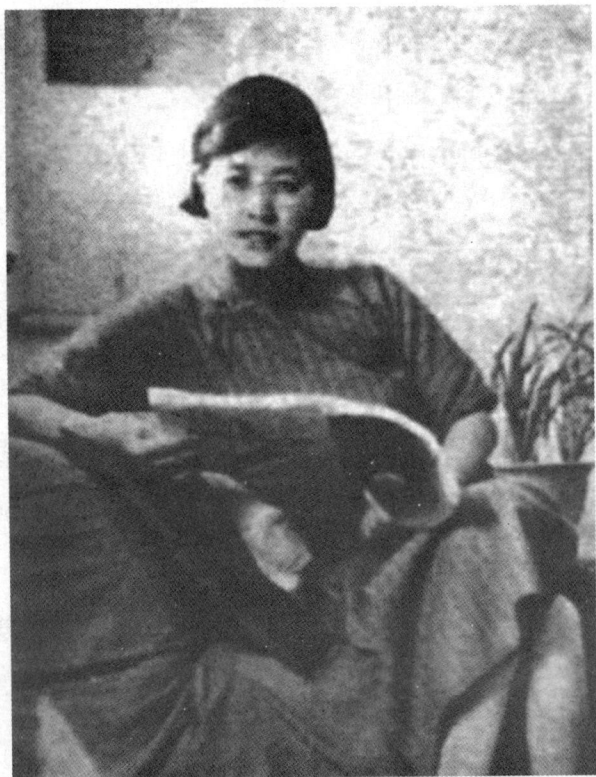

古韵之忆

在中国上世纪三四十年代，文坛有一句趣语："嫁君要选梁实秋，娶妻先看凌叔华。"这样的句子好似吹捧，却从某种角度道出了凌叔华的名气来。但这种名气，并非仅仅是她身为一个作家的名气，而更多的，则是她作为一个传统书画家的名气。两者合一，就不能简单评价了，因为她在两者的任何一个方面，都可以称得上是翘楚。

童年之于人生的影响是巨大的，特别是那种潜移默化。1900 年，她出生在北京一个旧式文人的家庭，是其父亲与三姨太生的女儿，家中排行第十。母亲李若兰通于文墨，爱读诗书，外祖父为粤中画坛高手，家藏书画极丰。而父亲凌福彭则精于辞章、绘画，与后来的新秀派领袖康有为同榜进士，并点翰林，历任清朝、北洋政府的重要职位。由于交友颇广，像齐白石、辜鸿铭、王竹林、陈寅恪等人便常到府上做客，并组织过"北京画会"，一时间胜友如云。正是这样的环境，使得凌叔华耳濡目染，学到不少东西。

当然，旧式文人的家庭生活并非想象中有趣，父亲可谓是当朝一品，妻妾成群，各姨太之间明争暗斗已经是常态，凌叔华在其英文小说《古韵》中，把自己幼时的记忆一一梳理，她像一个冷静的旁观者，冷静地看着那一场场荒谬的闹剧……

凌叔华的启蒙是多方面的。六岁时，王竹林偶然看到凌叔华在墙上作画，便立即认定她是天才，收她为徒，之后将她引荐给著名的宫廷画家缪素筠："让她去看去听，见识一下丹青高手，不光要看如何作画，还要留心大家的言谈举止、艺术趣味，以及一切与绘画有关之事。"这种独有的教育方式，让凌叔华的起点便高人一等，之后，她又拜女画家郝漱玉为师，加上平时常来的齐白石、陈半丁从旁指点，画技进步神速。

学画的同时，凌叔华也接受传统式的文化教育，并跟随康有为学习书法。而辜鸿铭则对她别有一番引导，因其精通七国语言，时称"是以讥讽方式批评西方文化和文明的唯一中国人"，其思路自然与众不同。他认为学英文应像英国人一样教孩子背诵儿歌、圣经，如同中国人教孩子背诵四书五经一样，于是便把凌叔华叫到他家去，教以背诵英文诗歌，同时也捎带教她一些与文学相关的常识。一年时间，聪颖的凌叔华便打下了扎实的英文基础。可以说，辜鸿铭对她的早年启蒙是至关重要的，对她的文学道路起到了不可忽视的作用，而凌叔华本人，也在晚年时常常提起这位恩师，心怀感激。

凌叔华的义父赵朋生是袁世凯的秘书，其人涉猎广泛并精通琴棋书画，是一个正派人物，常教导她摒弃"名、利、俗、懒"的大忌；而义母则是音乐方面的行家，曾教她弹奏古琴等传统乐器，因为二人没有孩子，便把凌叔华当作亲生女儿一般看待，在凌叔华眼中，义父义母是最令她羡慕的一对夫妇。

美的熏陶是影响一生的要素，种种不同的启蒙为凌叔华打开了一道道大门，让凌叔华从本该迷茫的童年走向了与常人不同的世界，让她的经历晕染上了一种神秘而浓烈的色彩。从这一角度来看，她是幸运的，因为并非常常能有人感受到这种《古韵》之美，也并非每个人都能从中走出一个自己来。

轻描淡写竞芳华

凌叔华9岁那年，随父亲到日本旅居两年，回国后定居天津。1919年，凌叔华入读天津女子师范学校，随后不久"五四"运动爆发。1921年，凌叔华考入燕京大学预科，升本科时选择了动物学专业，后又转入外文系，主修英文、法文，当年便编写了《月里嫦娥》和《天河配》的英文短剧。在此期间，凌叔华热衷于绘画，大学期间她的画艺便已达到"偶一点染，每有物外之趣"的程度，朱光潜后来看到她此期间的画作，不由得叹道："我们在静穆中领略生气的活跃，在本色的大自然中找回本来清净的自我。"然而虽然爱画，但凌叔华却终究抵不过文学的诱惑。那时，胡适、冰心等人的新诗风靡文坛，"五四"运动后的西方文化冲击着东方文明，尖锐的社会矛盾让整个民族陷入到一种狂热状态。1924 年，凌叔华以瑞唐为笔名在《晨报》发表短篇处女作《女儿身世太凄凉》，接着又发表了《资本家之圣诞》及《朝雾中的哈大门大街》等文，从此开始踏入文学的门槛。

1924 年 5 月，泰戈尔访华，在北京举行茶话会的时候，凌叔华同时认识了徐志摩和陈西滢，这两个人日后皆与她结下了不解之缘，前者成为了她的挚友；后者则成为了她的丈夫，相伴一生。凌叔华以女主人的身份招待了远道而来的泰戈尔，自此，她的大书房也成了中国最早的文艺沙龙，而徐志摩、陈西滢等人则常到这里做客。

凌叔华保持着与这两个男人之间的通信。当时的徐志摩已经离婚，并彻底失去了林徽因，处在一种寂寞与忧郁当中，在与陆小曼相恋之前，他的感情处于真空状态，需要倾吐、需要安慰……当年秋天，徐志摩写信给凌叔华，请求她做自己的"通信员"："我一辈子只是想找一个理想的'通信员'……最满意最理想的出路是有一个真能体会，真能容忍，而且真能融化的朋友。"自此，二人的关系便更近一步，诗人和才女，本该有一段浪漫情缘，然而，却什么都没有发生。或许上天没有给他们更多的时间，也或是，正是这种眷顾，让凌叔华拥有了徐志摩的友情，把"通信员"的角色一直扮演到他离世。直到 1935 年，凌叔华以《志摩遗札》为题，把当年的信件公开，而人们由此可以想见，当年的徐志摩是多么地迫切需要一份感情啊！而凌叔华却以她的方式避开了："对你不同，我不怕你，因为你懂得，你懂得因为你目力能穿过字面，这一来我的舌头就享受了真的解放，我有着那一点点小机灵就从心坎里一直灌进血脉，从肺管输到指尖，从指尖到笔尖，滴在白纸上就是黑字，顶自然，也顶自由，这真是幸福……"可谁也不能理解，两人之间果非没有过一丝动情么？凌叔华的情人、英国诗人朱利安·贝尔曾说他们确曾陷入热恋，但被打断；而凌叔华的女儿，则说她"追求过徐志摩"，让人扑朔迷离。1983 年，垂暮之年的凌叔华写信给陈从周："说真话，我对志摩向来

凌叔华与陈西滢

没有动过感情，我的原因很简单，我已计划同陈西滢结婚，小曼又是我的知己朋友，况且当年我自视甚高……"也许，那个未动芳心的凌叔华确实已把自己放逐并远离那种浪漫的情怀，而选择了一种更为踏实而符合礼教的婚姻。她是不同的，或许她并不会承认，当时的封建礼教使她不敢冲破枷锁，去追求自己的真心，也正是由于这种枷锁，她选择了更为理性的陈西滢。

1926 年，凌叔华从燕京大学毕业，获得金钥匙奖，任职于北京故宫博物院书法绘画部门。同年 7 月，在证婚人胡适的主持下，她与陈西滢结婚。在结婚之前，凌叔华曾与胡适通信："在这麻木污恶的环境中，有一事还是告慰，想通伯（陈西滢）已经跟你说了吧？适之，我们该好好谢你才是……这原只是在生活上着了另一种色彩，或者有了安慰，有了同情与勉励，在艺术道路上扶了根拐杖，虽然要跌跤也躲不了，不过心境少些恐惧而已。"凌叔华是平静的，审慎的，甚至有一些冷淡和理性，她把婚姻作为自己未来道路的一种动力，而并非一次感情的赌博。在她的眼中，陈西滢"头脑清晰，理解迅速，观察准确，是许多人不及的"。

而陈西滢自有自的优秀，被称为"民国书生"的他，由于对中国人的劣根性尖锐批评不满，便与鲁迅的"哀其不幸，怒其不争"发生了一场持久的论战——而时人的确应了那种"劣根之性"，以至于无人呼应，最终落败，并"失败得让人难以同情"，因他的"理性"得罪的是所有人，而鲁迅则站在了另外一边。陈西滢作为评论家的可贵之处是他能够立论公正，曾指出鲁迅笔下的"阿Q是一个 type……他与李逵、鲁智深、刘姥姥是同样生动，同样有趣的人物，将来大约会同样不朽的"。也正因此，后来鲁迅与他握手言和了。

花寺古歌终一曲

1925年，奠定凌叔华在文坛上的地位的成名之作《酒后》在《现代评论》上发表，同年，短篇小说《绣枕》等又陆续发表，从此一发不可收，佳作频出，被称作与冰心、苏雪林等齐名的"中国的曼殊菲尔"。沈从文说她的文字"以明慧的笔，去在自己所见及的一个世界里，发现一切，温柔地写到那各样人物姿态，叔华的作品，在女作家中另走出一条新路"。而鲁迅则说："凌淑华的小说……恰好和冯沅君的大胆、敢言不同，大抵很谨慎的。适可而止的描写了旧式家庭中温婉的女性……也就是世态的一角，高门巨族的精魂。"她是那个时代独具一格的女作家之一，不似其他人将自己陷入那种焦虑或虚浮的精神世界中，而以一种旁观者的冷静看待一切冷暖。那种睥睨之情，清透之言，令她的作品无处不散发出灵性来。

1928年，凌叔华的第一部短篇小说集《花之寺》出版，由徐志摩为之作序——那是他一生中唯一一次为人作序。而徐志摩处女诗集的扉页文字，则出自凌叔华的手笔，他死后墓碑上的题记，也是由她来书写。

1929年，凌叔华随丈夫到武汉大学任教，不久搬到了美丽的珞珈山上，居所署名"双佳楼"，她与另外两名在武大执教的女作家袁昌英和苏雪林结为好友，交往密切，被誉为"珞珈山三杰"。之后，凌叔华主编《武汉文艺》[①]，"搜罗华中文艺天才"，又出版了短篇小说集《女人》以及儿童短篇集《小哥儿俩》。

---

① 《现代文艺》副刊。

1931 年，徐志摩飞机失事，凌叔华成了一名意外的焦点人物。缘由则是徐志摩生前让其保管的"八宝箱"，这个小小的"八宝箱"，保管着徐志摩的日记文稿，以及陆小曼的两本初恋日记和徐志摩旅欧期间所写的日记与情书。丧生后的徐志摩万万没有想到，林徽因与陆小曼打起了这个"八宝箱"的主意。首先是陆小曼想要争取到编辑出版徐志摩日记和书信的权利，曾求胡适为其索要，而林徽因也不知何故，竟然亲自到史家胡同凌叔华的公寓登门向其索取，但却遭到凌叔华的婉拒，转而也求助于胡适。不久，胡适以编委会的名义郑重索要，凌叔华不得已，只好勉强交出，并因为其中有陆小曼与徐志摩的书信日记，希望将"八宝箱"转交给陆小曼。但胡适却并未按照她的意愿做，而将之送给了林徽因。十几天后，胡适又致信给凌叔华，认为她把徐志摩的两册英文日记藏为"私有秘宝"，并指出她这一做法开了个人私藏徐志摩书信的先例，会影响到全集的编纂。凌叔华发现"八宝箱"到了林徽因处，而非陆小曼，感到对不起徐志摩，便回信道："听说此箱已落入林徽因处，很是着急，因为内有陆小曼初恋时日记两本，牵涉是非不少，这正如从前不宜给陆小曼看一样不妥。"晚年的陆小曼、林徽因及凌叔华都曾为此不能释怀，但真实的情况已经无从了解……自此事后，林徽因与凌叔华便从此交恶。

1935 年，凌叔华的婚姻被一个来自英国的年轻诗人朱利安·贝尔打乱，朱利安·贝尔是英国作家伍尔芙的侄子，母亲是一位知名画家。两人在珞珈山相识，因彼此都钟情于绘画和文学，便从此有了往来。27 岁的朱利安·贝尔爱上了时年 35 岁的凌叔华，事情的过程曲折模糊，对于这段往事，凌叔华并未留下只言片语，而只有朱利安给母亲的长信得以佐证，凌叔华在朱利安的女朋友编号中是 K，即第十一个。最终，两人恋情曝光，1937 年，"丢尽面子的洋教授"不得不从武汉大学辞职，回到英国，不久，朱利安在马德里守卫战中重伤身亡。朱利安去世后，凌叔华与伍尔芙始有通信，直到伍尔芙自杀终止。而这段三角恋，最终在几十年后，由一位旅英作家虹影撰写面世，才为世人所共知。

1937年，抗战全面爆发，凌叔华一家迁往四川乐山，其间，凌叔华写出了她唯一的中篇小说《中国儿女》，以表现她对当时战事的感触和生活遭遇。

1944年，凌叔华与陈西滢前往英国，找到了自己寄给伍尔芙的小说，以《古韵》为名在英国发表，成为了当时的畅销书……1947年，凌叔华在伦敦定居，开始了她在异乡的客居生活。

晚年凌叔华

此后的凌叔华很少用母语写作，除了出版自选集《凌叔华短篇小说选》和散文、评论集《爱山庐梦影》之外，主要把精力倾注在绘画艺术当中。1962年，凌叔华在巴黎塞禄斯基博物馆举办展览，展出她的绘画创作及她收藏的元明清三代画家如董其昌、倪瓒、陈老莲、石涛、郑板桥等人的作品与文物古玩，顿时轰动了欧洲。1968年后，她先后应伦敦、牛津、爱丁堡等大学邀请，作中国近代文学和中国书画艺术的专题讲座。

1970年，与凌叔华相伴40多年的陈西滢因病去世，此后她便独居海外。1985年，冰心的丈夫吴文藻谢世，凌叔华写信给冰心："总是一次比一次朋友少了，好比秋风落叶，一回相见一回稀了……你还记得你初回燕京时见了我面，你说笑话：'叔华，你知道熟语说的，江阴强盗（吴文藻为江阴人）无锡贼（陈西滢为无锡人），咱们俩命真苦，一个嫁了强盗，一个嫁了小偷。'陈西滢在旁听了只好苦笑！现在想起来有如一梦了。"

人到晚年，加上身处孤岛，心境或许才真有了变化。1989年底，凌叔华回到北京养病，被人用担架从飞机上抬下……这次，总算是叶落归根了。而令人遗

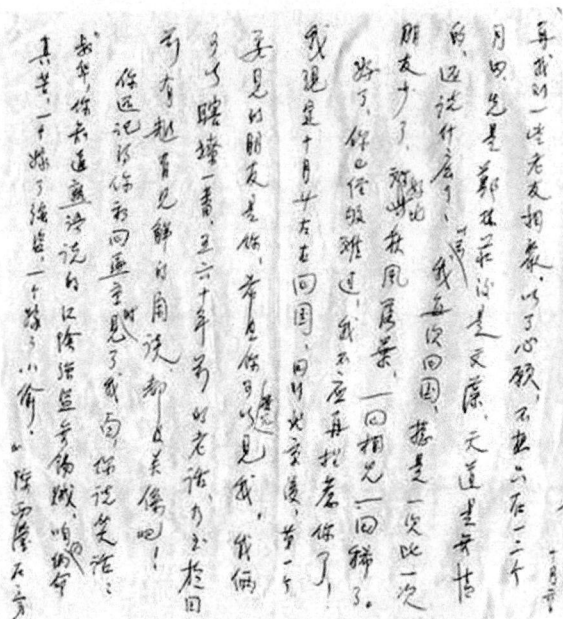

凌叔华写给冰心的信

憾的是，1990 年 5 月，她因乳腺癌复发奄奄一息，临终时她已不能说话，想在纸上写下点什么，结果却是横横竖竖的线条，这是她最终的"一片叶子"了。

凌叔华的葬礼，90 岁高龄的好友冰心并未前去，萧乾在参加后归来，给冰心写了一封长信，最后说："西滢的骨灰也已运来了，然后一道葬在无锡陈家茔地。她漂泊半生，总算死在中国。"

爱山庐梦影

正如她的性格之平淡与婉约一样，她的离去也同样平静而波澜不起。

生命确乎总是向着终结走去的……那个世纪离我们越来越远，却仿佛有着另一种更为清晰的面容。凌叔华的温润淡雅，还有那种童心不泯的性情，似乎已经渐行渐远。是的，她的一生在平静与优雅中度过，她与辜鸿铭、齐白石的忘年之交，与邓颖超、许广平的同窗之情，与胡适、林徽因、陆小曼的友谊纠葛，与伍尔芙及欧洲文化圈的交往……很少有人能想象到，她却有着一颗纯净的心，她本可以将这些繁乱的往事诉之笔端，倾诉于众，却宽容地将它们封沉心底。也或许，正因为有着对人事的隐忍或对自然之道的推崇，她的文章才会显得释然宽容，同时代的作家张秀亚说："成为宽容的释然，当然，更多的是诉之于会心的笔墨，转化为气息萦绕的作品……多少年前偶读凌叔华女士的《花之寺》，书中叙写委婉含蓄，如同隔了春草薄雾，看绰约花枝；又像是一株幽兰，淡香氤氲，使人在若醉若醒之间……读者心灵完全沉酣于那新丽的造句里，读罢掩卷，不禁心仪其人。"而尖酸苛刻的苏雪林也不由赞说："叔华的眼睛很清澈，但她同人说话时，眼光常常带着一点'迷离'，一点'恍惚'，总在深思着什么问题，心不在焉似的。"一个"生活于梦幻的诗人"，一个"寄情于山水"的画家，自有着她独特的风韵。

凌叔华的文学作品并不多，甚至有点显得"单薄"，然而恐或世人却常常忽略了她的书画之作。如果说她的文风轻盈极致，则画如其文，或比文更甚。她的水墨画取自大自然的各个角落，脱俗淡写，神韵自成。她曾为齐白石创作《夜景》一幅，白石则为此画赋诗一首："开图月是故园明，南舍伤离已五春。画里灯如红豆子，风吹不灭总愁人。"清幽缠绵、幽怨伤感让人无限想象。一条轻浮天际的流水衬着几座微云半掩的青峰，一片疏林映着几座茅亭水阁，几块苔藓盖着的卵石中露出一丛深绿的芭蕉，或是一弯谧静清莹的湖水旁边，几株水仙在晚风中回舞。自成一个世外的世界，令人悠然向往……她的绘画的眼光和手腕影响了她的文学的风格，轻描淡写，着墨不多，而传出来的意味很隽永。

还有什么样的女人能够博得这样的赞美呢，饱受世人的宠幸却不以此为傲和滋生虚荣，恐怕凌叔华确是做到了：她把自己紧紧裹在自我之中，沉浸在艺术和文学的精神寄托里。她在飞往大陆之前，知道不会再回来，已把房间做过清理，只留下干净异常的空屋，和几封让人扑朔迷离的书

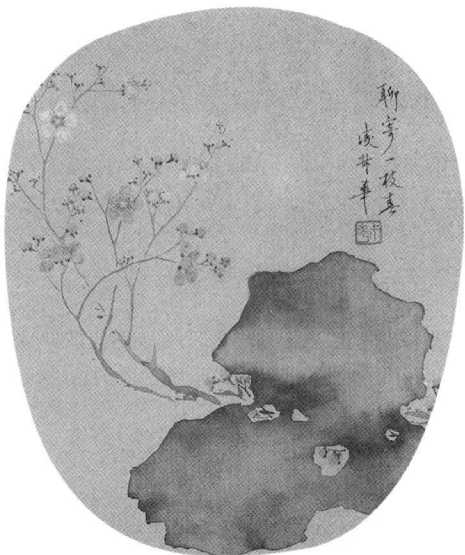

凌叔华画作

函……她的孤寂有谁能够去分享？她给未来的空间只留下短暂之殇，把命运的交还命运，把遗忘的交给遗忘，只为世人留下几许空白……

佳人如梦

取材大半是数千年来诗人心灵中荡漾涵泳的自然……在这里面我所认识的是一个继承元明诸大家的文人画师，在向往古典的规模法度之中，流露她所特有的清逸风怀和细致的敏感……

——朱光潜

《花之寺》是一部成品有格的小说，不是虚伪情感的泛滥，也不是草率尝试的作品，它有权利要我们悉心的体会……作者是有幽默的，最恬静最耐寻味的幽默，一种七弦琴的余韵，一种素兰在黄昏人静时微透的清芬。

——徐志摩

宗法社会思想下的资产阶级的女性生活，资产阶级的女性的病态，以及资产阶级的女性被旧礼教所损害的性爱的渴求，和资产阶级青年的堕落，她的描写在这几方面是擅长的，而且是有了相当的成就。

——阿英

即使间有出轨之作，那是为了偶受着文酒之风的吹拂，终于也回复了她的故道了。这是好的，——使我们看见和冯沅君、黎锦明、川岛、汪静之所描写的绝不相同的人物，也就是世态的一角，高门巨族的精魂。

——鲁迅

冰心：一片冰心在玉壶

浮光掠影

　　冰心（1900—1999），原名谢婉莹，笔名冰心，取意"一片冰心在玉壶"。冰心祖籍福建长乐，出生于福州。父亲谢葆璋曾参加过甲午战争，抗击日军的侵略，后在烟台创办海军学校，并出任校长。少时的冰心在烟台海边长大，在军营中度过了少女生活。1917 年，冰心入读协和女子大学理科，后受"五四"的影响，转入文学系；1923 年，到美国波士顿的威尔斯利学院攻读英国文学，回国后相继在燕京大学、清华大学任教。抗战胜利后，冰心曾到日本东京大学执教三年，于 1951 年回国。"文化大革命"时期，冰心遭到批斗，1970 年被下放改造，因恰逢尼克松访华，被召回北京担任《世界史》等的翻译。1992 年，冰心研究会在福州成立，全国开展了宣传冰心与研究冰心的活动。1999 年 2 月，99 岁高龄的冰心在北京逝世。

　　冰心被冠以诗人、作家、翻译家和儿童文学家的称号，其代表作是年轻时写就的诗集《繁星》《春水》，儿童文学《寄小读者》《再寄小读者》以及短篇散文《小桔灯》。因其诗歌传播较广，于是被茅盾称作是"繁星体"和"春水体"，合称"冰心体"。另外，冰心的译作也颇丰，泰戈尔的《吉檀迦利》《园丁集》、纪伯伦的《沙与沫》等都是由冰心翻译而呈现在读者面前。

人物心语

墙角的花！你孤芳自赏时，天地便小了。

我从不肯妄弃了一张纸，总是留着——留着，叠成一只一只很小的船儿，从舟上抛下在海里。

冰心

诚挚诗意千般看

无疑，冰心的诗意是真诚的。这种诗意无论从哪一个角度来看，总有一种让人惊异、让人感触的地方。也或许，正是由于她早年绚烂而恳切的诗情，到了老年，才会拥有一种睿智而充满爱之祈祷的凝练。

这个穿越世纪的人物，如今我们恐怕再难走进她的内心，只能从她的只言片语当中看出点端倪来。她的内心是安宁的，平静而不需要释放，她变得容易遗忘，遗忘那些让我们担心着的往事，那些无法触及的丧失。或许这就是我们浅尝辄止的原因吧！若非如此，我们在远离那个世纪的另一端怎么去抓住一点新鲜的事来？那些令人绞尽脑汁探寻的秘密怎样被揭开？那"爱的哲学"怎样在当世实践？是的，这些都不过是一些不敢触碰的暗礁，我们躲着，她也躲着，都不曾真正把自己推向世俗的深渊，而只是远远地观望：待年轻的时光一晃而过，前尘往事便一笔勾销。

耄耋之年的冰心曾说，"生命从八十岁开始"。这个时候，或许她才渐入佳境吧，但也仅止于此了，生命终归是短暂的。回忆成了所有的悲哀，成了创造之源和毁灭之源。这些，她或许还是不能自圆其说。只不过我们仍旧是看到了，看到了一个处在世界变革年代的作者是如何地坚强不放弃，又是如何把自己的价值奉献，把爱，洒在人们呼吸的空气里。

梦中的真，真中的梦

"所看见的：只是青郁的山，无边的海，蓝衣的水兵，灰白的军舰。所听见的：只是山风，海涛，嘹亮的口号，清晨深夜的喇叭……我终日在海隅山陬奔游，和水兵们作朋友。"冰心这样形容她的童年生活。

冰心、母亲和三弟

1900 年 10 月，冰心出生在福州谢家大宅，一个基督教家庭。谢家大院本是林觉民的故居，由冰心祖父谢銮恩从林觉民的家属处购得。出生后七个月，冰心便随父亲谢葆璋迁至上海；四岁时，又举家迁往山东烟台，定居在芝罘东山的海边；她此后的七八年时间，都在这里生活。由于父亲时任海军学校校长，所以冰心只能以大海、青山和水兵为友，这样的日子既有趣，又单调。经年之后，她曾数十次地回忆起这些，带着欢喜把记忆写下来，写她对大海的爱恋和膜拜，以及不切实际的幻想和探索……而追忆终究是属于追忆，那些童年记忆模糊到只能以幻境来比拟，或只能以失落来形容。

冰心七岁的时候，在家塾启蒙学习，那期间便接触到了《红楼梦》等古典名著，十岁时便从书架上读到林纾译的《茶花女遗事》。可以说，她的启蒙时代是以半古典半译作的形式进行的，自那以后，她一生的各个时期都没有离开过翻译，若说冰心对外国文学的衷情有所渊源，那或就是早年的书香生活所带给她的。

之后，冰心随父亲调回福州，住在谢家大院，1912 年，考入福州女子师范学校预科，次年，父亲谢葆璋任职民国政府海军部军学司长，冰心随父迁居北京，住在铁狮子胡同中剪子巷。1914 年，入美国公理会创办的贝满女中读书。四年后升入协和女子大学理科（后并入燕京大学），但随后转入文学系学习。

始露尖角便冰莹

大学的四年，冰心才开始崭露头角，1918 年 8 月，她以“谢婉莹”原名在《晨报》上发表了第一篇散文《二十一日听审的感想》，次月以“冰心”笔名连载她第一篇小说《两个家庭》，之后又相继发表《斯人独憔悴》《去国》《秋风秋雨愁煞人》等“问题小说”。其中，短篇小说《超人》引起了评论界的重视。1919 年参加“五四”运动，被选为学生会文书，参加罢课、罢市等活动。1920 年，以“婉莹”笔名发表了诗歌《影响》《天籁》《秋》等。次年，冰心参加当时的文学研究会，提出了自己的理论倾向“人生哲学”，随后相继出版了《繁星》《春水》两本诗集，令她迅速成名，坊间一再争相模仿她哲理式的小诗，以至于引领了一时的风气。《繁星》《春水》大多是冰心瞬间灵感的记录，涉及母爱、童真、自然以及上帝之爱，以及似有若无的神秘主义。但从格言体的形式上来看，无处不显露出泰戈尔《飞鸟集》的烙印，她也于此很坦然地写过《遥寄印度哲人泰戈尔》：“谢谢你以超卓的哲理，慰藉我心灵的寂寞，你的极端的信仰——你的宇宙和个人的心灵中间有一大‘调和’的信仰……”总而言之，虽然评论界对此褒贬不一，如梁实秋认为她的短诗不值仿效，也有人认为她是模仿日本的俳句而作，但冰心对此并不以为然，三百多个小小的露珠已经表达得淋漓尽致，评价如何只是读者的事，诗便是诗，发自性情便是真理。

其实，冰心对现代诗歌的真正贡献是她的宗教赞美诗，这是一个不为人所知的领域，如果说格言式短诗引领了一时风潮的话，那她的宗教赞美诗则是中国新诗史上的第一人。前文已经说过，冰心出身于基督教家庭，对基督教有着一种天然的包容情怀，加上在贝满女中系统地学习过《圣经》，使她对所受的基督教思想及文化的熏染感受更为深刻，也正由于她的这种纯粹情感，才使得其赞美诗也具备了广远的艺术意义和内涵。冰心从《圣经》的抒情篇章中学习抒情手法，集中表现对“上帝”的赞美和对生命的敬畏。从 1920 年到 1922 年这段时间，是冰心最热衷于宗教诗的时期，仅 1921 年 3 月到 12 月期间，冰心就在北京基督教青年会刊《生命》上发表了 16 首基督教赞美诗，如《黄昏》《他是谁》《傍晚》《夜半》《骷髅地》《客西马尼花园》《使者》等无一不是冰心诗歌中的精品之作。在《天婴》^①中她写道："我这时是在什么世界呢？／上帝呵！／我这微小的人儿／要如何的赞美你／在这严静的深夜／赐与我感谢的心情／恬默的心灵／来歌唱天婴降生。"——赞美耶稣作为普通人的降生；在《夜半》中她这样写道："上帝啊！／你安排了这严寂无声的世界／从星光里，树叶的声音里／我听见了你的言词／你在哪里，宇宙在哪里，人又在哪里？／上帝是爱的上帝／宇宙是爱的宇宙／／人呢？——／上帝啊！我称谢你／因你训诲我，阿门"——表现对宇宙及造物主的赞颂。

纵观冰心早期的诗歌，我们才会发现她真正的创作之源，包括她"人生哲学"，无处不在地渗透着一种宗教情结和终极关怀，这种情结或关怀在当时绝无仅有，开创了中国诗歌的先河。宗教之于人生，有如甘泉之于沙漠，那一首首赞美诗，仿佛便是冰心引导众人去往的一块神秘之境，令人如痴如醉。

结缘异乡守一生

1923 年，23 岁的冰心终于在基督教堂受洗，从此成为一名基督徒。随后，她从燕京大学毕业，考取了美国波士顿威尔斯利女子大学，并获奖学金，攻读文学，从事文学研究。这段时间，她集结了旅途见闻和异邦风情的通讯散文，陆续发表在国内诸报，冠以《寄小读者》出版，成为中国儿童文学的奠基之作……在去美国的邮轮上，冰心与比她小一岁的吴文藻偶然相遇，年轻的吴文藻毕业于清华大学，在新罕布什尔州达特茅斯学院社会学系读硕士，由于两地相隔很远，所

---

① 发表于 1921 年 12 月 15 日《生命》第 2 卷第 5 册。

以很少有见面的机会，只是常常互相通信。

1925 年，以梁实秋为首的中国留学生在波士顿公演《琵琶记》，邀请冰心出演其中一个角色。冰心在喜悦之余，把这个消息与吴文藻分享，并随信寄了一张演出入场券。此时，他们已经通过写信来往了一年多，两人虽然都心生情愫，但是谁也没有去捅破这一层窗户纸。起初，吴文藻先以学

冰心与吴文藻

业忙为由推辞了，冰心心生失望，但其后的情节让她不由惊喜：正在她向台下四处搜寻的时候，吴文藻的身影出现在了远处……从此，两人的关系似乎再进了一步。而真正令他们陷入爱河的是一次真正的偶遇，当时，美国大学规定所有研究生必须掌握两门外语才能毕业，1925 年夏天，吴文藻与冰心不约而同地选修了法语，两人在康奈尔大学的法语补习班上偶然相遇：正是这一次偶然，决定了两人 56 年的婚姻。

"有了爱就有了一切。"远在异乡，冰心收获了她此生当中唯一的真挚的爱。

1926 年，冰心完成了在美的学业，并接受司徒雷登的邀请，回国到燕京大学任教，吴文藻则又入哥伦比亚大学研究院攻读社会学博士。在冰心回国前，吴文藻交给冰心一封求婚长信——而这并不是给冰心，而是给冰心的父母，请求他们将女儿嫁与他——更为有趣的是，这封信后来还经过了冰心的润色修改……

1929 年 6 月，学成归国的吴文藻在燕京大学娶冰心为妻，主婚人是美国基

督教长老会传教士司徒雷登，只请了来宾寥寥几人，花费 34 元。这一年，吴文藻 28 岁，冰心 29 岁。

在寂静中光明

婚后的生活平淡而幸福，两人定居在燕南园的一座小楼里，吴文藻专心于学术研究，而冰心则一边教学，一边写作。此后的四年时间，冰心创作了小说《分》《冬儿姑娘》，散文《南归》等作品，翻译了黎巴嫩诗人凯罗·纪伯伦的诗集《先知》。

1933 年，冰心在《大公报》上发表了小说《我们太太的客厅》，被怀疑内容影射林徽因，称为文坛的公案，被称作"女人之间的较量"。受欧美文化的影响，在当时的文化圈中流行举办家庭文化沙龙，胡适、凌叔华都很热衷，而林徽因家的"太太客厅"则人气最旺，逐渐成为北京文化圈的代表。这篇小说发表后，立即引起了文化界的喧谈，小说中的名流无一不带有着一种虚荣、虚伪以及虚幻的色彩，冰心对这种颓废情调进行了现实批判与讽刺。有好事者将林徽因、梁思成、徐志摩、金岳霖等人与文中的诗人、哲学家、画家、科学家、外国的风流寡妇一一对号入座，使人读后感觉别有一种影射的意味。茶余饭后，时人开始对这篇小说评头论足，大都认为这出于冰心对林徽因的嫉妒与偏见——而林徽因则饶有风趣地作出回应，将她从山西带回的"山西陈香老醋"寄给了冰心……

1951 年，办公时的冰心

热闹的评论劈头盖脸而来，崇拜林徽因者以此来谩骂或攻击冰心，而她却一如既往地沉默着，不曾说过任何话。后来也有人理性地点出："也有别的意思，这个别的意思好像是30年代的中国少奶奶们似乎有一种'不知亡国恨'的毛病。"一句话阐明了这篇小说的内核。

92岁的冰心接受采访时说："《我们太太的客厅》那篇，萧乾认为写的是林徽因，其实（原型）是陆小曼，"并举出一个证据，"小说描写'客厅里挂的全是她（陆小曼）的照片'，只有陆小曼的家中才是如此。"而当时徐志摩已经死去多年，冰心确没有必要将亡人拿来讽刺。冰心曾在给梁实秋的信中表达了对徐志摩的看法："志摩死了，利用聪明，在一场不人道、不光明的行为之下，仍得到社会一班人的欢迎的人，得到一个归宿了！我仍是这么一句话，上天生一个天才，真是万难，而聪明人自己的糟蹋，看了使我心痛……人死了什么话都太晚，他生前我对着他没有说过一句好话，最后一句话，他对我说的：'我的心肝五脏都坏了，要到你那里圣洁的地方去忏悔！'我没说什么。我和他从来就不是朋友，如今倒怜惜他了，他真辜负了他的一股子劲！谈到女人，究竟是'女人误他'，还是'他误女人'？也很难说。志摩是蝴蝶，而不是蜜蜂，女人的好处就得不着，女人的坏处就使他牺牲了。"这样的评价，批判之处带着公正，让人联想，或许她是看不入眼林徽因的作派，也或是看不入眼那种"隔江犹唱后庭花"的社会流俗？

但总之，冰心默默收下那坛陈醋，平静而冷淡。从此以后，她与林徽因之间再无交往，也仿若成了"仇敌"一般。

后来，当林徽因之子梁从诫对学者陈学勇谈到冰心时，"怨气溢于言表"。陈学勇说："柯灵极为赞赏林徽因，他主编一套'民国女作家小说经典'丛书，计划收入林徽因一卷。但多时不得如愿，原因就在出版社聘了冰心为丛书的名誉主编，梁从诫为此不肯授予版权。"

在光明中熄灭

1936 年，冰心随丈夫吴文藻到欧美游学一年，随后日军侵华，全民陷入水深火热之中。1938 年，吴文藻冰心夫妇与子女离开北平，经上海、香港辗转至云南昆明。冰心在呈贡师范学校义务授课；1940 年，全家移居重庆，参与文化救亡活动，加入中华文艺界抗敌协会。在这期间写了《关于女人》《再寄小读者》等散文。抗战胜利后的 1946 年，冰心与丈夫吴文藻赴日本，在日本东方学会与东京大学演讲，后被东京大学聘为第一位外籍女教授，讲授中国新文学史。

1951 年，吴文藻放弃美国耶鲁大学的聘请，与冰心一同回国。冰心先后任《人民文学》编委、中国作家协会理事等职。1958 年，吴文藻被划为右派，冰心来到周恩来家里，对他说："如果吴文藻是右派，我也就是漏网右派，我们的思想都差不多……"两人彼此坚守，终于在 1959 年 12 月，云开日出，吴文藻被摘掉右派分子的帽子。

在 1955 年到 1965 年期间，她陆续翻译了近 10 个国家几十部作品，包括诗歌、诗剧、民间故事、书信、小说、散文诗等。其中较出名的有泰戈尔的《吉檀迦利》（1955）、《园丁集》（1961），纪伯伦的《沙与沫》（1963），《印度童话集》《印度民间故事》《泰戈尔剧作集》等，译作颇丰。与此同时，她勤于创作，出版了《小桔灯》《樱花赞》《拾穗小札》等散文集。

1966 年，"文革"爆发，冰心受到冲击，被关进了牛棚；1970 年，70 岁的冰心被下放接受劳动改造，直到 1971 年美国总统尼克松即将访华，冰心与吴文藻才回到北京，接受有关翻译任务，与吴文藻、费孝通等人合作完成了《世界史纲》《世界史》等的翻译。

1980 年，80 岁的冰心迎来了生平第二次创作高潮，她的短篇小说《空巢》获全国优秀短篇小说奖。接着又创作了《万般皆上品……》《远来的和尚》等小说，以及《三寄小读者》《想到就写》《我的自传》《关于男人》《伏枥杂记》等系列散文。数量庞大，内容博杂，宛若一个新的文学巨匠。

1983 年，吴文藻与冰心搬进中央民族学院新建的高知楼新居，"终日隔桌相望，他写他的，我写我的，熟人和学生来了，也就坐在我们中间，说说笑笑，享尽了人间'偕老'的乐趣。"

1985 年，吴文藻因脑血栓住院昏迷，不久逝世，享年 84 岁。

1987 年始，冰心先后在《人民日报》发表《我请求》《我感谢》文章，呼吁提高教师的地位。

晚年冰心

1992 年，冰心研究会在福州成立，巴金出任会长。

1999 年，冰心病情突然恶化，于北京医院逝世，享年 99 岁。冰心死后，与吴文藻骨灰合葬，应了她"死同穴"的遗愿。骨灰盒上并行写着：江阴吴文藻，长乐谢婉莹。

佳人如梦

在这里，我们觉得冰心女士所谓"人世间只有同情和爱怜，人世间只有互助和匡扶，"——这样的"理想的人世间"，就指的文艺元素之一的"微笑"；所谓的"人生的虚无"就指"苦难的现实"，就意味着所谓的"泪珠"。而且她明白的说：我要讴歌"理想的"，我不愿描画"现实"赚取人们的"泪珠"。

——茅盾

有你在，灯亮着。一代代的青年读到冰心的书，懂得了爱：爱星星、爱大海、爱祖国，爱一切美好的事物。我希望年轻人都读一点冰心的书，都有一颗真诚的爱心。

——巴金

一颗善良美丽的星辰陨落了，而她的光芒，将永远留在几代人的心里……

——魏巍

冰心大姐的存在，就是一种巨大的力量，她是一盏明灯，照亮我前面的道路。她比我更乐观。灯亮着，我放心地大步向前。灯亮着，我不会感到孤独。

——巴金

我读冰心诗，最大的失望便是袭受了女流作家之短，而几无女流作家之长。我从《繁星》与《春水》里认识的冰心女士，是一位冰冷到零度以下的诗人……《繁星》《春水》这种体裁，在诗园里面，终归不能登大雅之堂的。这样也许是最容易做的，把捉到一个似是而非的诗意，选几个美丽的字句调度一番，便成一首，旬积月聚便成一集。这是一种最易偷懒的诗体，一种最不该流为风尚的诗体。

——梁实秋

苏青：世俗里的高贵优雅

浮光掠影

　　苏青(1914—1982)，浙江宁波人。原名冯允庄，又名冯和仪。作家、小说家、剧作家，与张爱玲同被称为上海滩女作家的"双璧"，时称"苏张"。1933年考入国立中央大学（即南京大学）外文系，后肄业移居上海。1935年，在《论语》杂志发表处女作散文《生男与育女》；40年代初，因婚姻变故而成为职业作家；1943年，在《风雨谈》杂志连载代表作长篇自传体小说《结婚十年》，次年出单行本，印刷达36次之多；1947年，《续结婚十年》出版，其后创作了大量散文小品，结集为《浣锦集》《涛》《饮食男女》等，其中《浣锦集》印刷达十几版，红极一时，被称作"上海文坛最负盛誉的女作家"，也被读者侃称"犹太作家"。1949年后留居上海，担任专职编剧，其编写的《宝玉与黛玉》演出连满300多场，创当时剧团演出最高纪录。"文革"中被抄家，遭到多次批斗，于1982年冬天病逝于上海。

人物心语

虚伪是女人的本色。

饮食男，女人之大欲存焉。

苏青

锦瑟年华不与调

1914 年 5 月,苏青出生于浙江鄞县的一个书香家庭。祖父是清朝举人,父亲冯松雨,是庚款留美学生,于哥伦比亚大学经济系毕业,回上海后任某银行经理,因生活失检而早逝,母亲是很有文化修养的妇女。小时的苏青,常同祖父到浣锦桥散步,为了怀念她的出生之处,所以第一部散文集取名《浣锦集》。12 岁时,苏青考进县立女子师范学校,却因罢课而退学。后入宁波中学读高中,因在校刊上经常发表文章,又多才多艺,被同学们称为"天才的文艺女神"。此时,苏青与比她大两岁的李钦后相识,滋生了爱情,并于不久后订婚。1933 年,苏青考入国立中央大学外语系,李钦后也在中央大学读法律,两人便在次年奉命完婚。婚礼是在家乡举行的,可以说是中西合璧,苏青在自传体小说《结婚十年》中曾有描述。不料,婚后生活并不如意,李钦后有着独断的大男子主义性格,而苏青则有她自己的心性,怀孕不久,苏青返回学校继续学业,无奈肚子渐大,为校纪所不容,被迫退学,回家待产。几个月后,苏青产下一个女婴,受男尊女卑思想桎梏的丈夫公婆,一夜间变了脸色。初尝人间冷暖的苏青只得隐忍吞声。

1935 年,苏青随夫搬迁至上海,丈夫李钦后经营一家小律师事务所,但不久关闭,生活陷入了拮据。一次,苏青向丈夫索要生活费,竟然挨了一记耳光:"你也是知识分子了,可以自己去赚钱啊!"苏青顿然醒悟,因这一记耳光,她似乎被推向了窘迫的境地。那时,上海滩的杂志报业繁荣,尤以林语堂主办的《论语》影响最大,又产下一名女婴的苏青心中抑郁已久,怨气颇多,便写了一篇散文《产女》,寄给《论语》。编辑陶亢德慧眼识才,认为该文针砭时弊,锐气十足,便易名《生男与育女》发表;其后,又陆续发表了《我的女友们》等文章,剖析自己目前面临的窘境,对人世冷暖的看法,以及时下女子的困惑。

　　可生活是那么富有戏剧性，之后几年，苏青一连产下四女，直到第五年才终于生了个儿子，回想她在《生男与育女》中所写："一女二女尚可勉强，三女四女就够惹厌，倘若数是在'四'以上，则为母者苦矣！"真是一语成谶。

　　如果没有当初丈夫那一记耳光，也许就没有日后的苏青。在外花天酒地的丈夫无可指望，而膝下的子女却嗷嗷待哺，"该如何是好呢？我只得又想到投稿。"对于文学，苏青从没有上得了台面的理由，"投稿的目的纯粹为需要钱"，如果失去了这个维持生计的途径，她恐怕终会被生活所拖垮。陆续几年，苏青一直专职写稿，不问地方，在《宇宙风》《论语》《古今》甚至小报刊，只要稿酬优厚。编辑陶亢德可以算得上苏青的恩人之一，她与周佛海和陈公博的相识也是由陶亢德引荐的。苏青在《古今》发表的第一篇文章《论离婚》，被当时的伪上海市长陈公博欣赏，《古今》的创办者朱朴是当时的交通部官员，他指点苏青写一篇文章恭维一下陈公博，苏青以"吃饭第一"，当即在《〈古今〉印象》当中吹捧了一番陈公博，而陈公博则投桃报李，为苏青在伪政府安排了一专员职位，尽管只做了三个月，但这段历史却被人所诟病。若说她不如艺术家一样"爱惜羽毛"，那恐怕是未有像苏青一样的遭遇，那个时候的苏青，真正的是双手劈开生死路，围绕在身边的几个孩子，哪一个不要吃饭？苏青学得精明，但也从不掩饰，装清高或脱俗，她认定自己应当为生活做最大利益的打算，便以此走到了天黑，毫不羞涩地表现出对金钱的渴求。

夹缝中的天地

　　1943 年，苏青对丈夫李钦后"一颗心硬成了石头，再风化成粉末，风一吹，赤条条来去无牵挂"，提出离婚，一场维持十年的婚姻，转瞬成空。后来的事实证明，李钦后确非善类，新中国成立后他在政府法院工作，因贪污罪而被处决。也正是离婚这一年，苏青的长篇自传体小说《结婚十年》在《风雨谈》杂志连载，远在日本的陶亢德接到朋友寄来的《风雨谈》后，认为确是"至性至情之作"，当即与主编柳雨生讲可以放到杂志卷首，但柳雨生却推脱苏青为新秀，还是保守为好。苏青知道后深有感触，便觉得应当自办一份杂志，并将这个酝酿不久的决定告于陈公博。陈公博是青睐苏青的，立即批准，并拨款 5 万元作为开办费。

于是，1943 年 10 月 10 日，天地出版社在上海爱多亚路（今延安东路）160号 401 室正式挂牌开业，主营《天地》月刊，苏青为主编及杂志发行人。

由于苏青的作者队伍大都是社会名流，如胡兰成、周作人、谭正璧、陈公博、周佛海父子、秦瘦鸥都在其中，并加上伪官方背景的支持，《天地》创刊号一炮走红，首印三千册几日内售完，之后又加印两千册，引起了不小的轰动。苏青趁热打铁，当即实施杂志预定，以折扣吸引客户，并预告已邀周作人签赠全身照，以此来进行广告宣传。但客观上，《天地》杂志虽未涉及政治，可风花雪月的浪漫情调确实掩盖了当时动荡的时局，尤其是与陈公博等人的亲近，成为她后来政治上的一个污点。苏青在《涛》的后记中写道："这是一个可悯的时代，生活程度飞跃如此之快，而人们思想却几乎停滞了，往下坠。"她的心中或许存着对时局的无力，但似乎却总将视界放回到当下的感情生活当中，毕竟当下的生活才更为真实，才更有写的必要。若要说得高尚一点，她所表现出的苦闷的经历或对自救的向往，在那个沦陷的上海早已体现出她的价值或意义。可无论是当时的环境迅速成就了她也好，还是在夹缝中生存的苦痛毁灭了她也罢，人们在讨论那段历史之时，总是绕不开她的。

谋爱张胡须臾事

也正是这一年，苏青邂逅了胡兰成，并巧合地作了张爱玲的红娘。当时胡兰成任汪伪宣传部官员，看了《天地》创刊号后，对一篇出自女人之手的发刊词深为叹服，特别是《论言语不通》一文，令他有所共鸣，便写了一篇杂文《《言语

《天地》创刊号

不通〉之故》，被苏青刊登在《天地》第二期。与此同时，张爱玲的小说《封锁》也在此期刊登，胡兰成对张爱玲深感兴趣，便写信问苏青"这张爱玲是何人？"苏青也予以回信，但此事暂告一段落。

苏青与胡兰成最初由《人间》杂志主编吴易生介绍相识，二人本是同乡。《天地》刊出后，胡兰成和苏青的交往密切起来，并常常去苏青家做客，不久，胡兰成被汪精卫秘密关押，苏青心中关切，便去周佛海家为其求情，同行的还有张爱玲。张、胡二人那时并未见过，但当时上海为沦陷区，文人作家基本都辗转离开，在那里活跃的仅有数人而已，此时胡兰成经常在当时杂志上发表文艺杂文，张爱玲当有耳闻，加上苏青极可能提及胡入狱前曾询问过张爱玲其人云云，可能是张爱玲出现的原因。

之后，胡兰成死罪豁免后出狱，而《天地》已经出至第四期，每一期皆载有张爱玲的散文，除作品外，还刊有一幅小照。胡兰成抑制不住心中好奇，离开南京去往上海，一下火车，先到了苏青处，晚上讨到张爱玲的地址，次日则按图索骥到了张爱玲处。相知何必曾相识，张胡二人的恋情迅速开展，不久便到了如火如荼的地步。可以说，苏青将地址交出之时便恐怕猜到了这个结果，但从她文学所表现出来的"饮食男，女人之大欲存焉"的态度来看，此番做法并非是不厚道，一个是识才知才的才子，另一个是芳心盛开的女人，这又有什么可以令人指责的呢？即便那个男人一向风流，但悲剧总是不能避免，恰如她的婚姻。面对这两个人，苏青的确是没有办法应对的，一次胡兰成在苏青家逗留，张爱玲不期而至，脸上的醋意一时难以掩饰，那种颜色才真正让人明了：原来，恋爱中的女人都有着那种占有欲，外界的干涉恐怕是没有办法的。及至后来张胡二人结为连理，"岁月静好"，她也只能任其自然发展了。

但对于"红娘"苏青，张爱玲心中至少是感激的，此后一年多，《天地》杂志几乎每期都能见到她的作品，直到 1945 年为止。张爱玲对苏青的杂志是倾力支持的，不但为其撰稿，还为之配插图、设计封面。她在《我看苏青》中写道："至于私交，如果说她同我不过是业务上的关系，她敷衍我，为了拉稿子，我敷衍她，为了要稿费，那也许是较近事实的，可是我总觉得，也不能说一点感情也没有。"两人的关系便是这样模糊不清，对于苏青的看法，她又写道："低估了苏青的文章的价值，就是低估了现在的文化水准。如果必须把女作者特别分作一栏来评论的话，那么，把我同冰心、白薇她们来比较，我实在不能引以为荣，只有和苏青相提并论是我甘心情愿的。"文人相轻，若说是做文章，张爱玲算是已经"屈尊纡贵"了。但对于女人来说，张爱玲眼中的苏青却让人不得不多一番回味："也没有过人的理性""女人的弱点她都有"，是的，女人之间的论调，总是让人觉得裹挟太多的隐晦，隐晦得多了，却总归让人不大舒服，对于苏青的戒备，她一直都有。而在苏青看来，胡兰成绝不是其所考虑的对象，"谋爱"只是张爱玲的事，甚至对张爱玲，苏青总是极力夸赞。她不想涉及太多，涉及太多就成了画蛇添足。

"犹太作家"

1943 年，苏青的小说《结婚十年》出单行本，一出版便被抢购一空，半年之内加印了 9 次，直到 1948 年底，有人统计共达 18 版之多，印刷次数达 36 次。1944 年，苏青的散文集《浣锦集》出版，出版之后特意送给张爱玲及胡兰成各一本，并邀写书评，于是才有了张爱玲的《我看苏青》与胡兰成的《谈谈苏青》，胡兰成说"苏青是一位有活力的散文作家，但不是诗人"，对于朋友间作品的评价，这大概是基本公正的吧。

由于《结婚十年》《浣锦集》的出版，以及《天地》杂志的不断发行，苏青的生活颇有起色。但她毕竟还是有着宁波女人的精明与强干，这一期间，《天地》杂志的花样不断翻新，又增发了副刊《小天地》。

1945年，聋哑作家周楞伽用危月燕的笔名发表了一篇《与苏青谈经商术》，调侃

苏青小说《结婚十年》

她说："作为一个宁波女人，比男人还厉害！不但会写文章，而且会领配给纸、领平价米，做生意的本领更是高人一等。她出的书，发行人仅想赚她一个百分之三五的折扣都不容易，竟然自己扛着《结婚十年》等拿到马路上去贩卖，甚至不惜与书报小贩在马路上讲斤头、谈批发价，这种大胆泼辣的作风，真足以使我辈须眉都自愧不如。"苏青见了，便在当月《光化日报》的"饮食男女"专栏中写了一篇《女作家》作以反击，并说恨不得那些说自己文章是"月经带文字""带有妓女化"的男人"自宫"或自己帮他"割掉男人的累赘"，让他也变为女人；又对书商迟付书款的现象大批特批，说"人必自侮而后人侮之"，并发出感叹："情愿不当什么女作家，实在咽不下这口气！"

文墨官司就此而起，两人陆续每日在报纸上掐架，周楞伽当即署以真名写

《正告冯和仪》，痛斥苏青作品毒害青年，妄自尊大；苏青则以《矢人惟恐不伤人》讽刺其用聋哑为题讽刺残疾人……彼此愈演愈凶，最后周楞伽在《犹太型》中作打油诗："豆腐居然吃苏青，血型犹太赐嘉名。书中自有颜如玉，恋爱岂可向众论。应得权利难放弃，迟付书款杀头型。拜金第一人都晓，何必推非以色民。"于是，苏青被时人冠以"犹太作家"名；后来，苏青在1947年出版《续结婚十年》中的代序中对这次争论作了回答，提及人们对她作品的误解及误读，坦率地说："……有人说我是犹太作家，犹太人曾经贪图小利出卖耶稣，这类事情我从来没有做过，至于不肯滥花钱，那倒是真的，因为我的负担很重，子女三人都归我抚养……我的不慷慨，并没有影响别人，别人又何必来笑我呢……若不要钱我便干脆不出书，否则我行我素……这是我做人的态度。"

新中国成立后，周楞伽对其子进行了一次谈话，说对苏青于贫病交迫中去世深感惋惜，并认为当时社会的世俗偏见很深，对苏青这种职业女性自立于社会颇多非议，他也在其中起了推波助澜的作用，至于说苏青的作品毒害社会，确是有点言过其实了。

那个时代毕竟只是历史中的一瞬。在沦陷区，或许苏青只是一个尚能自养的女子而已，而那些处在饥饿边缘的人呢？他们的生存之境却是残酷的。长久的贫困和沦陷的自尊总是能触动某些人的感情。怀着冷眼去看的人，自然是冷漠的社会；怀着暖心去寻的人，却能从中寻出希望来。大局势的变动让柔弱的人们无所适从，只能游离在属于自己国家，却不属于自己土地的荒漠上，与其说那是消极的纸醉金迷，倒不如说是乐观的苟延活命。自由、爱情，让每个人去追逐的时刻，是否我们忽略了其他人的权利呢？承受者为此默默无言，施予者便更是显得面目可憎了。而苏青的文字，毕竟是反映了那个年代沦陷区女性的生存之况，是显得让人隐隐不安也好，还是丢失了自我的灵魂也罢，都无法用一句"蛊惑"或"毒害"来判断，到底是谁"蛊惑"了谁，还是谁"毒害"了谁？自我的诉求终究是有价值的，它所能反映出的定是那个时代深深的烙印，而若有谁能从此幡然醒悟，那是善莫大焉；若不能，则是其自我命运使然了。值得说的是，正是这样的文学作品，才会让人们有所寄托，或者是虚幻的，也或者是现实的也罢。

佳人歧途

1947 年后,苏青开始创作长篇小说《歧途佳人》,同时也写了大量的散文小品,结集为《浣锦集》《涛》《饮食男女》《逝水集》相继出版，她的创作呈现出一种对女性关怀的极大悲悯。

苏青是勇敢的，而让我们真正深觉到的，却是一种悲剧式的伟大。十年的婚姻仿佛一场梦魇，在儿子没有出生前，她被传统的家庭定义为"仅止生育工具"，而至最后，终于被一抛了之。在那个父权主导的社会，女性的平等是奢侈的，甚或可以说，在男性权柄之下，传统女性只能遭受被驱使与践踏的命运，女性之权利是丧失的——甚至是情爱、性爱。"失嫁"的悲剧并不在于找到一个能够寄托一生、忠诚可靠的男性，而在于是否能够意识到女性作为"人"所被赋予的天然权利。苏青的离婚与她所作出的反抗，如男人一样立足于世的实践才是真正可贵的——她本身并未意识到这样的伟大，但她的作品却把这样的"自救"彰显于世，告诉世人谋爱和谋生并非相悖："一个女子需要选举权，罢免权的程度，绝不会比她需要月经期的休息权更切；一个女人喜欢美术音乐的程

苏青作品六种

度，也决不会比她喜欢孩子的笑容更深。"但并不止于此，"女人不是与男人一样的人，是女人"，在那个波潮暗涌的时代，苏青的辩驳既现实，又包容。她不断地向上追求，代那个时代的女性探索着……

苏青与张爱玲不同，尽管两人合称"双璧"，都靠才气在那个特殊时期迅速走红，但张爱玲像是一匹浓艳的绸缎，华丽得让人仰视；而苏青却更像一段锦，虽然平实但却不妨现实地使用，绣满花朵，别有一番情味。

抗战胜利后，苏青在司马文森编的《文化汉奸罪恶史》中被列为文化汉奸之一，同列的还有张爱玲、谭正璧等人。苏青在《关于我》中说："我以为我的问题不在卖文不卖文，而在于所卖的文是否危害国家。否则正如米商也卖过米，黄包车夫也拉过任何客人一般，假如国家不否认我们在沦陷区的人民也尚有苟延残喘的权利的话，我就如此苟延残喘下来了，心中并不觉得愧怍。"面对这样的指控，季广茂的《义旗下的哭泣》或许更为公正，"沦陷区的人民是否也有存活的权利呢？沦陷区的人民除了抗日或投降之外，是否还有第三条道路可走呢？他们被自己的政府遗弃在固有的土地上……更多的百姓则生活在灰色地带之中，他们只能生活在夹缝之中，忍气吞声"。

但无论如何，苏青这一期间的经历，自有历史去评价，也或者历史将把她淡忘，毁誉由人。

花落人亡无人知

新中国建立后，苏青选择了留在大陆，但大陆生活带给她的未来是苦闷的。1949 年底，苏青由九三学社吴藻溪介绍，加入妇女生产促进会，但却未找到工作糊口；1951 年，经夏衍的帮助，到芳华越剧团工作；1954 年，苏青改编了郭沫若的《屈原》，佳评如潮，获得了各种奖项，却唯独剧本没有获奖，原因是苏青的"历史遗留问题"。与此同时，由她编剧的《宝玉与黛玉》连演 300 多场，创下了剧团演出的最高纪录。1955 年，苏青因涉嫌"胡风事件"，被关进了上海提篮桥监狱，骨肉与之划清界限。两年后被"宽大释放"，重回剧团。直至 1966 年"文革"爆发，苏青被剧团辞退，家中被抄，挨受批斗。

据说苏青晚年凄凉不堪，她与已经离异的小女儿李崇美和外孙三人住在上海郊区，与外界断绝了往来，加上疾病缠身，只求速死……1982 年，苏青在贫困交加中死去。她的灵堂没有花圈，没有哀乐，只有四五个亲友，送葬时间仅有不到十分钟。

造化弄人，光鲜半生却最终凄凉而死。

或许苏青在晚年仍曾希望有一种追求或信念，可以破除她内心的痴惘，但她却在本应辉煌的时候"哑然失声"。而新中国成立后远赴重洋的张爱玲，八十年代风靡大陆，她的作品热极一时，甚至连胡兰成的文字都屡屡可见，但苏青的书却消失匿迹了。苏青在最后的几年里，一直想看看她的《结婚十年》，无奈却被视为禁书，后来成为其女婿的谢蔚明，辗转托人寻到一本，复印了一册送她，才了却了这个心愿。

花落人亡无人知，怎奈世事多烦忧。说到头来，只道寂寞老人心。

佳人如梦

苏青的文字正像她的谈吐一样，流利活泼，更多奇气。同时信笔写来，面面俱到，绝无挂漏或故意规避之处。

——实斋先生

张爱玲在技巧方面始终下着极深的工夫，苏青吐出她别的女性所不敢吐露的惊人豪语。

——谭正璧

萧红：呼兰河上的孤独之旅

浮光掠影

　　萧红（1911—1942），原名张乃莹，曾用笔名悄吟、田娣、玲玲。出生于黑龙江省呼兰县一个地主家庭，幼年丧母。1927年在哈尔滨就读中学，接触"五四"思想和中外文学，并受鲁迅、茅盾和辛克莱（美国作家）作品的影响。1930年，为了反对包办婚姻，离家出走。1932年与萧军相识相爱，并开始写作，两人一同完成散文集《跋涉》。1934年到上海，与鲁迅相识，同年完成长篇《生死场》，次年鲁迅校阅并写序言，列入"奴隶丛书"出版。1936年只身东渡日本养病，并于次年回国。抗战爆发后，曾在民族革命大学任教，有《旷野的呼唤》《回忆鲁迅先生》《萧红散文》。1940年同端木蕻良去往香港，在贫病交迫中创作，出版长篇小说《呼兰河传》，奠定了她在文学史上的地位。1942年病逝。萧红被誉为"30年代文学洛神"，一生未曾向命运低头，与世俗、贫困、疾病一次次地抗争，把"人类的愚昧"和"改造国民的灵魂"作为自己的艺术追求。

人物心语

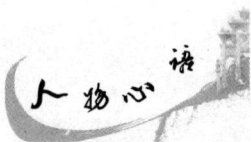

当他爱我的时候，我没有一点力量，连眼睛都张不开。

他就像一场大雨，很快就可以淋湿你，但是云彩飘走了，他淋湿的就是别人。我就像他划过的一根火柴，转眼就成为灰烬，然后他当着我的面划另一根火柴。

花开了，就像睡醒了似的。鸟飞了，就像在天上逛似的。虫子叫了，就像虫子在说话似的。要做什么，就做什么。

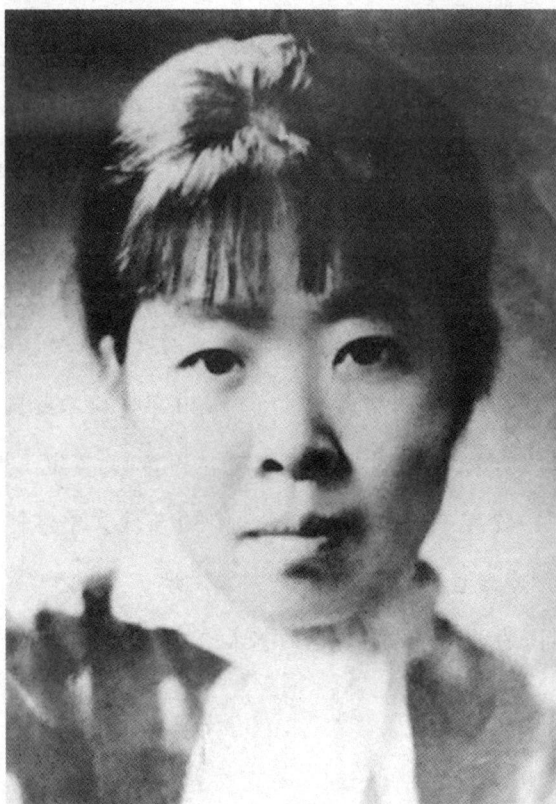

萧红

半部红楼半部人生

多年后，人们还在忆着这样一个女人，一个身为作家的女人。可是为何她却那样少于世故，少于对世俗社会的甄别？她是那样率真而自然，有着每个女子都有的纯洁与梦幻，但现实却从不给她机会，让她拥有一部完整的人生。1942年1月，她在弥留之际心痛地写下悲境之语，"我将与蓝天碧水永处，留下那半部红楼给别人写了"，"半生尽遭白眼冷遇……身先死，不甘，不甘"，"我最大的悲哀和痛苦便是做了女人"她向人生的呼喊似乎也被湮没了：时代，爱情，还有孤独已与她无关。

如果活着，是一种最好的妥协，那如此死去，便是最差的告别。告别世界是容易的，只因每个人都将有那一次必然之举；而告别自己，却成了最难的不舍——当你还未将自己表达殆尽，你在世界留下的残影，就成了戮尸之殇。萧红的死如同一曲戛然而止的乐章，显得缺憾诸多，却从余味中听出了无尽的美来。有人说她的《呼兰河传》是退步之作，但历史却将之证明为超越时代的真正艺术。萧红死后许多年，有无数个人为之写传、回忆，怀念她的作品，怀念她的人……

呼兰河的憧憬

呼兰县是一个宁静而落后的小城，到处充满了市井的气息。

1911年，萧红便出生在这座小城。她是张家的长女，乳名荣华，学名秀环。张家是一个乡绅之家，祖先由山东移迁而来，父亲是当地张姓的族长，后来做过教育局长和商会会长，在萧红笔下，他是一个贪婪而无人性的人，对待下人甚或儿女吝啬而无情。9岁时，母亲去世，父亲随后续弦，但这些人都未对她产生影响，她童年的中心人物是祖父张维祯。在她的童年记忆中，曾提到学古诗是从随祖父朗诵《千家诗》开始的，她后来改名乃莹，也是由祖父所取。然而幸福的生活却并未持续很久，在《呼兰河传》中她写道：

> 呼兰河这小城里边，以前住着我的祖父，现在埋着我的祖父。
>
> 我生的时候，祖父已经六十多岁了，我长到四五岁，祖父就快七十了，我还没有长到二十岁，祖父就七八十岁了。一过了八十，祖父就死了。
>
> 从前那后花园的主人，而今不见了。
>
> 老主人死了，小主人逃荒去了。

那荒凉的故地，寂寞的童年带给了她一个短暂却刻板的回忆。她后来在哈尔滨最潦倒的日子里曾遇到她的弟弟，面对弟弟让她回家的建议，她回答说："那样的家我是不能回去的，我不愿意受和我站在两极端的父亲的豢养……"对于那个男权至上的父亲，她是打心底厌恶着的，在她眼中家是一所监狱，而并非一个美好的回忆，而在祖父离世后，就更没有了一丝幻想。

她的纯真和善良，以及美的天性，也只有祖父能够给予。

这样的孤寂是影响她一生的。

新世界的荒凉

1920年，萧红入呼兰县立第二小学女生部、县立第一初高两级小学读书；1926年，萧红小学毕业，父亲将她许配给富商之子、小学教员汪恩甲，但想读书的萧红却与家庭抗争，在家辍学一年后，终于离开呼兰到哈尔滨读书，开始了她的求学之路。起初萧红对汪恩甲并无反感，但随着两人的接触，汪富家公子的性格让她不满，在1930年初中毕业时，萧红便想退婚，去北平读高中。那时，最疼她的祖父已经过世，父女之间的关系陷入僵冷，萧红染上了烟瘾酒瘾，性情喜怒无常。恰逢表哥陆哲舜去北平读大学，萧红倔强地离家出走，逃婚去北平投

萧红纪念馆中的萧红画像

奔表哥，进女师大附中读书。此事在萧家引起了轩然大波，拒绝提供生活费，她在北平的生活难以为继。

虽然逃婚在如今看来是反叛世俗的壮举，可萧红却由此陷入了困顿，也成了她苦难的开端。1931年1月，寒假回家的萧红被父亲禁足家中，无奈之下她假装同意结婚，说是去哈尔滨置办嫁妆，但随即又逃去北平，钱财不足的她被汪恩甲追到，只得随之返回呼兰。父亲把她关在距呼兰二十多公里外的福昌号屯，严密监视，半年后才伺机跑掉，来到哈尔滨。这段时间，她曾到同学、亲友处求助，却四处碰壁，有时她只能趁同学上课时跑到她们的床铺上睡觉，靠人施舍吃饭，晚上则四处流浪，随处栖身。饥寒交迫下，她"感到全人类离得更辽远"，仿佛被这个社会抛弃了一般，加上战乱不停，求学求职都无希望，又时近年底，天寒地冻，萧红只好找到了汪恩甲，与他同居，在哈尔滨兴顺旅馆落脚。

曾经满怀希望的萧红，却终究流落到了妥协的境地，生活之惨淡让她毫无办法，逃脱不了旧家庭的礼教，也逃脱不了现实的残酷，她曾多么坚定、多么勇敢，最终却只能接受命运的安排。然而命途多舛，不久后萧红怀孕了，而汪恩甲的薪资也寥寥可数，不能负担更多，只好向家求助，结果汪恩甲却被汪家扣住不回，萧红只好上门去寻，竟遭到了汪恩甲之兄汪大澄的阻挠，汪大澄对萧红本就不满，便借此机会替弟弟解除婚约，萧红无奈，只好去法院状告。而出人意料的是，庭审中汪恩甲倒戈相向，承认解除婚约是自己的主张，官司输掉。事后汪恩甲到旅馆中解释、道歉，怀有五个月身孕的萧红只得与之和好，而半年多来的食宿费已经多达六百多元，旅店老板前来索要，汪恩甲假装回家取钱，这一去，便再也没有回来。

身无分文的萧红陷入绝境，被旅店老板赶到阴暗的三楼储藏室，被像囚犯一样关着。1932 年 7 月，听说旅店老板打算将她卖给妓院抵债，山穷水尽的萧红做了最后一次挣扎：向《国际协报》文艺副刊的主编裴馨园发出一封求救信，指责他"同是中国人，却见死不救"。裴馨园与萧军商量过后，嘱他带了几本书，以及一封介绍信去往兴顺旅馆探望。而此时的萧红，正挺着大肚子……

萧军与萧红一番畅谈，竟然摩擦出了爱情的火花。一个是好写小诗的萧红，一个是青年作家萧军，两人一见倾心。从天而降的爱情，让身怀六甲的萧红似乎掉进了蜜罐里……但隐隐的忧患仍让他们毫无办法，六百多元的欠款并非小数目，以萧军的稿费，实在只是杯水车薪。而冥冥之中的天意将他们解救——8 月，松花江的洪水肆虐哈尔滨，淹到了旅馆一楼，一个好心人提醒她趁机离开，萧红搭上了一艘小艇，逃至裴馨园家，等萧军设法去营救她时，她已经脱离了那个是非之地。

即使再多的语言也表达不了他们的兴奋，这番惊险终于安然度过，逃婚也好、私奔也罢，不过都是局势所逼，除此之外想要保全自己内心深处的一点尊严或价值，也只有这样了。传统的婚姻令她沮丧，但萧军似乎给了她一丝希望——在绝望之时幸福突然降临，大悲大喜接踵而来，这样令人惊讶，又这样让人欣喜若狂。任性的萧红把那循规蹈矩的礼教打得粉碎，不由得让人心中大快，然而代价却又异常巨大：她生下了婴儿却无力抚养，只能将之送人。这是一个痛苦的决定，但出于对某种愿望的寄托，出于对往事的摆脱，她坚忍的性格又将之默默承受，这些遭遇仅是那个时代的悲剧之一，她仿佛是一个在模糊信仰之中爬行的人，不惜一切代价往前走，尽管前面是滔滔洪浪……

爱的踟蹰美丽

> 只有爱的踟蹰美丽，
>
> 三郎，我并不是残忍，
>
> 只喜欢看你立起来又坐下，
>
> 坐下又立起，
>
> 这期间，
>
> 正有说不出的风月。

（萧红《春曲》）

撕心裂肺的爱情总是在平淡之中结束，当那热恋的美好让两人无力抗拒时，一切都说不出道理来，爱情不问缘由，或许才是真正的缘由。"当他爱我的时候，我没有一点力量，连眼睛都张不开。"萧红的爱是纯粹的不管闲事，而萧军却需承担起家用来。寄人篱下太久，矛盾总是重重，最终只能不欢而散，萧军连工作也丢了，只好与萧红搬到旅馆中暂住，兵荒马乱之中，工作最难寻找，好容易萧军寻到了一个家教的职务，两人才搬到了那个学生家中暂住。那个时期是快乐的，有着一种乱世情侣的感觉，萧红大半时间都在家中创作，偶尔也带学生，两人生存状况较好的时候，还组织了画会、剧团。1933 年 5 月，在萧军的影响下，萧红写出了第一部短篇小说《王阿嫂的死》，其后又以悄吟的笔名陆续发表了《看风筝》《小黑狗》等小说散文，自此踏上了文学旅程，并与萧军经常出席当地的左翼文化聚会。8 月，《夜哨》创刊，萧红作为主要撰稿人，发表了《两个青蛙》《夜风》《清晨的马路上》等作品，使得她的作品逐渐丰富起来。10 月，两萧合写了一本短篇小说集《跋涉》，其中有萧军小说 6 篇，萧红小说 5 篇和 1 首短诗，由他们自己装订，送到书店去卖。《跋涉》所选文章带有明显的现实主义色彩，热卖不久便登上了伪满洲国政府的黑名单，遭到日军的查禁。1934年6月，萧军萧红被迫逃走，取途大连，转至青岛——此后萧红再未踏入哈尔滨一步，那里是她的苦难之源，让她遭受了太多的磨难与创伤。如果说她能够在绝望之际得以复活的话，恐怕萧军便是她的救主吧。然而随后我们便可看到，萧红今后所受的折磨，大都也源自萧军。

1934年夏，萧红在青岛樱花公园

他们奔赴青岛的原因，主要是因为朋友舒群的接引。在青岛，二萧住进了海边山顶的一幢公寓，与此同时，本在烟台的梅林也来到青岛，主编《青岛晨报》，三人一见如故，从此便成为知交好友，常在一起出游。我们所得知二萧在青岛的资料，也大都是从梅林笔下所得。萧红是带着在哈尔滨的痛楚而来的，加上她屡弱的身体，所以即便是这样的日子，她仍显得郁郁寡欢。这一期间，萧红几乎是全力从事写作，萧军在报社上班时，萧红则在家笔耕不辍，于1934年9月完成了长篇小说《生死场》。在兵荒马乱之年，幸福总是来得快去得也快，11月，舒群被捕，《青岛晨报》被封，二萧只好离开青岛，起赴上海。在此之前，萧军便写信询问鲁迅是否需要他们的文稿，旋即便收到了鲁迅的回信，说可以看看他们的作品。随后，萧军将《跋涉》和萧红的一篇小说寄去，鲁迅与二萧的"师生"关系就此建立。

爱情的账目

抵达上海之后，萧军和萧红搬到了法租界拉都路的一处小房子，随身的几十元钱竟已花去大半。上海毕竟与其他城市不同，两人一筹莫展，投往各报杂志的稿件也石沉大海。不得已，二萧只好给素未谋面的鲁迅写信，第一个月便写了6封信，令人欣慰的是鲁迅每封信都认真作答，并不是应付差事。而对于两人来说，他们的全部希望都寄托在了鲁迅身上，萧红回忆说："在冷清清的亭子间里，读着他的信，只有他才安慰着两个漂泊的灵魂。"11月30日，鲁迅终于约二人共进午餐，并在席间将萧军《八月的乡村》的原稿带走，同时借给他们20块大洋。次月19日，鲁迅又邀他们赴宴，并把二人介绍给了茅盾、聂绀弩、叶紫、胡风等左翼作家。不久，他俩又得到一个令人兴奋的消息，有出版社愿意出版萧红的《生死场》，同时鲁迅已将该小说的原稿送去审查，不日便可出版。1934年，在鲁迅的介绍下，二萧的作品开始陆续被接纳，萧红的作品《小六》《饿》《三个无聊人》在分别刊登后，她的名声渐显，开始在上海文学界崭露头角。与此同时，他们与鲁迅的交流逐渐增多，关系日进。不久，在鲁迅的支持下，叶紫、萧红、萧军结成"奴隶社"。年底，萧红的《生死场》以"奴隶丛书"第三集出版，鲁迅为之写序，并声称"将来取代丁玲的必定是萧红"，从此萧红蜚声文坛。次年，她的自传体散文集《商市街》出版，昭示着她的作品已步入成熟之列。

鲁迅的支持，似乎让萧红找到了多年梦寐以求的支点——他像一个理想父亲的典型，支持着萧红的创作以及情感的宣泄。但萧红的身体状况却每况愈下，常常埋怨说感到

1936年7月16日，与黄源（左）、萧军（中）合影

孤寂、沮丧，种种情绪的烦恼，使得她的状态一直未能调整好，这一方面大概是幼年的遭遇所致，另一方面，恐怕就是与萧军的关系逐渐转淡有关。

萧军笔迹

正当萧红、萧军在上海逐渐稳定下来的时候，两人的感情却出现了裂痕，他们之间的性格冲突愈演愈烈、争吵不断，而性格暴躁的萧军甚至动手打了她。加上萧军一向是"爱便爱，不爱便丢开"，四处留情，感情屡有别恋，又与陈涓、李玛丽旧情复燃，次次都让萧红无以为堪，伤感难过，这样满腹抑郁的萧红，身体自然好不到哪儿去。萧红在《苦杯》中写道："已经不爱我了吧！/尚与我日日争吵/我的心潮破碎了/他分明知道/他又在我浸着毒一般痛苦的心上/时时踢打/往日的爱人/为我遮蔽暴风雨/而今他变成暴风雨了！/让我怎来抵抗？/敌人的攻击/爱人的伤悼。"这首写给悲哀心灵的诗，诉说着一个善变的男子，"像三年前他写给我的一样。也许人人都是一样！也许情诗再过三年，他又写给另外一个姑娘！"最后只能黯然神伤，"我不是少女，我没有红唇了。我穿的是厨房带来油污的衣裳。"也许上天才能得知这个女子悲哀的爱吧……为情所困的萧红只能独自哀戚，时而徘徊街头，时而去鲁迅家向许广平诉苦，早生华发。胡风之妻梅志在《爱的悲剧——忆萧红》里说见到萧红时"形容憔悴，脸都像拉长了。颜色也苍白得发青"。而此时鲁迅的健康正迅速下滑，许广平忍不住向梅志诉苦："她天天来一坐就是半天，我哪有时间陪她，只好叫海婴去陪她。我知道，她也苦恼得很……她痛苦，她寂寞。没地方去就跑到这儿来，我能向她表示不高兴，不欢迎吗？唉！真没办法。"这样的崎岖坎坷，令那写作成功带来的美妙全化作了泡影，不仅留不下丝毫痕迹，甚而让她顾影自怜起来。

1936年7月，萧红与萧军决定暂时分开一年，萧红只身东渡日本。旅居日本，萧红更加孤寂无聊，几番生病，不久又传来鲁迅逝世的消息，令她大受打击，无法安心学习。与此同时，两萧的朋友黄源之妻许粤华恰从日本回到上海，随后不久，便与萧军陷入了恋爱。在日本得知消息的萧红，便在次年 1 月返回了上海。回上海后，萧红并不知萧、许二人的恋情到了何种程度，仍旧与萧军保持着关系。因为鲁迅去世不久的缘故，或许他们并未公开承认破裂，但敏感的萧红似乎已经意识到，两人的短暂分开，已经让萧军移情别恋了。他的心，已经由不得她来保管，而是由那个"情人"的爱。或许圈内的朋友早已讳莫如深，背后却议论纷纷了。表面的爱，又有什么值得抱慰的呢？ 1937 年 3 月，二萧在拜谒鲁迅墓后，萧红写《拜墓》一诗道："跟着别人的脚迹／我走进了墓地／又跟着别人的脚迹／来到了你墓边……"萧红的失落之情已然可见。萧军与许粤华之间的感情或许真的出自真心，而对萧红则只剩下当初的眷恋和道义上的貌合神离，又一次的绝望让萧红无法自控——"许粤华却已珠胎暗结，做了人工流产手术，萧军又忙着照顾她，根本无暇顾忌萧红"，她的心一下子降到了谷底，冷到了冰点。

1937 年 5 月，萧红离开了上海，独自去往北平，又一次开始了孤独的旅程，恰如去年独赴日本一样，而这次的心情更加糟糕。"这回的心情还不比去日本的心情，什么能救了我呀！上帝！什么能救了我呀！我一定要用那只曾经把我建设起来的那只手把自己来打碎吗？"不久，便放弃了短暂的外地生活，再次回到了上海。然而短暂的分别却并未能让两人的感情有多少缓解，反而更甚，婚姻已经名存实亡，分手只是时间问题了。

不久，沪战爆发，9 月二人转至武汉，住在武昌，此时东北籍作家端木蕻良也到来同住，三人同住一屋。随即，更大的变动到来了，1938 年 2 月，二萧、端木蕻良、艾青四人到临汾任教于民族大学，旋即民大转移，而萧军却执意留下，借口说打游击。也许，萧军便是借此告别那场旷日持久的爱情，二人心照不宣地分手，并说："我说过，我爱她；就是说我可以迁就。不过还是痛苦的，她也会痛苦，但是如果她不先说和我分手，我们还永远是夫妻，我决不会抛弃她！"感情再也不可逆转，萧红心知肚明，却只能任由事态发展。此地一别，萧军去往五台山，后来到了延安；而萧红则随"西战团"到了西安，在西安，萧红与端木蕻良的恋情才真正开始。在与聂绀弩的交谈中，她似乎以同样的口吻说："我爱萧军，今天还爱，他是个优秀的小说家，在思想上是个同志，又一同在患难中挣扎过来的！可是做他的妻子却太痛苦了！我不知道你们男子为什么那么大脾气，为什么要拿自己的妻子做出气包，为什么要对自己的妻子不忠实！忍受屈辱，已经太久了……"自此，二人再也没有修复的可能了。

1938 年 4 月，萧红、萧军在西安相见，萧红当众向萧军提出分手，与端木蕻良的恋情亦同时公之于众。不久，萧红与端木蕻良南下武汉，在汉口举行了婚礼；而萧军则到了兰州，与王德芬相识，旋即坠入爱河并不久结婚。

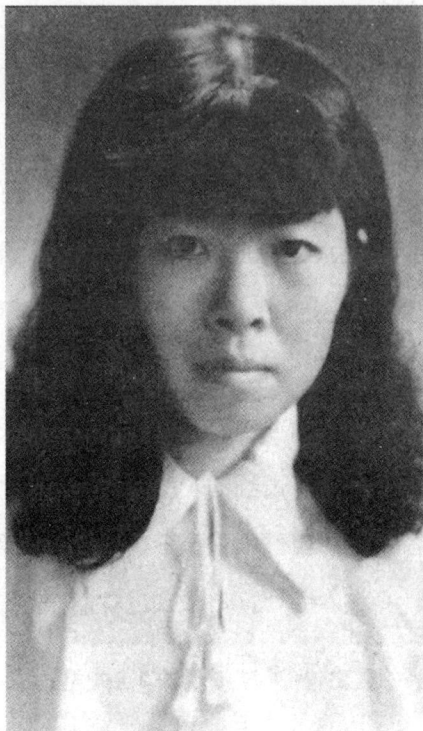

1937 年，萧红在东京

呼兰河也是潇湘

与端木蕻良的婚姻，二萧的圈内一直存有芥蒂，不为外人看好。而萧红却心存感激，因此时萧红怀着萧军的孩子，而端木蕻良却不加计较，她说："像我眼前这种状况的人，还要什么名分，可端木却做了牺牲，就这一点我就感到十分满足了。"斯人之情，已然是有目共睹，萧红前后两次都是怀着别人的孩子而开始新的感情，却更加让人看不懂，或是她的纯真让每个男人都为之宽怀，还是她真的因感性而变得"世故"？

1938年春，萧红在西安

1938年8月，日军逼近武汉，端木蕻良与梅林等乘船去往重庆。据梅林说，萧红之所以未能同行，是为了她的安全，让她坐一条脱班的汽船。而端木离开后，萧红却搬过江去了汉口，住进了孔罗荪处，在汉口的最后一个月，她为《大公报》写了一则《汾河的圆月》，描述一个老瞎女人与小孤女相依为命，沮丧之心情溢于言表；9月，萧红以待产之身去往重庆，随后搬到了江津白朗家，并产下一名男婴，但三天后夭折了。回到重庆时，萧红苦笑着对白朗说："我将孤寂忧悒以终生。"1939年，萧红夫妇在北碚安住下来，端木蕻良在复旦兼职教授，生活开始转机，这也是萧红生活中最安稳的一个阶段，开始动笔写作长篇小说《马伯乐》，并完成长篇散文《回忆鲁迅先生》，成了经典之作。

1940年，在重庆遭受日机轰炸时，萧红夫妇离开重庆飞往香港。在此后的一年半时间内，她完成了《马伯乐》（第一部）《呼兰河传》《小城三月》等她一生中最为成熟的作品。作为一个作家，在香港的这段时间萧红达到了创作的最巅峰，而《呼兰河传》，则成为她留给世人的绝响——若说那个时代产生了什么样的绝世之作，那《呼兰河传》便必是其中之一。

1941年10月，萧红患肺结核入玛丽医院，11月底返家养病；1942年1月，萧红病情加重，被送至跑马地养和医院，因庸医误诊而错动喉管手术，致使萧红不能饮食，此后因战事辗转玛丽医院、圣提士反临时医院，旋即不治病逝，年仅31岁。

萧红死后，历史曾把萧红早逝的原因归为端木蕻良，认为去往重庆之时先萧红一步而走，至香港时曾有打算离萧红而去。面对外界指责，他却沉默了，自此独居，在18年后才再娶钟耀群为妻。据载，在"反胡风"运动之初，有领导诬已死去的萧红为"胡风分子"，使一向以"弱"著称的端木神态骤变，脸孔扭曲，刺耳

香港浅水湾萧红墓

并惊心地喊："鞭尸是封建帝王的做法！我自己，无论是坐牢、枪毙，由你处置。但我决不许污蔑萧红！"说罢全身索索发抖，在领导"你坐下"的吼声中，径直走出办公室。或许由此，我们才可见到端木蕻良的另一面……

后来，诗人戴望舒拜谒萧红墓时，写下了一首"伟大的诗"《萧红墓畔口占》：

> 走六小时寂寞的长途
>
> 到你头边放一束红山茶
>
> 我等待着，长夜漫漫
>
> 你却卧听着海涛闲话

多年的漂泊，自北城呼兰始，到南国香港终，她的经历让每个人唏嘘不已。当她还活着的时候，颠沛流离，从未在一个城市住满一年；当她死去的时候，战火连天，硝烟弥漫在她的周围，最终殒命。她一生中的两个男人，遇见萧军的时候，怀着负心人的骨肉，生下来，养不起，只能送人，却写下了《生死场》的名作；遇见端木蕻良的时候，怀着萧军的孩子，养得了，却活不起，只能生离死别，竟写下了《呼兰河传》的传世之作。她的灵魂在幻灭的情境之中痛苦着，迷失着，

萧红雕像

被现实的残忍所割裂着……她怎么会有笑容呢？那痴痴的眼神，透过的是含泪的光。但她毕竟脱离不了一种局限，以一个女人必须依靠男人的视角来看世界，把全部精力投在写作上，她以为只有这样才能飞得更高，以为这样就可以挣脱枷锁。而饱经忧患的她，最终没能坚持下来，只能承认自己一生走的全是失败的路，从而感慨"女性的天空是低的，羽翼是稀薄的"，而爱情，也是软弱的。

人生是为了什么，才有这凄凉的夜？是为了把悲剧刻下，还是把不朽写就？

佳人如梦

她单纯，淳厚，倔强有才能，我爱她，但她不是妻子，尤其不是我的。

——萧军

《呼兰河传》不像是一部严格意义的小说，而在于它这不像之外，还有别的东西，一些小说更为诱人的东西，它是一篇叙事诗，一幅多彩的风土画，一串凄婉的歌谣。

——茅盾

我很奇怪作为一个作家的她，为什么会那样少于世故，大概女人都容易保有纯洁和幻想，或者也就同时显得有些稚嫩和软弱的缘故吧。但我们却很亲切，彼此并不感觉到有什么孤僻的性格。我们都尽情地在一块儿唱歌，每夜谈到很晚才睡觉。

——丁玲

萧红拥有着宝贵的童心，她笔下的人和事，在透明纯净的童心的烛照下，都是活生生的，"像行云流水一样自由自在，像清冽的空气一样新鲜。"儿童视角常常带来的是"越轨的笔致"。

——鲁迅

卷二

寂寞烟花冷

陆小曼：寂寞烟花，只为寻一世灵魂伴侣

浮光掠影

　　陆小曼（1903—1965），江苏常州人，其家族显赫，父亲陆定为国民党要员，供职财政部，身居要职20余年。陆小曼1915年就读法国圣心学堂，18岁因精通英文和法文担任外交部翻译，接待外国使节。她又是个画家，师从刘海粟、陈半丁、贺天健等名家。1922年陆小曼和青年军官王赓结婚，1925年离婚。1926年与诗人徐志摩结婚，同年参加了中国女子书画会。1941年在上海开个人画展，晚年被吸收为上海中国画院专业画师，上海美术家协会会员，曾参加新中国第一次和第二次全国画展。她擅长戏剧，曾与徐志摩合作创作《卞昆冈》五幕话剧。她谙昆曲，也能演皮黄，写得一手好文章，有深厚的古文功底和扎实的文学创作能力。

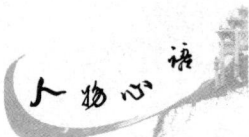

人物心语

　　我心目中的理想伴侣，相识在不该相识的时候。

陆小曼

一世灵魂伴侣的代价

初知陆小曼的人，大都是因为徐志摩，因那本薄薄的《爱眉小札》。但很少有人知道，陆小曼本身也是一个足以与林徽因齐名的才女。她出身名门，聪颖秀丽，是上层社会的社交名媛，东方巴黎——上海的时尚风向标。她与唐瑛，被时人称作"南唐北陆"。她29岁前的人生，活在灯红酒绿、歌舞升平之中，恋爱写诗，演戏舞蹈，起兴作画，舞文弄墨；直到29岁时志摩的死，才使她的一生产生蜕变——若说她的心是苏醒了的，却也是破碎了的；若说她是破碎了的，却又时刻警醒着自己。

那些本该耀眼的光彩，那些本该成就的传奇，从此悄然退去。世人曾经对她抱以鄙夷，她也曾为此繁华落尽而伤感憔悴，但本性的色彩从未淡去。她为那过往的回忆而流连，也为现实的枷锁而逃避。为此，谁也难以评价她，说她是为了什么而燃烧着余下的生命，说她是为了什么而丧失了自己的灵魂伴侣，说她的一切言语，都必将成为一场误会。或许，只有她的心中才明了这些罢！

出身即是名媛

陆小曼祖籍常州樟村，书香门第，父亲陆定（字静安，号建三，晚清举人），与林徽因之父林长民一样，同为日本早稻田大学毕业，亦是日本名相伊藤博文的得意弟子。陆定在日本留学期间，参加了孙中山先生的同盟会，国民政府成立后入财政部供职，身居要职二十余年，同时也是中华储蓄银行的主要创办人。母亲吴曼华，小名梅寿，出身于官员家庭，是当时的社交名媛，她通晓琴棋书画，尤为擅长工笔画，而女儿陆小曼也完全继承了母亲的绘画天赋。

1903年阴历九月十九，陆小曼诞生于上海市孔家弄。母亲吴曼华曾生过九个孩子，但只有陆小曼一人存活。也正因如此，陆氏夫妇对她宠爱有加，甚至可以说得上溺爱。当然，这种贵族的爱既成就了她的千金气质，也造就了她奢侈悖逆的性格，从日后陆小曼的遭遇和行为来看，早年的家庭教育，给她打上了深刻的烙印。

那个时代，大多数人仍未能脱离封建礼教的束缚。陆家也是一样，母亲自然早就为这个唯一的女儿做了打算：把她培养成一代名媛，如此便能嫁入豪门或钓得金龟婿，光大门面。对于一个

陆小曼山水画

孩子来说，这种打造恐怕是艰苦的，如此就没有更多的时间与同伴玩耍，只能在书房中作画、读书、学习礼仪和艺术，而陆小曼偏偏喜欢如此，她天资聪颖，仿佛并不以之为苦，反而以之为乐，终日沉浸在书海之中。

陆小曼如同飞入人间的天使，为父母带来了无数宽慰。她虽脱不了娇气，但并不娇纵，而且有同龄儿童所不具备的机敏。七岁之时，被送进北京女子师范大学附小读书，后升入北京女中。十五岁时，当地流行外国人办的贵族学校，于是她又被送进北京圣心学堂读书。在贵族学校的环境中，陆小曼的天性得到了充分发展，使她变得自信并骄傲。为此，陆定夫妇不惜重金，又聘请了一位英国女教师来教授她英文。短短几年时间，陆小曼的英文法文都已熟练掌握，而且会弹钢琴，会画油画，懂戏曲。在这含苞欲放的年纪，她成了学校中最引人注目的"皇后"，不论到哪里都出尽风头，不论任何时候都光彩夺目。

北京城不可不看的风景

初入社交界是她十八岁之时。当时的北洋政府外交总长顾维钧要圣心学堂推荐一名精通英文法文并年轻貌美的姑娘，去外交部兼职接待外国人的工作。冥冥中似有天意，这成了陆小曼人生的一个契机。于是她顺理成章成了外交部的常客，常被邀请去接待外宾，参加各种舞会。她的多才多艺，能歌善舞，很快使她在社交场崭露头角，成了一道奇特而靓丽的风景。难能可贵的是，陆小曼不仅在翻译方面出色，在谈吐和举止上也体现出一种超乎年龄的敏慧，让中外宾客刮目相看。

这三年的外交生涯，是她一生中光彩绚烂的日子。她开始懂得在不同的场合让自己瞩目，并且无限留恋于这样的光环——开始脱去稚气，变得大方、高贵。她如同一块通透的璞玉，被加工成了一只优美的玉镯，展露于各种场所，圆润而光亮。

姿态卓雅的陆小曼

一个人早年的性情或经历，往往决定了往后几十年的命运。从她进入这种华贵的场合开始，就注定无法成为一个安于家庭的贤妻良母，而只能成为在大众焦点下璀璨的明星。那个时代所形成的风气，把她这种名媛千金的角色摆到了文人雅士面前，得到的无非就是吹捧，为她安上"一代才女、旷世佳人"的雅号……郁达夫曾说她是"一位曾震动20世纪20年代中国文艺界的普罗米修斯"，而有谁能够不为此名声动容呢？普通人的一生不过是名利二字，而陆小曼在芳华之时已全部占尽。

如今，我们再看陆小曼的照片，恐怕并未觉得她美。但毕竟每个时代有每个时代的审美趣味。若想有某种参照，只能以当时人们的形容来欣赏。胡适说她是北京城一道不可不看的风景，这恐怕并非是某种场合的恭维。就连张幼仪也不得不赞她，说她的媚眼诱人，秀发缠柔。当时曾有报纸这样记载："北京外交部常常举行交际舞会，陆小曼是跳舞能手，假定这天舞池中没有她的倩影，几乎阖座为之不欢。中外男宾固然为之倾倒，就是中外女宾，好像看了她也目眩神迷，欲与一言以为快。而她的举措得体，发言又温柔，仪态万方，无与伦比。"

陆小曼生活照（左一为徐志摩）

得之我幸，不得我命

1922年，陆小曼19岁。她婀娜娉婷，美丽动人，前来陆家说媒的人踏破了门槛。但陆定夫妇依然不满意，不肯将陆小曼轻易许人，一等再等，直到一位叫王赓的青年军官出现，陆氏夫妇才为陆小曼定下了婚约。

王赓先后就读清华大学、密歇根大学、哥伦比亚大学、普林斯顿大学，后又到美国西点军校攻读军事，与美国上将艾森·豪威尔是同学。1918年回国，拜梁启超为师，1921年升为陆军上校。二人的结合，成为当时上流社会绅士名媛的典型姻缘，而她正是在众口一词的称赞、艳羡当中步入了婚姻殿堂，二人从认识到结婚不到一个月。

陆小曼与徐志摩

新婚的日子可能还算多彩，但长久的居家生活却令她甚不快乐。她就这样断然淡出了社交场合，一时无法适应，此时她才算明白，自己最需要的仍旧是那光彩飞扬的生活，那种活在众人视线中成为焦点的生活。当她决定再次回到舞场的夜夜欢歌，回到繁华热闹的人群之中时，便已知道自己再不能过普通平凡的日子了，她所要的那种光华鲜亮的绽放，已经比什么都重要，已经渗进了骨头里了。

于是她与王赓的婚姻出现了巨大的裂痕：两人的性情、爱好差异逐渐展现并扩大，争执越来越多……加之以分居，感情趋向淡漠。"从前多少女子，为了怕人骂，怕人背后批评，甘愿自己牺牲自己的快乐和身体，怨死闺中，要不然就是终身得了不死不活的病，呻吟到死。这一类的可怜女子，我敢说十个里面有九个是自己明知故犯的，她们可怜，至死不明白是什么害了她们。"陆小曼在日记中一针见血，道出了二人婚姻的破裂原因。

陆小曼与徐志摩的恋爱，被世人传颂成传奇之恋。"他那双放射神辉的眼睛照彻了我内心的肺腑"，陆小曼再次看到了生机，知道自己需要某种轰轰烈烈之爱，而这种爱恐怕只有徐志摩才能给予。若说徐志摩切合了陆小曼的人生观的深处，直接使她不敢付诸行动的幻想变作现实，那也不能称之为过。恋爱到卿卿我我之时，哪怕有人告诉她日后要粉身碎骨，她恐怕亦会慷慨赴之。

王赓与徐志摩本就是朋友。1924年，一场舞会将陆小曼推到了徐志摩面前。而此时的徐志摩，正由于林徽因的拒绝而心灰意冷，惊鸿一瞥中，两人刹那倾心。

此后，徐志摩便成了王赓家中的常客。

志摩的爱是轰轰烈烈的，小曼的痴情也如同烈火灼烧，一个无可救药，另一个神魂颠倒。两人听戏交心、喝茶游玩，宛若仙侣："我的诗魂的滋养全得靠你，你得抱着我的诗魂像母亲抱孩子似的，他冷了你得给他穿，他饿了你得喂他食——有你的爱他就不愁饿不怕冻，有你的爱他就有命！"一切已不能再找到更多的词语来形容，所有的文字都显得形如枯槁，那唯一精神之伴侣的咒语将他们推到世人眼前，推到万劫不复之境。那热耳的情话，将两颗心俘虏并推向冲破婚姻枷锁的战场，终将这场恋情公之于众——即便注定要让世人口诛笔伐，即便"相识在不该相识的时候"，他们却自然而然地承受着所有。

为了促成二人的婚事，刘海粟先设法说服了陆小曼的母亲，后又邀请王赓在"功德林"举行了一场宴会，向王赓暗示放弃之意。宴会后，王赓终于同意与陆小曼离婚。然而世事难料，陆小曼发现自己怀上了王赓的孩子，思前想后，只好狠下心肠，瞒着王赓与徐志摩，只身去了一家德国人开的诊所做手术，没料到手术失败，留下了后遗症，此后一经房事便疼痛难忍。婚后，当徐志摩提起要个孩子时，她只能说："不是还有阿欢吗①？"却始终不曾吐露实情。

1925 年底，陆小曼与王赓离婚，时年陆小曼 23 岁。但与徐志摩的婚姻仍然好事多磨，不仅社会上对二人的恋情大为痛斥，就连双方父母都强烈反对。陆定夫妇虽不愿意女儿与徐志摩来往，无奈爱女深切，加上胡适来向他们求情，最终同意，却提出了两个条件：

一、请梁启超证婚，因梁启超在全国负有名望，又是徐志摩的老师；

二、要在北京北海公园图书馆的礼堂举行婚礼。

而徐志摩的父亲徐申如一直认为要先请求前儿媳张幼仪的答应才行。1926 年初，张幼仪取道西伯利亚回国，当徐申如询问徐陆二人的婚事时，她表示不反

---

① 阿欢是徐志摩与张幼仪之子。

对。但徐申如仍然不愿儿子娶陆小曼为妻。后来又经胡适、刘海粟等人出面周旋，才勉强答应，但也提了三个条件：

一、结婚费用自理，家庭概不负担；

二、婚礼必须由胡适做介绍人，梁启超证婚，否则不予承认；

三、结婚后必须南归，安分守己过日子。

1926 年 10 月 3 日（农历七月初七，七夕），北京北海公园举行了一场轰动的婚礼。这场婚礼聚集了当时文艺界几乎所有的名人。梁启超作证婚人，主持人为胡适。虽然婚礼上二人被梁启超大骂，但总算圆满结束。农历九月初九，新婚后的陆小曼依诺言随徐志摩离京南下。

佳偶或怨偶

凌叔华曾对陆小曼说："男女的爱一旦成熟为夫妇，就会慢慢的变成怨偶，夫妻间没有真爱可言，倒是朋友的爱较能长久。"二人感情正浓时，一切都曼妙美好，而一旦熟悉亲近，日夜不离，却摩擦生起，日渐疏远。

在徐志摩的故乡硖石待了不久，与公婆二人的感情便吃紧。陆小曼不会讨二老的欢心，也不曾与他们多做交流，加上她本身是交际花出身，喜欢放纵自己的感情，敢爱敢恨，最终两位老人嗔怨离家，去了北京张幼仪那里。而后，两人又在家待了一段时间，于 1927 年 1 月移居去了上海。

陆小曼在上海如鱼得水，沉迷于那里的十里洋场、歌剧舞厅，与当时上海的头牌交际花唐瑛齐名。一向花钱如流水的她，一下子放开了手脚，无所节制。这一点在王赓那里尚且过得去，但在徐志摩这里却行不通，由于徐父母已经断绝二人的经济来源，生活并非想象当中的奢侈美好。加上陆小曼生活不能节制，挥金如土，好乐享受，这让他们的关系日趋紧张。

徐志摩的爱是真诚的，他一味迁就于自己艰难得来的爱，即便有时想要告诚她，却难以启口，偶尔婉转说上几句，也不疼不痒。他的身家并不富裕，为此他只好努力赚钱，同时在光华大学、东吴大学等学校讲课，讲课之余还要赶写诗文赚稿费。借了朋友的钱，拆东墙补西墙，日子过得艰难。1930 年秋，徐志摩又到南京中央大学教书，并兼任中华书局编辑、中英文化基金会

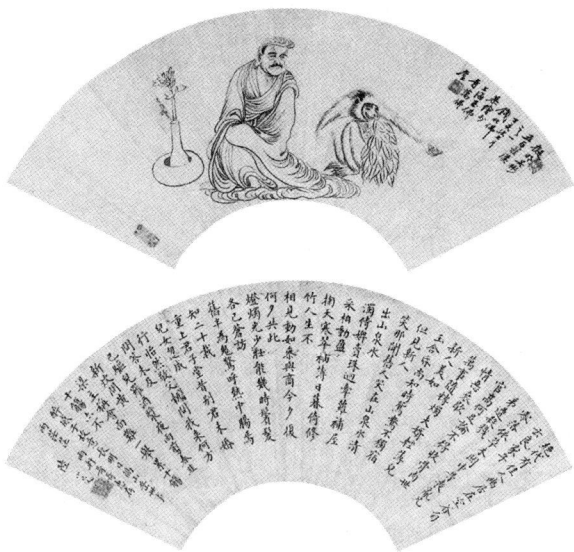

陆小曼扇面作品

委员，往返于南京上海之间。1931 年，应胡适之邀去北京大学、北京女子师范大学任教。而陆小曼因病不想北上，却也放心不下徐志摩坐飞机，想要徐志摩留在上海，但他有自己的事业，无奈只好独自赴京。

神仙眷侣的日子一下子坠落凡间，生活中的柴米油盐令他们有了嫌隙，徐志摩每次归家，为省开支，都不坐价高的火车，而靠关系搭乘免费的飞机。陆小曼见徐志摩这样艰辛，无奈放不下上海的生活去北京，只好说："心疼钱，那还是尽量少回来吧。"而徐志摩为了探望她的病情，仅 1931 年上半年就乘飞机来回了八次。便是如此，两人还是免不了吵架，彼此说些埋怨的话。1931 年 4 月，徐母去世，徐父拒绝陆小曼来看望；同年 11 月，陆小曼难以维持在上海的开销，便又催徐志摩回上海。11 月 11 日，徐志摩搭乘张学良的专机回到上海，与陆小曼大吵一通，郁达夫回忆："当时陆小曼听不进劝，大发脾气，随手把烟枪往徐志摩脸上掷去，志摩连忙躲开，幸未击中，金丝眼镜掉在地上，玻璃碎了。"这一举动令徐志摩负气出走，11 月 19 日，徐志摩为赶上林徽因在北京协和小礼堂的讲演，搭乘了一架邮政机飞去北京，怎料第二天中午，飞机在济南触山爆炸，

机上三人无一生还，时年徐志摩 36 岁。

伤逝哭摩

　　如果说因陆小曼才致徐志摩之死，那定是一种偏见。生死各安天命，徐志摩之死有着徐志摩自身的原因。若不是与陆小曼相遇，若不是因难以控制的情怀而与之相恋，若不是因种种疼爱而为其付出，若不是纠结于往日的尘恋，那现如今的结局早就改写。正因徐志摩是徐志摩，而陆小曼又是陆小曼，各自都真真切切，各有性格与心思，组合在了一起，才有了一切的偶然或必然。那死亡，或许只是冥冥中某个特设的情节罢了。

　　徐志摩出事那天，陆小曼忽觉浑身不适，一阵头昏，结果客厅中的结婚照坠地而碎。这种感应偏偏就成了真，世间的鬼神之说恐不足为信，但亲人间的感应回忆起来，却似乎真真切切。那种懊悔将陆小曼对生活的所有信心都夺走，悲伤已然不能用笔墨来形容。目瞪口呆、僵若木鸡、丧失光颜，恐怕只有这样才能说明点什么罢！

　　徐志摩的遗体从济南运回上海，现场的唯一一件遗物留给了她。那是陆小曼 1931 年春创作的一幅山水画，风格清丽，秀润天成。这幅画由徐志摩带着，每到一处遇见朋友，便请朋友为其题跋。陆小曼见到此物，泪水直流，真真地不知该如何面对。与张幼仪的冷静作风相比，她竟像个涟涟哭泣的小姑娘。

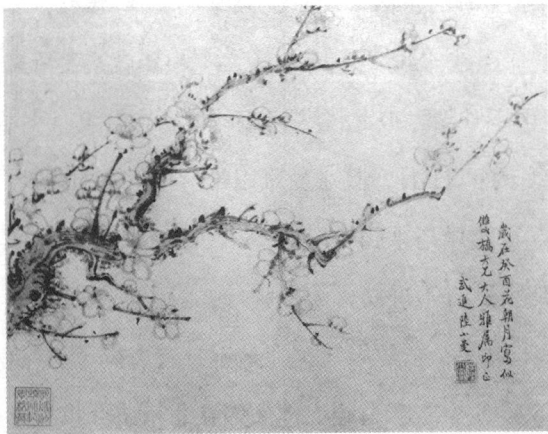

陆小曼画作

徐志摩死后一个多月，她才渐渐恢复，动笔写了《哭摩》一文：

从前听人说起"心痛"我老笑他们虚伪，我想人的心怎么觉得痛，这不过说说好玩而已，谁知道我今天才真的尝着这一阵阵心中绞痛似的味儿了。你知道么？曾记得当初我只要稍有不适即有你声声的在旁慰问，咳，如今我即使是痛死也再没有你来低声下气的慰问了。

1932 年徐志摩的追悼会上，陆小曼送了一副挽联：

多少前尘成噩梦，五载哀欢，匆匆永诀，天道复奚论，欲死未能因母老；

万千别恨向谁言，一身愁病，渺渺离魂，人间应不久，遗文编就答君心。

1933 年清明，陆小曼一人去给徐志摩上坟，这是她第五次去硖石，也是最后一次。那在"香巢"的记忆已经成了不能触碰的伤口。归来后，便作了一首诗：

肠断人琴感未消，此心久已寄云峤；
年来更识荒寒味，写到湖山总寂寥。

1931 年 11 月，赵家璧把徐志摩遗作《秋》出版，陆小曼为其提供了照片；1931 年 12 月，邵洵美把徐志摩遗作《云游》出版，陆小曼为其作了序；1933 年，陆小曼整理了徐志摩所写的《眉轩琐语》发表；1935 年，已然整理好的徐志摩全集竟然丢失，令她懊悔不已；1936 年，《爱眉小札》由良友图书公司出版；

1947 年，《志摩日记》由晨光图书公司出版。1954 年，曾遗失的徐志摩全集终被找到，这份稿件的清样，陆小曼临死前仍挂念不忘。

亲人翁瑞午

或许志摩的死给了陆小曼沉重打击，也或许因为翁瑞午确实对她感情真切，两人才最终走到了一起。这样一个男子，陪伴着陆小曼将近四十年，从她的光彩夺目，到她的黯然失色，繁华落尽不离不弃，恐怕翁瑞午身上的品质，绝大多数男人都是欠缺的。

陆小曼与翁瑞午的相识，是在与徐志摩大婚之后。那时，陆小曼整日流连于夜场，作息被打乱，以致患上哮喘、胃痛之疾，疼痛时呼天抢地，徐志摩遍访名医不得，终于请到了翁瑞午。据翁瑞午之长女翁香光回忆，她九岁时经常由父亲带到徐府，亲眼见父亲为陆小曼推拿，病痛缓和后，陆小曼的脾气也好起来了，为此徐志摩十分感谢翁瑞午。

毋庸讳言，翁瑞午与徐陆之间的关系，很为一些人所诟病，但徐志摩却对此坦然，他们一直保持着相当不错的关系。陆小曼有时病痛得厉害，翁瑞午便建议她吸食鸦片来镇痛。时人认为陆小曼染上鸦片是翁瑞午的唆使，岂知有些冤枉了翁瑞午。万事总在人为，各自的性格便注定了各自的行为。由于朋友关系亲密，而徐志摩忙于工作，收入也一度难以维持陆小曼的生活，翁瑞午便

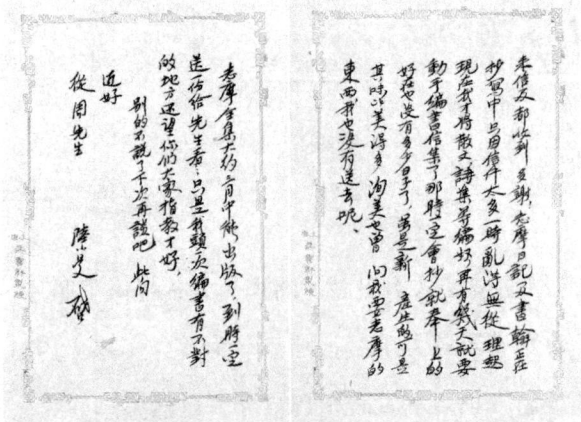

陆小曼笔迹

时常接济二人。徐志摩失事前曾与翁瑞午长谈，请其代他照料陆小曼。怎料这一长谈便成了诀别，徐志摩飞机失事后，翁瑞午受陆小曼的委托，当即赶去现场收尸，见到徐志摩尸体后，悲痛惨然。

此后，翁瑞午便全盘照料起陆小曼的生活，并散尽钱财让陆小曼学习绘画：一方面出于自己对她的爱，另一方面也出于徐志摩的托付。日久情深，二人在1938年正式同居，直到1953年翁瑞午的妻子陈明榴去世，才正式结为夫妻。此时陆小曼因吃鸦片的缘故快速衰老，而翁瑞午却仍旧一表人才。篆刻家陈巨来曾说："翁瑞午跟陆小曼的关系，却不能简单地责之以'朋友妻不可欺'。陆小曼从来不事生产，全赖翁一直是黑（烟）白（饭）供应无缺，在陆年老色衰之后翁仍侍奉不改，也不能不算是情义很重的了。"

后来，陆小曼与翁瑞午有了女儿翁琴光，由翁瑞午的长女翁香光抚养。两人总算真真正正成了亲人，而亲情总比爱情更值得信赖。陆小曼在1959年填写的档案表格上，在家庭成员一栏正式写上了翁瑞午，从而表明了陆小曼的心思。

1960年，翁瑞午病逝，由翁香光照顾陆小曼；1964年，陆小曼因肺气肿和哮喘住进了医院。1965年春，陆小曼意识到自己终将挺不过去了，便请求赵清阁帮助她将自己与徐志摩合葬；1965年4月3日，63岁的一代才女陆小曼在上海华东医院过世。

起初，赵清阁试图将她的骨灰与徐志摩合葬，但终究未取得徐家的同意，骨灰便一直寄存在他处。直到1988年，陆小曼的堂侄陆宗为她建造了纪年墓，此事才总算尘埃落定了。

佳人如梦

陆小曼的旧诗清新俏丽，文章蕴藉婉约，绘画颇见宋人院本的常规，是一代才女，旷世佳人。

——刘海粟

她一双眼睛也在说话，睛光里荡起心泉的秘密。

——徐志摩

她确实是一代佳人，我对她的印象，可以用"娇小玲珑"四个字概括。

——王映霞

吕碧城：绛帷独拥人争羡

吕碧城（1883—1943），原名贤锡，后更名碧城，一名兰清，字遁夫，号明因、宝莲居士，后改号圣因，法号曼智。安徽旌德人，与其姐姐吕惠如、吕美荪以诗文闻名于世，号称"淮南三吕，天下知名"。1904年，成为《大公报》第一位女编辑，同年创办"北洋女子公学"，23岁的吕碧城担任校长，为我国女性任此高级职务的第一人。1912年，被袁世凯聘为总统府机要秘书，后因其复辟帝制而辞职。1918年，前往美国就读哥伦比亚大学，攻读文学与美术，兼为上海《时报》特约记者，此后周游欧洲，后在瑞士长住；1930年，正式皈依三宝，成为在家居士，法名"曼智""宝莲"，为素食主义者和动物保护主义者。1939年返港，终生未婚。1943年于香港辞世，时年61岁。

吕碧城被称为"近三百年来最后一位女词人"、中国第一位女性撰稿人，中国女权运动及女子教育的先驱者，著作有《信芳集》《吕碧城集》《欧美漫游录》等。

绾银瓶，牵玉井，秋思黯梧苑。蘸渌搴芳，梦堕楚天远。最怜娥月含颦，一般消瘦，又别后、依依重见。

倦凝眄，可奈病叶惊霜，红兰泣骚畹？滞粉黏香，绣靥悄寻遍。小栏人影凄迷，和烟和雾，更化作、一庭幽怨。（《祝英台近》）

琼楼秋思入高寒，看尽苍冥意已阑；棋罢忘言谁胜负，梦余无迹认悲欢。

金轮转劫知难尽，碧海量愁未觉宽；欲拟骚词赋天问，万灵凄侧绕吟坛。

（《琼楼》）

吕碧城

语不惊人死不休

女性之独立、之权利、之自醒，仍是当代的一个重要话题。然而在 100 年前，人们却已感受到了那种独特的气息——民国之女子,若说谁真正有着这样一种"传奇"，恐怕没有人能盖过她了。在磨难中多奋起，在选择之时不执著，在困惑之时有所觉悟，这个女子，已经让我们感到惊奇、惊讶、惊诧。若在当时？恐怕是惊恐吧！"匆匆说法谈经后，我到人间只此回。"如果她并非风华绝代，或并非思想卓越，那也仅能算是在红尘中翩翩而去的一缕轻云，但她却全部占据了那全部不可得而得之的一切。

她是在风光之中赢得自我的第一个女子。

她——就是吕碧城。

吕碧城祖籍安徽旌德，于 1883 年生于山西太原，为徽商世家。父亲吕凤岐是光绪年间进士，曾出任国史馆协修、玉牒馆纂修、山西学政等职，家中藏书甚丰，据说有三万多卷，书香门第。吕家姐妹四人，吕碧城排行第三，之后她的姐姐吕惠如、吕美荪与她共同以诗文闻名于世，时人称之为"淮南三吕，天下知名"。2 岁时，为官耿直的父亲辞官回乡，定居六安。5 岁时，一次父亲在花园见杨柳轻拂，随口拈句："春风吹杨柳"，谁知吕碧城当即应道："秋雨打梧桐"，令父亲刮目相看。7 岁时，她已能作画写字，聪颖早慧，后有人为其传："自幼即有才藻名，工诗文，善丹青，能治印，并娴音律，词尤著名于世，每有词作问世，远近争相传诵。"12 岁时，吕碧城作了一首豪气冲天之词："绿蚁浮春，玉龙回雪，谁识隐娘微旨？夜雨谈兵，春风说剑，冲天美人虹起。把无限时恨，都消樽里。君未知？是天生粉荆脂聂，试凌波微步寒生易水。浸把木兰花，谈认作等闲红紫。辽海功名，恨不到青闺儿女，剩一腔毫兴，写入丹青闲寄。"当时的诗论大家樊增祥读到后，不禁拍案叫绝，后又听说词作者是一位 12 岁的少女，惊讶得瞠目结舌。

吕碧城的童年，若用一句话来概括，那便是"语不惊人死不休"。

到处咸推吕碧城

1895 年 11 月，吕凤岐意外病逝，母亲从京城赶回家乡处理财产，怎料被族人以无子嗣为由劫持，并觊觎其家财产，将其赶出家门。威逼下，严氏只得带着三个孩子回到娘家，并让吕碧城独自投奔到塘沽的舅父严朗轩家，开始了寄人篱下的生活。而之前吕碧城的婚约也遭到退婚，双重剧变，让她深有感触，后来她曾有《感怀》诗，记录当年的不幸："燕子飘零桂栋摧，乌衣门巷剧堪哀。登临试望乡关道，一片斜阳惨不开。"家庭的变故让吕碧城迅速成熟，时事的多变让她变得更加敏锐，随着戊戌变法、庚子事变等的兴起与失败，她的视野已经从家门不幸转到了国之不幸，始而对外界事物有所洞悉。她意识到自己绝不能偏安一隅，需要做一些什么。

"盐车独困感难禁，齿长空怜岁月侵。"1903 年春，20 岁的吕碧城想要去天津探访，但舅父闻讯后一顿斥责，并令她不得离开塘沽。而这个倔强的女子却心生激愤，第二天就逃出家门，连行装也没来得及收拾。这个举动成为了她日后一切行为的本原，我们并不能得知，她之女权思想的由来到底在哪儿，但似乎有两个踪迹可循：一是父亲家族的重男轻女思想及压榨；二是清

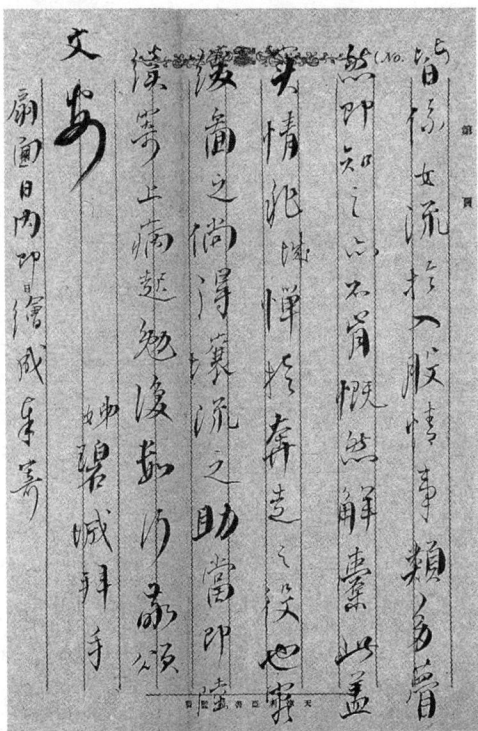

吕碧城字迹存影

末新政的改革对她充满了诱惑。这个在"探访女学"之路奔走的才女，其志向早在千里之外，"钗于奁内待时飞"，这一走，就让她再也没有后路可寻了。后来吕碧城风趣地说："然予之激成自主以迄今日者，皆为舅氏一骂之功也。"

这个富有才气的女子似乎并未因出走后的生活困顿打消念头，在火车上，她便开始了入津后的打算，并结识了她的天钺之星：天津佛照楼旅馆的老板娘。这个贵人对她非常同情，一下车便把她安排到了自己的旅馆。在旅馆中，吕碧城写信给住在《大公报》社的舅父熟人，一封长信文采斐然，那位熟人将信交给了报社总编英敛之，偶然之中有了必然，没想到便成了她人生的又一次转折——英敛之读后，深觉有拜访吕碧城的必要，便到佛照楼旅馆拜访，一番言谈之后，便邀她担任《大公报》的实习编辑，搬到报馆居住。

20年后的鲁迅曾作了一个"娜拉出走之后"的演讲，讲到女性离家出走，虽然是对旧制度、旧秩序、旧文化的反抗，但"去旧"并不意味着"建新"，终究会遭遇两个结果：不是堕落，就是回来。历史曾无数次佐证了这个观点，但对吕碧城来说，她却开出了一条新路来：独立的路。女权之路最关键处，首先便是能够做到独立，这在男权社会尤其不易，若没有当时的社会变革背景，恐怕吕碧城的人生之路亦会有所不同。但英敛之给了她一个契机，使得她从此有了不一样的人生。当然，若说她是幸运的，那也与她自身的能力有绝对关系：在《大公报》上，吕碧城发表了一系列文采斐然、格律严谨的诗词，立即赢得了读者及报馆前辈的赞赏，加上她楚楚动人的容貌，已然成为当时的热点人物之一。时光的价值，并不仅仅在于让一个人变得人老珠黄，而也在于让一个少女变成光彩照人的美人。当时便有人曾赞她"天然眉目含英气，到处湖山养性灵"以及"冰雪聪明芙蓉色"的美丽。而如今，我们也能看到她的一些照片：着装为欧式衣裙、胸绣孔雀翎、头戴翠羽，风姿动人。阅罢照片，同为民国才女的苏雪林也不由得赞她："美艳有如仙子。此像曾供养多年，可见我对这位女词人是如何钦慕。"

1904年5月，"秋闺瑾"（秋瑾）到访，要在留学日本前看看与自己同为"碧

吕碧城在北京

城"的新女性。两人初次相识，当即便订为文字之交。从此秋瑾放弃"碧城"之号，就此约定，秋瑾去日本从事革命，而她则在国内以"文字为役"。秋瑾一去，吕碧城的思想则更进一步展现，并向外输送她女子解放与女子教育的呼声，如《论提倡女学之宗旨》《敬告中国女同胞》《兴女权贵有坚忍之志》等具有鼓吹时代变革性质的文章。她认为"君之愚弱其民，即以自弱其国也。男之愚弱其女，即以自弱其家也"，并宣扬要打破夫为妻纲之说，倡导女学女权，提出女子之兴国才能兴，女子不兴，国则不兴的言论，意使旧礼教桎梏下的女子应与男子一样，担负起强国的重任。种种论点一则受到报馆支持，二也确实令社会有所反响，并引发读者的反思。1905 年，吕碧城发表她著名的诗："眼看沧海竟成尘，寂锁荒陬百感频。流俗待看除旧弊，深闺忧愿做新民。江湖以外留余兴，脂粉丛中惜此身。谁起平权倡独立？普天尺蠖待同伸。"引起了轩然大波，当时清廷内史的缪素筠不禁对和："雄辩高谈惊四筵，娥眉崛起一平权。会当屈蠖同伸日，我愿迟生五十年。"其后又唱和："飞将词坛冠众英，天生宿慧启文明。绛帷独拥人争羡，到处咸推吕碧城。"

此后，"绛帷独拥人争羡，到处咸推吕碧城"一句便传遍市井，一时风云全城，进而全国闻名，吕氏成为文坛翘楚。在中国历史上，如果说有哪些时代曾为人大为推崇，那恐怕只有两个：一是魏晋、二则是民国。在后者，民国之女子则更令人称奇。因为这是古代少有的女性解放时期，若说古时出名女子，不是以三从四德为吹捧，则便以青楼采风留名后世，间或有几个卓越之人，无一能真正摆脱枷锁，显现出女性的风采来。而清末民初却开创了这样一个时代，以此为证她们并不逊于男性。文化的熏染并不分贵贱男女，也不分三教九流，人之平等是天命所赋，女性之独立自主有了可能，那么，人性的宣扬也就有了可能性。只有彻底摆脱那种"靠男人""靠家族"的思维定势，这女性权利的申扬，才会实现。而吕碧城则算得上摆脱传统礼教的第一人，这并非说巾帼能否让得须眉，而是说，不必让，也不需让，那才是女权的根本。她的价值，也在于此了。而如今，被称作"民国四大才女"之首的吕碧城却湮没在历史的夹缝中，被萧红、石评梅、张爱玲等的风潮盖过，这就是一种潜藏的危机了——如今的我们竟然缺少了那种对女性独立意识的关怀。

早于 1902 年，傅增湘、严修便曾创办严氏女塾，但仍属于启蒙教育，且不够理想。而此时身为新女性的吕碧城在天津知识阶层活跃，《大公报》主编英敛之注意到了这点，便向傅增湘引荐。傅增湘忽然设想，为何不让吕碧城助己一臂之力呢？于是便在英敛之的帮助下，开始着手筹资、选址、建校。不久，吕碧城的大姐吕惠如、二姐吕美荪也先后到来，一起加入了女子学校的筹办。于此之际，吕碧城又结识了教育家严复，后者对其非常赏识，不仅收她为女弟子，悉心教授逻辑学原理，互致诗词唱和，还向当时总督袁世凯鼎力推荐。这样，在一批手中握有实权的名流支持下，1904 年 11 月，"北洋女子公学"正式开学，吕碧城出任教务长，傅增湘为校长。1906 年，"北洋女子公学"更名为"北洋女子师范学堂"，年仅 23 岁的吕碧城升任校长，成为近代女性任此高级职务的首例。

吕碧城不遗余力推广女学，针对中国传统对女性的桎梏，提出"德、智、体"的发展体系，并加入西方民主自由以及自然科学的教育，破除陋习，使学生认识到"女子无才便是德"之重点在于"男子的附庸"，而应予以舍弃，以求新"德（自由平等）"。并着力实行"开女智、兴女权"的办学宗旨，让更多的妇女走出家门接受现代教育。同时，在吕碧城影响下，吕氏姐妹皆开始从事女子教育，成就斐然：

大姐吕惠如担任南京两江女子师范学校校长，二姐吕美荪担任奉天女子师范学校校长，妹妹吕坤秀在厦门女子师范学校任教员。"旌德一门四才女"一说，顿时成为当时的美谈。1909年，北洋女子师范学堂第一届毕业生毕业，虽然只有10名，但之后却陆续走出了如周道如（后为袁世凯的家庭女教师，冯国璋的妻子）、邓颖超、许广平等著名女性。而女子学校的真正功用，便是向世人做出了一种创举：以该女子教育为模范的教育准则，在中国沉寂千年的土地上，为女性之觉醒打上了振奋的一针。而这一切，却出自一个年仅二十有余的才女——吕碧城。

儿女情长怎堪宜

才女并非没有儿女情长，而是生在乱世无暇兼顾。似水柔情化作报国志向，也只是时代而促成，并非其缺乏了才情。而吕碧城终究还是需在历史的节点上做出自己的选择，是选择甘为一个平常女子，拥有一笔可观财富就足够了？还是为有一世之功而拼尽全力？

1907年1月，秋瑾创办《中国女报》，该报只出版了两期，两期都刊登了吕碧城的文章。一是创刊号的《发刊词》，二是她的《女子宜急结团体论》。然而不幸的是，当年7月，秋瑾遇难身亡。吕碧城派人前去收尸，旋又用英文写就《革命女侠秋瑾传》，发表在美国纽约、芝加哥等地的报纸，反响颇大，惊动了清政府，袁世凯曾一度想将之逮捕，但却因爱惜其才作罢。

1908年，光绪与慈禧先后驾崩，清室遭到重挫，惯于被奴役的人们仿佛失去了精神支柱。而此时的吕碧城却兴致盎然，填了一首《百字令》：

排云深处，写婵娟一幅，翠衣轻羽，禁得兴亡千古恨，剑样英英眉。

屏蔽边疆，京垓金币，纤手轻输去，游魂地下，羞逢汉雄唐鹅。

此词刊于报上，题在慈禧画像旁，讽刺慈禧在半个世纪中的丧权辱国之行，又将吕后、武则天化成鸡、鹅，慈禧更为不羞。舆论哗然，吕碧城名声大振。

这期间，吕碧城的丽影芳踪往来于各种社交场合，京津名人都对这个特立独行并美貌出众的才女刮目相看。来访者踵肩而至，求亲者也目不暇接。但在感情上，吕碧城却眼光极高，只看上了梁启超和汪精卫，却认为："生平可称心的男人不多，梁启超早有家室，汪精卫太年轻，汪荣宝人不错，也已结婚，张謇曾给我介绍过诸宗元，诸诗写得不错，但年届不惑，须眉皆白，也太不般配……我的目的不在钱多少和门第如何，而在于文学上的地位，因此难得合适的伴侣，东不成、西不就，有失机缘。幸而手头略有积蓄，不愁衣食，只有以文学自娱了。"她的老师严复也曾对其眼光之高而叹："此女实是高雅率真，明达可爱，外间谣诼，皆因此女过于孤高，不放一人于眼里之故。""碧城心高气傲，举所见男女，无一当其意者。吾常劝其不必用功，早觅佳对，渠意深不谓然，大有立志不嫁以终其身之意，其可叹也。"于是，吕碧城再未谈论婚嫁之事，这恐也是她之后遁入空门的一个缘由。曾有传言说严复问她：据你看，是父母做主的婚姻好，还是自由恋爱结婚好呢？吕碧城竟然脱口而出：还是父母做主的婚姻好。

对于她来说，可能只是一个玩笑之语，但却隐隐藏着一种忧叹：高处不胜寒，所托非人，却又心有不甘。她的爱情在世间难能真正寻到，而只能宁缺毋滥，独守高处了。所谓"人替花愁，花替人愁"，于她来说不过是一种心智未开的少女情怀，即连如日中天的辉煌也不过是虚无缥缈而已！

英敛之与吕碧城相识后，也曾一度生出爱慕之心。但英敛之早已娶妻，"发乎情，止乎礼"，以君子之风控制住了自己的感情，只在事业上给予吕碧城以指引支持。1905 年时，英敛之曾收集吕碧城三姊妹的诗作，编印成《吕氏三姊妹集》，在序中称三姊妹为"硕果晨星"式的人物。但之后二人却陷入分歧：英敛之主张变法救国，而吕碧城主张快速革命以求变革；其次，英敛之因是康有为、梁启超的好友，戊戌变法之后，深恶袁世凯告密荣禄的背叛行径，1905 年，英敛之借《大公报》抵制美货，遭到袁世凯的禁令，之后袁世凯想要拉拢，却被之拒绝，而吕碧城与袁世凯宿无过节，对于其支持女学，有所好感。1911 年，辛亥革命爆发后，袁世凯出任了"中华民国"大总统，吕碧城被特聘为总统府秘书。至此，两者的间隙便更大了。以至于关系恶化，直到几年后，英敛之在北京参与创办了香山慈幼院，吕碧城前去看望，二人的关系才有了好转。

身为女子率真而无心机的吕碧城，曾一度想要施展抱负，怎奈自己不能习惯于官场的谋斗。担任了几年秘书后，1915 年，袁世凯预谋称帝，杨度为其撰写了两万多字的《君宪救国论》，准备复辟，吕碧城见之，不久辞官，携母移居上海。

繁华锦绣空悬叶

在上海，吕碧城凭借她过人的胆识，积累人脉，投身商界，从事外贸生意，两三年之内就积累了可观的财富，跻身于时杰俊彦之中。她在静安寺路自建洋房别墅，室内富丽堂皇，家具俱为欧式，出入以汽车代步，与富甲一方的陆宗舆、庞竹卿为邻。她在《吕碧城集》附记中自述说："按先君故后，因析产而构家难。惟余缁铢未受，曾凭众署券。余素习奢华，挥金甚钜，皆所自储，盖略谙陶朱之术也。"郑逸梅在《人物品藻录》中称她"且染西习，尝御晚礼服，袒其背部……擅舞蹈，于蛮乐玲瑽中，翩翩作交际之舞，开海上摩登风气之先。"而樊增祥也曾写给吕碧城称赞："得手书，固知吾侄不以得失为喜愠也。巾帼英雄，如天马行空。即论十许年来，以一弱女子自立于社会，手散万金而不措意，笔扫千人而不自矜，乃老人所深佩者也。"

不仅如此，吕碧城还参加了柳亚子等人创办的南社诗歌社团，被柳亚子称其："读之使人回肠荡气，有不能自已者。"与此同时，又学习了法语、德语等语言。

不久，吕碧城母亲病逝，此时她再无牵挂，加上经济上有足够实力，便于1918 年以《时报》记者的身份前往美国，入哥伦比亚大学读美术、历史、文学。

1920 年春，她回国探亲，在北京听闻释谛闲讲经说法，开始信仰佛教。1922 年夏，吕碧城由加拿大，经日本横滨返国。1926 年，她又再度出国，临行前捐赠给中国红十字会十万元巨资。而这一次，她一走就是七年。她在欧美到处游历，体验别国风情，并将国外见闻写成《欧美漫游录》(《鸿雪因缘》) 寄回国内发表。由于资金充裕，旅居之时她总是常年住在豪华宾馆内，竟未动过回国的想法。她之处境，既是繁华锦绣之处，却又如飘零的落叶，不知去往何处。中年的她已经看淡世俗的一切，在荣华

吕碧城在哥伦比亚大学

富贵之处不觉得有所希冀，却对生命有种不可说的勘破。在纽约的一天，她忽觉体热，心跳加快，便把医生叫来，当医生告诉她没有危险时，她却说："你不必开药，我从不吃药。"医生好奇："那你叫我来做什么？"回答："是请你来检验我的病的，如果危险，我须请律师写遗嘱。"医生不禁莞尔："原来我的职业是跟律师相关的。"面对生死充满豁达，临死之前有种直断的智慧，这岂是常人所能有的？恐怕只有大智者才能具备。

对于中、外的感触，吕碧城有着深远而实际的考虑，她主张国家应多重视教育及与外界文化的交流，多派人留学："诸公何不捐除私斗，共救国家，为后世子孙做人的地位呢。"又同时有自己的思考，不一味推崇西方文明，指出"浪漫之习由来已渐……巴黎、纽约，金粉之数，女子习染尤甚，自西徂东，普于圆舆，有沛然莫御之势。吾人于此应予以适分之裁制，不得推波助澜也……舍精取粗，则成下流……"并不认为废除礼教便能强国，而是需要发扬东方文明之精粹处，

以精粹的要义为出发点，当西方文明进退无路之时，必能在东方的儒文化及佛文化中找到归宿。

是的，她已经真正陷在中国最丰饶的土地上——东方文明的儒释道中了。

1928 年，身处瑞士的吕碧城，伴着阿尔卑斯山潜心学习佛法，创作了一首惊人之词，成为绝响。

破阵子

混沌乍起，风雷暗坼，横插天柱。

骇翠排空窥碧海，直与狂澜争怒。

光闪阴阳，云为潮汐，自成朝暮。

认游踪、只许飞车到，便红丝远系，飙轮难驻。

一角孤分，花明玉井，冰莲初吐。

延伫。

拂藓镌岩，调宫按羽，问华夏，衡今古。

十万年来空谷里，可有粉妆题赋？

写蛮笺，传心契，惟吾与汝。

省识浮生弹指，此日青峰，前番白雪，他时黄土。

且证世外因缘，山灵感遇。

菩提路上踏莎行

1928 年，吕碧城在欧洲从事佛教活动，见英国《泰晤士报》上禁止虐待动物协会的公开信，便发信与之探讨自己的见解，入冬后，又提出成立"中国保护动物会"的倡议，号召禁止杀害所有动物，提倡素食，并在日内瓦开始断荤素食，亲身实践。次年 5 月，她应国际保护动物会的邀请，到维也纳参加万国保护动物大会，在会上发表了题为"废屠"的演说，主张不仅要不虐待动物，而且主张戒杀，以佛教学说的根基，宣传护生的观念，一时间成为焦点人物，引起在场公使和代表的强烈反响，维也纳六大报纸均在头版刊登她的演讲稿和个人照片，新闻传到国内，令国人大为惊讶。《美国蔬食杂志》这样介绍她："一个著名的中国诗人，一个知识广博的人道主义者，一个典型的素食者。"

1929 年，吕碧城在《莲邦之路》中记载，有一日她的秘书捡到印光法师的传单，以及聂云台的宣传小

吕碧城在瑞士

册，本想丢掉，但被她要回珍藏，并依据佛法指点，每天持诵阿弥陀佛十声（十念法），从此开始学佛，并认为在海外能够闻知中土的佛法，本来就是难事，见到华文的小册，就更难了，若是不从此皈依佛法，那真是辜负了造物主的恩赐。于是次年，体悟深刻的吕碧城，终于在瑞士皈依三宝，法名"宝莲"（一说曼智）。从此潜心佛学，译释经典，著写了《观无量寿佛经释论》《观音圣感录》《阿弥陀经译英》《法华经普门品译英》等功德无量的书籍。

1933 年归国后，吕碧城与叶恭绰等人创立了中国保护动物协会，提倡戒杀护生，并将自己的情思寄托于山水之中，然而清静的日子并不能长久，国内军阀混战。1937 年，日军侵华，她只好再次前往瑞士，致力于宣传佛教。临行前，她写下一首哀词："人影帘遮，香残灯灺，雨细风斜。门掩春寒，云迷小梦，睡损梨花。且消锦样年华，更莫问天涯水涯。孔雀徘徊，杜鹃归去，我已无家。"

吕碧城在纽约

无家可归之人只得流浪在外，或比那遭受惨杀之人要幸运得多，但没过两年，第二次世界大战爆发，欧洲亦是充满了屠戮杀伐，"邻居之家的钢琴声，也仿佛那无休止的冲锋号角……"次年，吕碧城返回香港，以微薄之力赈灾，散尽家财之后，她搬往东莲觉苑，一心向佛，不问世事，只偶尔与太虚大师、常惺法师有过交流。晚年生活，她曾形容如南海康同璧的诗一般："与世日离天日近，冰心清净不沾尘。"已臻此境，若非识得佛法真奥之人，恐怕无人能用文字阐述得了她。

1941 年 1 月 24 日，61 岁的吕碧城在香港仙去。临终时她仪态安详，遗嘱将遗体火化，把骨灰和面粉为小丸，抛入海中，供鱼吞食。去世前 20 天，她在梦中得到一诗：

护首探花亦可哀，

平生功绩忍重埋。

匆匆说法谈经后，

我到人间只此回。

这首诗是她的最后一首诗，可称得上是绝命之诗。她一生拒绝使用白话文创作，致使在当今之世了解她的人越来越少。但历史总是绕不过她的作品，近代词学理论家龙榆生在编纂《近三百年名家词选》时，称吕碧城为"近三百年来最后一位女词人""凤毛麟角之才女"。她的诗词包罗万象，不论是国外风土人情，抑或是平常琐碎之物，都能够恰如其分地在诗句中找到适当的位置，而不显得生涩怪异，如自由女神、木棉、飞艇、冰淇淋等词，皆能化用而不觉有异。而她的诗词却绝不限于儿女情长或闺秀之语，更是打着时代的烙印，敏感玲珑却意气风发，诗人易实甫亦叹道："其所为诗文见解之高，才笔之艳，皆非寻常操觚家所有也。"而吕碧城晚年信佛后，便开始渐渐疏远诗词，甚曾一度弃笔。

在世俗之人眼中，吕碧城的归宿恐不太好，但谁又能够明白其中的意境呢？正如人不知鱼之在水之乐，而不明乎所以而已。中国文化的深厚渊源，恐怕这个女子是真正领会到了吧！所谓民国四大才女，吕碧城已经超越她们太多，太多……

佳人如梦

美艳有如仙子。此像曾供养多年，可见我对这位女词人是如何钦慕。

——苏雪林

飞将词坛冠众英，天生宿慧启文明。绛帷独拥人争羡，到处咸推吕碧城。

——缪素筠

且染西习，尝御晚礼服，袒其背部……擅舞蹈，于蛮乐琤琮中，翩翩作交际之舞，开海上摩登风气之先。

——郑逸梅

唐瑛：歌尽桃花扇底风

唐瑛（1910—1986），出生于上海。父亲唐乃安是沪上名医，是清政府获得庚子赔款资助的首批留洋学生，家境富足。她的兄长唐腴庐是宋子文最亲信的秘书，也是由此，唐瑛与宋子文相识相恋，但因父亲阻挠，二人情断。与宋子文分手后不久，唐瑛嫁于上海豪商李云书的公子李祖法，1937 年，两人因性格不合而离异。之后又嫁于北洋军府国务总理熊希龄的侄子容显麟做少奶奶。1948 年，唐瑛随容显麟远赴香港，随后移民美国。

唐瑛毕业于旧上海的教会学校中西女塾（圣玛利亚女校前身），由于自小家教严格，她很早就精通英文，善昆曲与演戏。1927 年，17 岁的唐瑛与陆小曼合演昆剧《拾画》；1935 年，又用英语演出整部《王宝钏》，造成极大轰动。多才多艺的唐瑛，在那个时代一度成为旧上海最亮丽的风景之一，她与陆小曼被时人合称为"南唐北陆"。

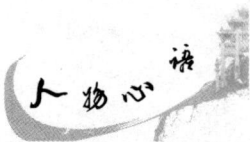

人物心语

彩袖殷勤捧玉钟，当年拚却醉颜红。舞低杨柳楼心月，歌尽桃花扇底风。

从别后，忆相逢，几回魂梦与君同。今宵剩把银釭照，犹恐相逢是梦中。

（晏几道《鹧鸪天》）

唐瑛

翩翩两惊鸿，艳艳两生花

这是两道不同的风景。

唐瑛与陆小曼被时人称作"南唐北陆"。两个人，一个是南方绝色，一个是北方佳人；一个是恋上富贵，一个恋上诗人。

当然，她们也有着共同之处：唐瑛、杨杏佛、李祖法；陆小曼、徐志摩、王赓，两对"三角恋"在上海滩成为猛料十足的"情事"。

这两道不同的风景，合在一起，组成了旧上海的靓丽一角。

云集的美女，让20世纪30年代的上海显得分外妖娆。上海百乐门舞厅的绚烂灯光下，出现了一个曼妙的少女，她便是交际花唐瑛。

对于交际花，曾有人戏言："交际花形同特工，后者以窃取情报为目的，前者以窃取感情为初衷。用一句话形容她们，'交际花'是交际场合的润滑剂和爽身粉，是乱世中粉饰太平的七彩流苏。"而如今，我们常常将交际花褒义贬用，以为她们不过是周旋于富商高官之间的情色尤物，却不知在当时，交际花非出身名门而不得称之。

巴尔扎克《交际花盛衰记》中的艾丝苔，小仲马《茶花女》中的玛格丽特，左拉《娜娜》中的娜娜……她们的繁华终处，无一不是以悲剧结束，而对于老上海的那些名媛，却有着与众不同的人生色彩，各有各的归宿。

陈定山在1958年的《春申旧闻》中写道："上海名媛以交际著称者，自陆小曼、唐瑛始；继之者为周叔苹、陈皓明。周（叔苹）是邮票大王周今觉的女公子，陈（皓明）则为驻德大使陈蔗青的爱女。其门阀高华，风度端凝，盖尤胜于唐、陆。自是厥后，乃有殷明珠、傅文豪，而交际花声价渐与明星同流。"

也正是在这个繁华落尽的时代，交际花才有着她们独特的价值。唐瑛与陆小曼二人，在文艺上尽显才华，在婚姻上亦掀起着层层波澜，她们既有着纯正的贵族血统，也身受东西文化的双重熏染；既是名校毕业，熟通多门外语，也懂诗词书画，擅长京昆戏曲……游乐场上的风姿，舞池中的旋涟，挥洒青春的风光让世人有着一种醉生梦死的错觉，掩盖了那动乱年代的"河边冻死骨"。

旧上海的头牌交际花

生于1910年的唐瑛，父亲唐乃安是庚子赔款的首批留洋学生，也是中国首位留洋西医，回国后先在北洋舰队做医生，后在上海开私人诊所，专为上海滩的大家族看病，家境富足。唐家是基督教家庭，唐乃安深受西方文明的影响，对子女的教育异常严格，日常的礼仪规矩，完全按照西方的一套。在衣着上，更是讲究国际名牌，甚至在家中养了一位裁缝，专门为唐瑛制作衣服；在吃的方面讲究更甚，根据唐瑛的妹妹唐薇红回忆，小时候家里光厨师就有四位，他们各司其职：两位厨师负责做中式点心，一位厨师负责做西式点心，还有一位厨师专门负责做大菜。"女要富养"，这在唐家可谓是做到了极致。

根据西方上流社会的社交惯例，女子并不能随便出门交际，必须要等到16岁后，有男士邀请或婚后才能开始社交。而唐瑛则是在1926年，16岁时踏入社交圈。与陆小曼不同的是，陆小曼精通英法两门外语，受雇于政府进入了上流社会，慢慢磨合才成全了她的才名；而那时的唐瑛，还在上海中西女塾读书，正是一个13岁的懵懂女生，三年后唐瑛初入社交界便一展声名。据当时

陆小曼与唐瑛对戏

的传闻记载，唐瑛姐妹去参加舞会，"装备"都相当贵重，金银首饰花样百出，一双绣花鞋便价值两百块大洋，相当于拉黄包车的"骆驼祥子"一年的收入。而唐瑛则有十个描金箱子，里面除了从国外购置的前卫服饰，便是裁缝为她量身定做的时髦衣物，举目在百乐门内，她永远是最耀眼的唯一。就算在家中，唐瑛一天也要换三次衣服，早上穿短袖羊毛衫，中午穿旗袍，她最喜欢的一件旗袍滚边上有一百多只翩翩起舞的蝴蝶，用金丝银线绣成，纽扣竟由红宝石做成……其生活的奢华程度，一直都令舆论圈咋舌称叹，ChannelNo5 香水、Ferregamo 高跟鞋、CD 口红、Celine 衣服、Channel 香水袋、LV 手袋……凡是当时法国贵妇人所有的，她一个不落，甚至有过之而无不及。她的日常生活也达到了极为精致的程度，对饮食的时间安排，精细到了几点早餐，几点下午茶，几点晚饭，对每顿的食物营养搭配，对碗筷餐具的使用，餐桌上的进食习惯等等，都有严格的规矩，甚而让人有种皇室贵族的公主之感。

而唐瑛的外貌也可算是上上之姿。由于自小的保养，她的皮肤白如凝脂，身材婀娜多姿，举手投足之间有着一种西洋的风情，惹得众人瞩目。这样一个衣着华丽，容貌姣好的女子出现在大上海的百乐门，立即引起了不小的轰动。

加上唐瑛不光是出身及外貌出众，更擅长舞蹈、戏曲、英文等，多才多艺，嗓音甜美，秀外慧中，尤其对昆曲擅长，使她在风月场上别具一格。1927 年，也就是她初入社交界的第二年，在中央大戏院的剧艺大会上，24 岁的陆小曼与17 岁的唐瑛联袂出演昆剧《拾画》《叫画》，年轻的唐瑛毫不怯场，别有一种大家风范。翌日，报纸上即刊登出两人的大幅戏照，陆小曼在舞台上轻摇折扇，唐瑛则款走台步，可谓珠联璧合，相得益彰。其后便有人为其题上一句晏几道的词："彩袖殷勤捧玉钟，当年拚却醉颜红。舞低杨柳楼心月，歌尽桃花扇底风"，恰似对唐瑛的真实写照，两人一身是戏，亦如同两人的一生，充满了梦幻般的戏剧之感。

花开花落两由之

　　唐瑛人气直升，令众多名门望族的公子慕名而来。世人都知道宋子文与盛家七小姐有着斩不断的情丝，却不知道唐瑛是宋子文情有独钟的对象。唐宋两家本来便有交情，唐瑛的哥哥唐腴庐与宋子文是知交朋友，两人不仅一起在美国读书，回国后，唐腴庐还成了宋子文的秘书。正是这个机缘，宋子文得见唐瑛的美貌，继而被其强烈吸引。这以后宋子文情书不辍，当时的宋子文，可以算得上多金重权的上层人物，然而此事却遭到了唐瑛父亲的反对。唐乃安认为与政治扯上关系并非什么荣耀的事，而且往往容易受到牵连且容易带来不必要的麻烦，于是从中阻挠，并将她许配给从耶鲁大学留学归来的李祖法。

　　唐乃安的观点是正确的，尽管他一直不赞成儿子唐腴庐从政，却也找不到切实的理由劝阻。几年后，他的顾虑成了真：1931年，唐腴庐与宋子文在上海火车站准备乘坐火车，结果被刺客误以为是宋子文，中枪身亡。此事震惊了上海滩，随着唐腴庐的去世，唐乃安对有关政治之事到了深恶痛绝的地步，而唐瑛与宋子文本就渺茫的感情，也注定流产。此时的宋子文对唐家自然是愧疚及感激，只能远去不再扰乱唐家，打消了对唐瑛的念头。

　　唐瑛这样一个交际场的名角，惯于掩饰自己的情绪，我们自然也无法看到她对此事作何感想，只知道宋子文给她的那些情书，在后来的"文革"中被一烧而尽。

　　当然，在社交界游刃有余的唐瑛一直是众人眼中的明珠，拜倒石榴裙下的追求者络绎不绝，时任孙中山秘书的杨杏佛便是其中一个。

　　杨杏佛与徐志摩、陆小曼是好友，而徐陆二人又与唐瑛交往频繁，因此杨杏佛顺理成章地成了唐瑛的裙下之臣。当时的陆小曼，正与徐志摩打得火热，尚未征得王赓的同意与其离婚；而杨杏佛又与李祖法是亲密朋友，苦于不知如何表达，进退维谷。

　　为了解决这两对"三角恋"的难题，画家刘海粟按徐志摩的要求，在上海功

花畔之花——唐瑛

德林菜馆开了一个饭局。这就是近代史上著名的"最尴尬的一个饭局"：刘海粟做东，把陆小曼、徐志摩、王赓、唐瑛、杨杏佛、李祖法六人，以及与之相关的几人请到一起。席间，刘海粟以反封建、人生与爱情等为话题，高谈阔论，并最终得出一个观点，没有爱情的婚姻是违反道德的，只有情趣相投才值得结为伉俪。而这个尴尬的饭局却真的起到了"效果"：王赓与陆小曼离婚，唐瑛拒绝了杨杏佛。

世事就是这样难料，唐乃安总有一种先见之明，1933年，杨杏佛在上海亚尔培路被暗杀。而唐瑛当时"落花无情"的决断，竟促成了幸运之神的降临。

1927年夏，出任南京政府财政部长的宋子文，在庐山遇到了年仅18岁的张乐怡，两人一见倾心，当年便闪电结婚。几年后，在父亲的"操盘"下，唐瑛嫁给了宁波"小港李家"、豪商李云书的公子李祖法。嫁入豪门的唐瑛，生活仍旧一如从前，惬意无比，但李祖法是一个不喜交际的人，这与唐瑛挥霍青春、向往明星般生活的个性刚好相反，自然而然，1937年，27岁的唐瑛与李祖法离异。此时他们已有一个六岁的男孩李名觉，受母亲影响，日后李名觉成了美国华裔舞台设计大师，被誉为"世界当代舞台设计之泰斗"和"美国舞台设计界的一代宗师"。

离异后的唐瑛，非但没有一蹶不振，反而在社交场上混得如鱼得水，之后不久，又嫁给了时任美国美亚保险公司的中国总代理、熊希龄的侄子容显麟。容显麟与唐瑛志趣相投，对社交情有所衷，唐瑛将他视为"同道中人"，称之"蓝颜知己"。有趣的是，唐瑛为了迁就丈夫矮小的个头，从此再不穿高跟鞋出入交际场合。

浮世欢颜锦衣笑

唐瑛声名最显的时候，是英国王室来中国访问之时，她被邀请去表演钢琴和昆曲。第二日，报纸上只以小篇幅报道英国王室的资料，却用大幅唐瑛的玉照登在头条，大大盖过了王室的风头。

而在 1935 年秋，唐瑛又有了一个惊人之举——她与沪江大学校长凌宪扬、《文汇报》创刊董事方伯

唐瑛剧照

奋，在卡尔登大剧院用英语演出整部京剧《王宝钏》。这是用英语演出京剧的首次，吸引了大量观众，唐瑛不但英语地道，做戏也韵味十足，曼妙的舞姿倾倒了在场的所有观众，令众多女星望尘莫及。

这个具足娱乐精神的交际花，却并非仅仅以香艳取悦于人，她的一举一动似乎都代表着上海风尚的航标，当时有个杂志《玲珑》，鼓励女性学会社交，把唐瑛当成"交际名媛"的榜样，对其大加捧赞。在她表演《少奶奶的扇子》时，长裙飘然曳地，每个华丽的转身都张扬而又奢华。种种令人羡煞的焦点仿佛都聚齐在了她一个人身上。这是唐瑛的与众不同之处，而上海滩交际名媛中的潜规则"出身是门票，美貌是资本，才艺是光环"，唐瑛三者俱全，也是她成为交际圈中大赢家的所在。

往事沉香

1949 年，国民党退守台湾。老上海的交际花大多去了港台或国外，一切繁华如同落叶般凋零，佳人们各自找到了归宿。那些陈年往事，如今亦只于当事人心中留下点点遗憾了。

1948 年，唐瑛随容显麟，与儿子李名觉远赴香港，在香港居住不久，又移民美国。在美国，容显麟仍然做保险公司经理，李名觉则在加州大学攻读电影艺术舞台设计专业，之后去往纽约，进入设计大师乔·梅尔齐纳的工作室，如今已是世界舞台美术泰斗，成就斐然。

1962 年，容显麟去世。唐瑛搬到李名觉的隔壁，白天与亲戚朋友打牌，晚上则出门消遣散步，并时常带孙子看戏、看电影。

1986 年，唐瑛在纽约的寓所里独自离世，在她房间有一个直通儿子房间的电铃，但她却从未碰过……

佳人如梦

继唐瑛之后，旧上海又涌现出几个有名的交际花。如周叔苹、陈皓明等。但她们与唐瑛相比似乎总少了点什么，套一句 21 世纪的话来说，大概就是："比我漂亮的人，没有我聪明；比我聪明的人，又没有我漂亮"。这是唐瑛的得意之处，也是这位旧上海交际女王让人难以忘怀的根本所在。

——肖素均

卷三

如果这都不算爱

秋瑾：秋风秋雨愁煞人

浮光掠影

秋瑾（1877—1907），原名秋闺瑾，乳名玉姑，字璇卿，号旦吾；后东渡日本求学，改名秋瑾，别号竞雄，自称鉴湖女侠，用笔名秋千、白萍。她祖籍浙江山阴（今绍兴市），生于福建闽县（今福州）。父亲秋寿南，曾任湖南郴州直隶知州，母亲是萧山望族之后。秋瑾自小随兄在家塾读书，喜好文史、诗词，性情豪爽，15岁跟随舅舅学会骑马击剑。1904年东渡后，积极投身革命，藐视封建礼法，提倡女权，先后参加三合会、光复会、同盟会等革命组织。1907年，创办《中国女报》，响应萍浏醴起义未果，与徐锡麟等组织光复军在7月6日起义，后凛然被捕，于7月15日从容就义于绍兴轩亭口。

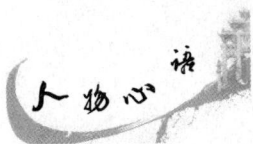

人物心语

本是瑶台第一枝，谪来尘世具芳姿。如何不遇林和靖？漂泊天涯更水涯。（《梅》）

秋风秋雨愁煞人。

秋瑾

本是瑶台第一枝

光绪三年丁丑（1877年）十月十一日卯时，秋瑾出生于福建厦门祖父秋嘉禾的官邸。她的祖上本是耕读传家，直至高祖秋学礼时开始为官，当时秋嘉禾任厦门海防厅同知，父亲秋寿南就职于厦门海关，出生时，父亲秋寿南26岁，母亲单氏31岁。

作为官宦之家的大家闺秀，秋瑾与兄长一样有读书的机会，祖父秋嘉禾专门请了城里最有名望的余老先生到家教习，教她和哥哥誉章、妹妹闺珵，还有同父异母的弟弟宗祥四人读书发蒙。秋瑾的母亲单氏是浙江萧山一个士大夫家庭的闺秀，在诗文上也有很深的造诣，所以秋瑾也跟随母亲学习读书写字，背诵诗文，在11岁时，便学会了作一些打油诗，抒发壮志，文辞豪爽，颇得全家人的喜欢。

如她在读传奇《芝龛记》的时候，便写下过"肉食朝臣尽素餐，精忠报国赖红颜。壮哉奇女谈军事，鼎足当年花木兰"的诗句。俗话说诗言志，秋瑾对古代如花木兰、沈云英等奇女子相当痴迷，以至于有种恨为女儿身的心境。

1885年，父亲秋寿南被任命为台湾抚院文案，单身去台湾赴任，第二年，迎接一家人到台团聚，但由于单氏水土不服，仅待了三个月，又携子女回到了厦门。1891年，60岁的祖父秋嘉禾卸任还乡，全家定居祖籍绍兴。回到绍兴，秋瑾如鱼得水，跟随舅舅单宗勋学习

秋瑾身着男装

剑术和骑马，在此期间她身体愈发强健，武术也大有长进，可谓是巾帼不让须眉。细究起来，秋瑾之所以身负男儿志，与她少时喜诵爱国诗词，以及她亲眼目睹国家衰败的惨状大有关系。

1893 年，秋寿南携全家移居湖南长沙，住在湘江东畔。数日后又被改为湘潭厘金局总办，辗转搬至湘潭。清末官员的职务流转之快，走马观花，总让人有种眼花缭乱的感觉。17 岁的秋瑾目睹官场之腐败，心中生起对清廷的厌恶，便写下一首"咏燕"诗："飞向花间两翅翔，燕儿何用苦奔忙？谢王不是无茅屋，偏处卢家玳瑁梁。"

彩凤随鸦

> 已是秋来无限愁，
>
> 那禁秋里送离舟？
>
> 欲将满眼汪洋泪，
>
> 并入湘江一处流。
>
> 　　　　　（《秋日感别》）

"父母之命，媒妁之言"，1896 年 5 月，21 岁的秋瑾和 16 岁的王子芳完婚，嫁入位于湘潭十八总由义巷的王家。包办的婚姻让秋瑾的生活陷入黯淡，产生了厌恶心理：丈夫王子芳自小在一片赞扬之声中长大，性格幼稚，与秋瑾个性格格不入，对于这种不协调的婚姻，她一再忍耐，只得以写诗来抒发情怀，从《彩凤随鸦》《囚徒入狱》就能看出，她的确仿佛是入了监狱一般了。幸运的是，她与后来的女权运动人唐群英、民主革命家葛健豪等常相往来，"情同手足，经常集聚在一起，或饮酒赋诗，或对月抚琴，或下棋谈心"，讨论当下时事，抒发壮志胸怀，后来，三人被誉为"潇湘三女杰"。可以说，虽然她的婚姻生活并不尽如人意，但却接触到了当时最先进的革命思想，这对她将来走向革命道路产生了巨大影响。

1899 年，王家花费一万两白银，让 20 岁的王子芳破格至北京担任要职。秋天，秋瑾乘船经由大运河来到北京，与丈夫团聚。王子芳每日去公署办公，混迹于清王府内，与一班宦家子弟喝酒赌博，过着醉生梦死的生活。而当时的政局却动荡不堪，1900 年，山东义和团起事，打着"扶清灭洋"的旗帜，遭清政府所派的袁世凯镇压；与此同时，美国、德国、意大利等八国便大做文章，相继把军舰开至大沽口，攻下天津，直入北京。7 月 14 日，仓皇失措的慈禧乔装成农妇与光绪皇帝等君臣逃往西安，北京沦陷在八国联军的炮火之下，夜晚的天空被熊熊火光烧得通红，烧杀抢掠肆意横行。秋瑾关注着这一切，忽然内心底涌出一种悲哀来……

一腔热血勤珍重

> 不惜千金买宝刀，
> 貂裘换酒也堪豪。
> 一腔热血勤珍重，
> 洒去犹能化碧涛。

《对酒》

于国家苦难深重际，清政府的官僚子弟们却各自忙着为自己准备后路。当年初冬，王子芳被任命为"江苏候补道"，同时又接到父亲的家书，说母亲病重，欲使其夫妻二人回家照顾。这种策略其实早已被那些有权势的官员用滥了，为了躲避动荡的政局，偏安一隅。德国进驻保定山西等地、俄国正派兵准备进驻东三省……战火烧到了更远的地方，再晚回家恐怕会有性命之忧，于是王子芳以"母亲生病"为由，要求吏部同意延期赴任，全家老少乘车离开了硝烟弥漫的北京城。

一路上再没有迷人的风光，而是"白骨露于野，千里无鸡鸣"的惨象，多少人家破人亡，流离失所！

1901 年 8 月 29 日，清王朝颁布诏令，宣布废除科举制，但真正推进教育制度改革的却是那些清朝的开明派总督，如两江总督刘坤一、湖广总督张之洞等，他们制订了具体方案并迅速实施：

1. 设置小学堂、中学堂、大学堂、师范学堂和实业学堂。

2. 废除科举制，完善近代学制。

3. 派遣留学生，主要派遣地为日本。

1903 年 5 月，秋瑾返回北京，与王子芳住在北京南城绳匠胡同里的一间房内，邻居是在户部任职的廉泉夫妇。廉泉曾参加"公车上书"，是"变法派"的一员；妻子吴芝瑛，是大学者吴汝纶的侄女，才华横溢，当属知识阶层的新潮女性。两人情谊相和，不多久便结为知己，在吴芝瑛的住所里，秋瑾惊叹其藏书之多，经常借阅。出于对政治的敏感和自己婚姻的不幸，在这期间，秋瑾写过许多诗词，大都抒发其爱国之心及抑郁之情。是年年底，秋瑾从吴芝瑛处得知她的伯父吴汝纶从日本考察的结果，主张振兴教育，彻底打破闭塞的中国，秋瑾闻

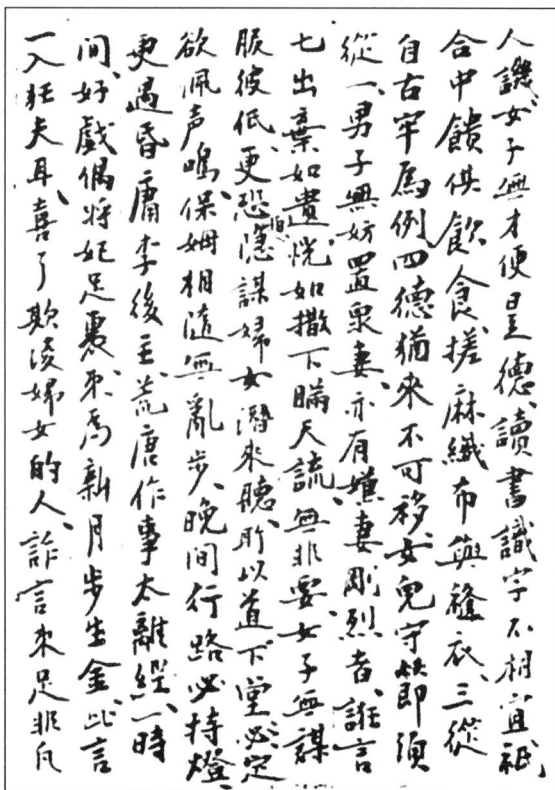

秋瑾笔迹

之兴奋不已，当即便决定不惜一切代价远赴日本留学，并变卖随身的首饰衣物，以凑足远渡所需的差旅费及学费。

1904 年 2 月，由吴芝瑛介绍，秋瑾结识了京师大学堂日籍教员服部宇之吉博士的妻子服部繁子。服部繁子对兴办中国女子教育十分投入，与秋瑾相识后，出于对她的亲近和信任，便推荐一同来中国的文学士铃木信太郎，教授秋瑾英语和日语。铃木很快就答应了，并约定一个固定的日子，在服部的家中开课。深交之后，铃木对虽为女子但心系国家的秋瑾钦佩至极，向秋瑾赠送了他所携带的日本腰刀。为此，秋瑾满怀感激之情为铃木作了一首长诗《日本铃木文学士宝刀歌》："……一寸长萦爱国心，双臂能将万人敌。平生意气凌云霄，文惊座客翻波涛。睥睨一世何慷慨，不握纤毫握宝刀。宝刀如雪光如电，精铁熔成经百炼……"

这年北京的夏季，正是日俄战争如火如荼之时，远在东京的服部繁子的祖父母不时催促她回国，于是她不得不准备返航事宜。秋瑾听闻这个消息，立即向服部繁子提出请求，问是否能够与她一起去往横滨，并让吴芝瑛也写信求情。服部繁子与丈夫商议后，决定携秋瑾同行，时间定在 6 月下旬。

漫云女子不英雄

漫云女子不英雄，万里乘风独向东。

诗思一帆海空阔，梦魂三岛月玲珑。

铜驼已陷悲回首，汗马终惭未有功。

如许伤心家国恨，那堪客里度春风。

（《日人石井君索和即用原韵》）

1904 年 7 月，秋瑾的人生迎来转折，多年后，她将怀抱着对革命的热情返回祖国，在故乡的土地上实现她的人生理想。

去往日本的轮船安全抵港，秋瑾马上乘火车去往东京，受到陈威、陈毅[①]两人的迎接，下榻在骏河台铃木町十八番地的留学生会馆。刚到东京不久，秋瑾便一展其抱负志向：一方面与陈撷芬重新组建"共爱会"，组织演讲练习会；另一方面参加了横滨的革命团体三合会，被任命为白扇（军师），号称"秋侠"。不久，她又参与创立杂志《白话》，担任编辑，署名"鉴湖女侠"，发表《敬告中国二万万女同胞》，提倡男女平等，反对男尊女卑，抨击那些主张女子无才便是德、女子只能待在家里相夫教子的传统观念，反对缠足，提倡女子接受教育。

秋瑾纪念碑（位于浙江省绍兴市心轩亭口）

1905年，年轻的宋教仁参加秋瑾组织指导的演讲练习会，两人意气相投，顿时结为知交，经常在一起切磋学问，探讨时局。3月，秋瑾从横滨乘船回国，拜会了"热诚学堂"校长徐锡麟，又在上海逗留半月，在《女子世界》发表了《致湖南第一女学堂书》，提出"自立、就学、团结"的口号，指出"强国"是女性追求自身解放的最终目的，并号召女性到日本留学。7月，秋瑾又抵达东京，在宋教仁的接引下，认识了提出"驱除鞑虏，恢复中华，创立民国，平均地权"的孙中山，并在冯自由的介绍下，在黄兴寓所宣誓加入同盟会。

在平日，秋瑾经常身着和服，往往让人分不出是中国人还是日本人，只有她

---

① 与"十大元帅"之一陈毅不是同一人。

腰间挎着的弯刀才使人感到异样。兴致到时，文思泉涌，所作诗词大多是《红毛刀歌》《剑歌》《宝剑歌》之类充满豪言的诗，气势磅礴，字里行间充满甘洒热血报效民族的激情，现收入《秋瑾集》中的诗文，许多便是这个时期所写。

1905 年年底，日本文部省颁布《清国留学生取缔规则》，秋瑾和陈天华、田桐、易本义等学生干部倾全力提出抗议，秋瑾聚众发表演说，提议集体罢课；而忧郁愤慨的陈天华，却在写作《绝命书》后投海殉国。陈天华的死给了秋瑾巨大的冲击，然而也激发了她对"弱国无外交"的深刻惊醒，没过几日，秋瑾召集众人在学生会馆中追悼陈天华，并宣判反对集体回国的鲁迅和许寿裳等人"死刑"，大呼"投降满虏，卖友求荣。欺压汉人，吃我一刀"。号召同学们集体回国，以示抗议。

局势的演变让秋瑾不得不尽早回国，日本当局已经下达了驱逐令。回国前，秋瑾跑到了照相馆照相留念。那张令人惊为天人的照片便是在此时拍成：相片上的秋瑾身穿和服，紧紧握着出鞘的弯刀横放胸前，显出一种英姿飒爽的气势。

"我欲乘风去，天涯咫尺间"，返国途中的秋瑾，心中充满的是为祖国人民争民主、争独立的雄心壮志，充满的是对自由富强的向往，此时此刻，她的内心怅然，或许东京只是她崭露头角的一个驿站而已，更远的前方还有着漫漫长途等待着她，等待着这样一个从不言败的女子，反抗命运的女子。

秋风秋雨愁煞人

萧斋谢女吟《愁赋》，潇潇滴檐剩雨。

知己难逢，年光似瞬，双鬓飘零如许。

愁情怕诉，算日暮穷途，此身独苦。

世界凄凉，可怜生个凄凉女。

日归也，归何处？猛回头，祖国鼾眠如故。

外侮侵陵，内容腐败，没个英雄作主。

天乎太瞽！看如此江山，忍归胡虏？

豆剖瓜分，都为吾故土。

（《如此江山》）

　　回国后的秋瑾，风风火火地开始了她的"启蒙运动"，工作全面展开，在陶成章主持召开的光复会领导成员会上，提议成立绍兴学务公所（光复会教育委员会）。9月，秋瑾在上海与陈伯平、尹锐志等人建立"锐进学社"，为远在湖南的起义军提供武器，一次制造炸弹时，秋瑾受了轻伤，只好返回绍兴老家养伤。在绍兴，秋瑾写出了《秋风曲》一诗，诗中名句"昨夜风风雨雨秋，秋霜秋露尽含愁"与她被称为绝命诗的"秋风秋雨愁煞人"遥相呼应——或许此时，秋瑾便已有了一种壮士殉国的情怀。

　　10月中旬，秋瑾前往上海，开始筹划发行杂志《中国女报》。这一期间，刘道一组织人马在浏阳、醴陵、萍乡等地发动起义，即所谓浏醴萍起义，但立即遭到清军反剿，很快失败，刘道一被捕斩首。秋瑾士气受挫，又着手开始《中国女报》的发行筹备。1907年1月，《中国女报》创刊号发行，秋瑾在杂志首页发表了《中国女报发刊辞》，署名"鉴湖女侠秋瑾"并登载了秋瑾的《中国女报发刊辞》《敬告姐妹们》等令人热血沸腾的言论，鼓励人们奋起反抗清廷，宣扬自由公平。可以说，这本《中国女报》凝结着秋瑾的心血，也是秋瑾对推翻封建王朝的呐喊。由于资金短缺，第二期的出版变得异常困难，秋瑾为筹款，长途跋涉到了湖南湘潭王家公婆处，筹得了三千大洋，几天后又乔装打扮，不辞而别，并在报刊上发表声明"脱离家庭关系"，以免株连家庭。3月4日，《中国女报》第二期发行了，报上登了发行人秋瑾身穿和服，手执日本刀的照片，并旁附一首自荐诗《勉女权歌》，刊物中，秋瑾慷慨激昂地主张女权主义和女性独立，字里行间洋溢着新时代女性独立的气息。

秋瑾"男女平权"的思想源于西方"天赋人权、自由平等"观念，当时的美国，女权运动盛行。而秋瑾所认为的"女子不但有和男子一样的平等权利，而且堪为'醒狮之前驱''文明之先导'"，更是前进了一步，无疑是那时代的民主思潮的急先锋。

《中国女报》引起社会重大反响，此时，秋瑾接任大通学堂督办，以大通学堂为立足点联络各地会党组织，组成以大通师范学堂为中心，方圆数百公里范围内有四五万人参加的秘密部队"光复军"。至此，浙江全境武装起义的组织体系已初具规模，可以起义举事了。秋瑾草拟了光复军军制，以徐锡麟担任统带光字军大将，自任副将，撰写《光复军起义檄稿》："呜乎！人非木石，孰不爱生而爱群？逼于不获已。则只能守一族之利益矣。彼既弃我种族置之不问之列，则返报之道，亦所当为，奈何我父老子弟见之不早也？"接着又写出了《普告同胞檄稿》等宣传起义的文章，宣布择时起义。

5月25日，潮州光复会会员陈涌波等在黄冈起义，遭到镇压；6月2日，惠州光复会会员邓子瑜等在七女湖起义失败；6月下旬，嵊县起义失败；7月3日，金华起义失败……短短半个月里，光复会的壮士们前仆后继，其英勇事迹鼓舞了普罗大众，加速了清政府的瓦解。

秋瑾女侠遗容及就义图

7月6日，安庆起义爆发，徐锡麟刺杀了安徽巡抚恩铭，但最终起义失败，徐锡麟被捕，被抓后凌迟处死。秋瑾闻之痛不欲生，虽然得知清府要来抓捕她的消息，但拒绝逃走，并对劝她的人道："革命要流血才会成功，如满奴能将我绑赴断头台，革命至少可以提早5年。"是月13日，清军至绍兴逮捕秋瑾，而秋瑾早已下令把大通学堂的枪支弹药分散藏匿，烧毁了秘密文件，让学生们各自回家，等到清兵包围大通学堂时，只剩秋瑾一人。

秋瑾被连夜审讯，要她招出革命组织内情和同党名单。她凝思片刻，写出了那句流传100多年的名言："秋风秋雨愁煞人"。

这也是她唯一的"笔供"。

次日凌晨，秋瑾遭斩首正法，饮刃轩亭口，死时31岁。

佳人如梦

光复以前，浙人之首先入同盟会者秋女士也。今秋女士不再生，而"秋风秋雨愁煞人"之句，则传诵不忘。

——孙中山

秋瑾工诗文，有"秋风秋雨愁煞人"名句，能跨马携枪，曾东渡日本，志在革命，千秋万代传侠名。

——宋庆龄

潘玉良：同古人中求我，非一从古人而忘我之

浮光掠影

　　潘玉良（1895—1977），中国著名女画家、雕塑家。原名张玉良。江苏镇江人，生于扬州，8岁时父母早逝，14岁时被舅舅卖至青楼。17岁时，张玉良偶遇潘赞化，其身世才情将潘赞化打动，被赎出做了偏房，遂改姓为潘，名潘世秀，字玉良，赴法后用名潘玉良。1920年，入上海美术专科学校就读，1921年退学，以官费赴法留学，进法国里昂美术学院，与徐悲鸿同学；1923年进巴黎国立美术学院；1925年入罗马国立艺术学院，先攻油画，后兼修雕塑，两方面都达到相当的造诣。1929年回国后，曾任上海美专及上海艺大西洋画系主任，后任中央大学艺术系教授。1937年移居巴黎，在巴黎期间，潘玉良多次举行联展及巡回展，获得成功。1977年，病逝于巴黎。潘玉良一生的油画、水墨画、版画、雕塑、素描、速写作品多达四千多件，巴黎市政府收藏有她的作品，其中数件经常陈列于塞努希博物馆，我国馆内也有收藏。在目前的书画拍卖市场上，2005年佳士得秋季拍卖会上，潘玉良作品《自画像》（于1949年创作）拍出最高价，以1021.8万元的价格成交。

人物心语

边塞峡江三更月，扬子江头万里心。

同古人中求我，非一从古人而忘我之。

潘玉良

一代画魂

如果跌宕起伏的人生才值得一看，或者只有美貌或文才能打动世人，那潘玉良恐怕会令人失望。影视《画魂》中的潘玉良是美的，甚至是浪漫的，或者说有些虚幻：这些虚幻的目的，不过是想满足人们的窥视欲，满足那些小女人的意淫。于是，潘玉良竟遭遇了这样一个状况：一代画魂的魂，成了裸露的魂，或成了青楼秘史的魂，相信潘玉良看到此景，只能报以苦笑，何以一死才能勾起人们的追捧，活着的时候却寂寂无闻？在当下社会，恐怕也有着这种荒唐，亦或者说，这是中国人的某种特性。对于死去的人，总有着热泪盈眶的回忆；而对于活着的人，却嗤之以鼻、横眉冷对，或蜷缩角落、施以白眼。

熟识潘玉良的歌唱家周小燕曾描述说，记忆中的潘玉良是一个又矮又胖、狮子鼻、厚嘴唇、童花头的女人，"潘玉良真的很丑，丑到什么程度，她走在香榭丽舍大街是有回头率的，不是因为漂亮，而是因为长得实在不怎么样。长得怪，穿得也怪。"著名画家刘海粟亦曾说她并非一个美女，而是相对来说比较丑陋。种种说法表明，她不但长相不符合通常所谓的"女性美"反而是有些丑陋的——这一点我们从她的数幅自画像，以及早期的照片中能够看得出来……然而如今，世人却饶有趣味地品着那一种缥缈的美，莫非，一个人的成就，竟在于其美貌么？让我们去看一看现实吧：一个长相平庸、甚而丑陋的女人，在那个时代，若想有一番作为，需要付出怎样的努力，或怎样的代价？她所付出的辛苦是否要比美貌女人更多？何况那是一个男权社会，女性之独立尚未完全被认可。这样一种世态之下，潘玉良的路，必是一条艰难之路。

潘玉良还是做到了，一是艺术达到了极深的造诣，二是冲破了俗世枷锁。这是她的价值所在。

尘埃中的鲜花

1895 年，古城扬州的一个贫民家中，诞生一名女婴——张玉良。她 1 岁时，父亲去世；8 岁时，母亲去世，孤苦伶仃的她被舅舅收养。14 岁时，她被舅舅卖到了芜湖的一家青楼中。她的童年便就此结束了：没有传统文化的教育，甚至生在一个悲惨的家庭，只学过一些粗糙的弹唱手艺，会唱一些老生戏段。但这也是她的异数所在——在"民国六大新女性画家"①之中，只有她出身贫寒，只有她长相丑陋，也只有她从最低最低的尘埃中走到了登峰造极的艺术之巅。

一个沦落风尘的女子，若没有一个机会跳出火海，那恐怕就只能甘于堕落了。但她毕竟是幸运的，幸运的是遇到一个慧眼识珠的男人，如果没有这个男人，我们如今也见不到这样一个独特而著名的画家了。1913 年，饱尝世态炎凉的她遇到了命中贵人。那时，正巧时任芜湖海关监督的潘赞化来考察，县城官员便选了她来弹唱助兴。潘赞化本是同盟会会员，早年留学日本，毕业于早稻田大学，曾参加辛亥革命。大概是对其身世的同情，抑或是发现了她的艺术天分，总之深受感动，便不顾自身名誉将她赎出，并在好友陈独秀的见证下结为夫妻（因潘赞化原有妻室，实是纳为妾）。婚后，原姓为张的她随夫姓潘，潘赞化为她取名世秀，字玉良。

不久，潘玉良随夫来到上海，开始了新的生活。潘赞化平时忙于应酬，便为她请了个老师，补习文化功课。有趣的是，她竟对邻居作画之事有了兴趣，于是整日趴在窗前观摩，看出了神。这个邻居便是画家洪野，当时上海美术专科学校的教授。洪野被潘玉良的专注感动，便请她来描上几笔，并在旁加以点拨，还弄来一本《芥子园画谱》让她去临摹。谁想到未曾动过画笔的潘玉良天分极高，临摹之作让洪野震惊，他当即决定要收潘玉良为徒，并写信给潘赞化："我高兴地向您宣布，我已正式收阁下的夫人做我的学生，免费教授美术……她在美术的感

---

① 六大新女性画家指潘玉良、方君璧、关紫兰、蔡威廉、丘堤、孙多慈六人。

觉上已显示出惊人的敏锐和少有的接受能力。"此后，跟随洪野学画的潘玉良进步甚速，不久，洪野便劝她报考上海美术专科学校，以便接受更专业的教育。

1920年，潘玉良报考了上海美术专科学校，并取得了不错的成绩。然而在录取时教务主任却将她的名字划掉了，只因她曾是一名青楼女子，怕破坏了学校的名声。洪野得知此事后，立即找到了当时的校长刘海粟，而刘海粟也是一名达观之人，便拿起毛笔，在榜单上写上了"潘世秀"三个字——这三个字的出现，象征着她洗脱了青楼女子的"前世"，从而成为一名新女性……并且，她对艺术的热爱也自此开始，艺术对她的眷顾也以此为发端。

在上海美专，她所选读的专业是西洋绘画，教授她的是中国最早的西洋画开拓者朱屺瞻和王济远，这两人在当时的西洋画界名气很盛。但由于西洋绘画还处于萌芽阶段，比如人体模特，这类做法常常遭到不明真相的人的指责。模特难找，潘玉良费尽心机，利用一切能够利用的可能性，比如照着镜子画自己、到澡堂去临摹群像……她的事迹成了当时的笑料。而就是在此种情况下，她的画技不断提升，在当年举办的作品展览会上，她的浴室群体裸像以及大量的素面自画像震惊了学校。

潘玉良对裸体写真画天生执著。她曾出身青楼，以为肉体只是一种泄欲工具，缺乏对灵魂的感悟，而在美术学校，她发现人体本身便是一种艺术，是一个有生命、能表达、可以诉说情感的"活"的艺术。她那种对人体绘画的执著，恐怕与她的早年经历有着莫大的关系。她对人体所能表达出来的意象及内涵有着天然的敏感，与其说是对艺术的觉悟，倒不如说是造物主带给她的。然而在那个时代的中国，是容不得她的——容不得她的已不是她的出身，而是她的才华。当众人对她的创作议论纷纷之时，刘海粟意识到，如果潘玉良继续在国内，除了被扼杀，只有自我毁灭一途。唯一的出路便是留洋国外，在那里没有流言攻击，没有制度的枷锁，有的只是对艺术的无私敬畏。

刘海粟找到潘赞化，说出了他的看法，潘赞化立即表示赞同，并向安徽省

潘玉良《人体》布面油画

教育处为潘玉良申请到了官费留学的资格。1921 年，潘玉良终于如愿留学法国，
到里昂中法大学学习。

如果说洪野或刘海粟是潘玉良的伯乐，那潘赞化的无私则带给了她新生。或
许潘赞化当年赎出这个少女的时候，就已经发现她身上的某种气质了吧？但潘玉
良最令我们赞佩的，是她为艺术付出了她所能够付出的一切。莫非正是由于这种
精神，才让潘赞化感动，甘心为她默默奉献一切？

总是玉关情

9 月 24 日，潘玉良在法国里昂中法大学办理了登记手续。她在登记册上端
端正正地写上"Y.L Pan 潘玉良"。从这时开始，她又放弃了原来的名字"潘世秀"，
改用她闻名中外的名字"潘玉良"。细心人可以发现，她的两次改名，与她的两

次蜕变、两次转折有着紧密的关系：当她还是张玉良，是一名青楼女子；当她改名潘世秀，是潘赞化的小妾；直到最后一次更名潘玉良，她已脱离了旧中国的苦海，从新开始了自由之路。

在"中法大学"学习法文不久，潘玉良便进入美术专科学习油画，两年后毕业，随后考入国立美术学院，师从达仰·布佛莱，与徐悲鸿师出同门。1925年，她以第一名的成绩毕业，并获得了罗马奖学金，得以到意大利深造，进入罗马国立美术专门学校学习油画和雕塑，师从高级学术权威琼斯教授。次年，她的习作油画《裸体》在罗马国际美术展览会上荣获金质奖，打破了该院历史上没有中国人获奖的记录，以此奠定了潘玉良在画坛上的地位。

潘玉良即将在罗马美术学校毕业的时候，巧遇昔日导师刘海粟，异国重逢，且是师生，两人不胜感慨。刘海粟当下给她写了聘书，想请她回国在上海美专担任研究室主任兼导师。九年的异国漂流，让潘玉良充满了思乡之情。1929年，在她回国两个月后，洪野和王济远为她在上海举办了一场"中国第一个女西画家画展——潘玉良归国画展"，展品200多件，立刻轰动了中国画坛。《申报》上专门刊发了消息，引来络绎不绝的参观人士。名声大噪之时，徐悲鸿以中大艺术系主任的身份向她发出聘请，请她担任中央大学艺术系教授。

1930年，潘玉良往来于南京上海之间任教，并在上海创办了"艺苑绘画研究所"，在日本东京与王化举办了联合画展。次年，发起"中国美术会"。此后几年，潘玉良出版了油画集，并先后举办了四次画展，被誉为"中国西洋画家中第一流人物"。直到1936年她举办完第五次个人画展时，她在国内的生活才被打乱。那次画展上，她展示出自己的一幅油画《人力壮士》，画上一个大力士搬开巨石，露出巨石下的小草……以此来象征一种生命的积极力量。这幅作品在展出前已被当时的教育部长以1000块大洋的定金预定，然而在画展结束后，《人力壮士》却被撕毁了，上面还贴上了一张字条：妓女对嫖客的颂歌。这是怎样的侮辱！早年在国内的所遇已让她饱受伤痛，如今却还有小人在背后指指点点，以掘出她昔日的痛苦为乐。

潘玉良只能无言以对，她明白她的努力，恐怕在国内是永被一些丑陋之人所排斥的……

　　而也正是这一年，潘赞化的原配来到上海，三人相对让潘玉良忽然从心底生出一种悲哀来，她知道潘赞化的为难，却手足无措，不知该如何是好。一路走来，潘玉良跌跌撞撞，对爱情也有过向往，也想过努力追求，但她终究还是退缩了，回避了。她不能为潘赞化带来什么，甚至连一儿半女也不能。这让她打从心眼里就认输了，

潘玉良作品《我的家庭》

面对恩重如山的丈夫，她的心中作何感想？在 1931 年时，她曾经作过一幅《我的家庭》，上面画着潘赞化、她、还有原配的儿子。三个人组成的"家庭"显得格外乖张，她的表情饱含忧郁，面对着观众……或许在那时，她便对这种生活有了一种解读：她需要一个感恩的机会。这个感恩的机会便是成全一个完整的家，一个符合传统道德的家。

　　而离开，或许是最好的结局。

画地为牢

　　1937 年，这个女人背着自己的画板，重返巴黎参加"万国博览会"，此后便一居 40 年，直到去世。当她离开让自己心力憔悴的祖国之时，她是否已经有了

不归的念头？她是孤独着走的，走的时候，甚至不知前方有什么在等着她……

在法国，她为自己定下了三条原则，成了一个"三不女人"：一是不谈恋爱；二是不加入外国国籍；三则不与画廊签约。她对潘赞化的爱情早已不是单纯的爱，而是包含感激、感动的爱：因为她的艺术生涯是由他所赐，她的脆弱灵魂也是由他所拯救，自己只能以独身来回报他了。而潘玉良也知道，她若能够再回来，一定是沧海桑田了，她无数次地期待丈夫来信，对她说"回来吧，回来吧"，那时她一定会奋不顾身地逃离这个暂居之地！然而她却自始至终未能等到，只因那时潘赞化已经陷入贫困，甚至还要靠她来卖画周济，而且国内的政局一直动荡，这个时候回来，只会毁掉一个画家的前途。

他们默默地爱着。1960年，潘玉良把她获得巴黎市长颁发的"多尔列奖"的照片寄到国内时，丈夫已于安徽病逝。

上世纪三四十年代的法国，正值欧洲战争，许多留法画家纷纷离开，随后不久便爆发了第二次世界大战，战乱中的生活奔波不定，连绘画工具都难以寻到。这期间，因她一直坚持"不与画廊签约"[①]，直接影响到了她的基本生活。

就这样，她画地为牢，让自己成为了异乡中一个特立独行的人。旅法画家贺慕群回忆说："侨居巴黎后我和潘玉良常有来往，在艺术上和生活上都曾得到她的指导和帮助。潘玉良生活并不富裕，但是生性豪爽乐于助人。她常留短发，喜喝酒，不拘细节，说话时声音很大，气势不让须眉，颇有男子气度。晚年时住在蒙巴拿斯附近的一条小街，她住在顶楼，住房兼画室，生活清苦，但是勤于作画，有时候一天到晚在家作画，一天都不出来。"似乎在众人印象当中，潘玉良都是始终如一的，那种做事、说话直来直去的性格她一生都未曾改过。早在当年上海美专时，一个旧时文人当面嘲讽她"凤凰死光光，野鸡称霸王"，潘玉良听到后，一记耳光就打上去了，与当时社会的决裂之意已经显现。在法国，她的老友

---

① 当时作画属于自由职业，如不与画商签约，则收入就难以得到保障。

潘玉良与友人在作品前合影（中为潘玉良）

苏雪林送自己的著作给方君璧，潘玉良知道了就找她质问："你是不是把我给忘了？"这样一个从不卖弄自己，甚至有点笨拙的女人，却坚持着自己的个性，那是何等的不易！况且在那样一个破旧的时代！老画家刘苇回忆起她们一起学画的时候，一次到杭州山上写生，潘玉良到雷峰塔墙圈里小便，这时一伙男同学过来了，她便喊潘玉良快出来。潘玉良蹲在里面说："谁怕他们！他们管得着我撒尿吗？"潘玉良从不扭扭捏捏，不诉衷肠，不小鸟依人，也不伪装自己，一辈子真真实实。

潘玉良在法国的圈子极窄，王守义是她最好的朋友之一，他是早期到法国勤工俭学的学生，与潘玉良前脚后脚来到巴黎，在圣·米歇街开了一间叫作"东方饭店"的中餐馆。在这最后几十年的岁月中，王守义一直陪伴着她，担任她的助手，为其筹资举办画展。潘玉良去世后，王守义为她购置了墓地，举行了葬礼，并在次年回国，把潘玉良的遗物交给她的亲人：两千多幅画作、一个潘玉良与潘赞化结婚时的项链、一只放有夫妻二人照片的怀表。

取类百家成一体

从 1944 年巴黎解放开始，潘玉良每年定期参加一些团体展，如法国艺术家沙龙展、法国独立沙龙展、秋季沙龙展、现代国际艺术展等活动。并在 1953 年之后的六年里，她举行了两次巡回个人展，在美国、英国、意大利、希腊等地均获得成功，并荣获过"法国国家金质奖章""巴黎大学多尔烈奖""法国艺术家协会鼓励奖""比利时布鲁塞尔银奖"等奖项。1954 年，法国人曾拍过一部纪录片《蒙巴拿斯人》，介绍这个地区文化名人，而潘玉良则是"片中唯一的一个东方人"。1956 年，张大千赴巴黎举办画展，在潘玉良家中做客，看到潘玉良的《豢猫图》，即在上挥毫写下五行字："宋人最重写生，体会物情物理，传神写照，栩栩如生。元明以来，但从纸上讨生活，是以每况愈下，有清三百年更无进者。今观玉良大家写其所豢猫，温婉如生，用笔用墨的为国画正派，尤可佩也。丙申五月既望，大千弟张爰题。"虽不满 100 个字，但却可以看作是张大千的"中国画史小论"，也可看作是他对潘玉良画作的最恰评价。

在法国的四十年生涯中，潘玉良开创了"中西合于一治"和"同古人中求我，非一从古人而忘我之"的艺术主张，这是在独特的中西文化碰撞之中发展出来的。法国东方美术研究家叶赛夫曾作出了准确的评价："她的作品融中西画之长，又赋予自己的个性色彩。她的素描具有中国书法的笔致，以生动的线条

潘玉良作品《黑衣自画像》，1940 年

来形容实体的柔和与自在，这是潘夫人的风格。她的油画含有中国水墨画技法，用清雅的色调点染画面，色彩的深浅疏密与线条相互依存，很自然地显露出远近、明暗、虚实，色韵生动……"1936年时，徐悲鸿看过她的画展，写了一篇《参观玉良夫人展览感言》："夫穷奇履险，以探询造物之至美，乃三百年来作画之士大夫所决不能者也……真艺没落，吾道式微，乃欲求其人而振之，士大夫无得，而得于巾帼英雄潘玉良夫人……"如今，我们再回头看

潘玉良《自画像》，1946 年

她的画作，才明白徐悲鸿所言非虚。她的画作从未固定在某种风格、某种形式当中，完全是一种随意的、存乎在中外之间的另类模式，博采融合了后期印象派、野兽派以及其他流派绘画的风格。她在绘画艺术领域中达到了世界画家的上乘水准，作画不妖媚，不纤柔，甚而有点"狠"。用笔干脆利落，用色主观大胆，但又非常漂亮。与西画家有所不同的是，她对各种美术形式都有所涉及，且造诣很深：风景、人物、静物、雕塑、版画、国画，无所不精；传统写实、近代印象派和现代画派乃至于倾向中国风的中西融合画派……都游刃有余。

她的代表作《花卉》《菊花和女人体》《浴女》《瓶花》《月夜琴声》等，无不是西画的精品。潘玉良死后，画作《非洲裸女》于 2006 年在西泠拍卖，以 902 万的高价成交；创作于 1949 年的《自画像》在香港佳士得拍出 1021.8 万元。

1977 年，潘玉良在贫病交迫中默默离开了人间。她的墓地坐落在巴黎蒙帕

纳斯墓园第七墓区，编号为 143PA·1977。

佳人如梦

她的作品融中西画之长，又赋予自己的个性色彩。她的素描具有中国书法的笔致，以生动的线条来形容实体的柔和与自在，这是潘夫人的风格。

——叶赛夫

平滑如镜的墓床上没有鲜花蔬果的供奉，只有被盗去雕像墓碑孤零的倒影。我静静地立在他们墓前，一缕哀伤不禁从心底涌起。我虔诚地把鲜花恭奉在墓床上，不由想起了玉良跌宕的人生和渗血的足迹。

——石楠

余识玉良女士二十余年矣，日见其进，未见其止，近作油画，已入纵横自如之境，非复以运笔配色见长矣，今见此新白描体，知其进犹不止也。

——陈独秀

孙多慈：慈悲之恋

浮光掠影

孙多慈（1913—1975），又名孙韵君，安徽省寿县人，1912年生于书香门第，祖居寿县城关东大街钟楼巷。父亲孙传瑗，历任孙传芳秘书及国民党安徽省常委，母亲汤氏担任过女校校长。孙多慈17岁时毕业于安庆女中，1930年，报考南京中央大学文学院，未能录取，于是旁听美术系徐悲鸿的课。其作画水平极高，是徐悲鸿女弟子中得其真传且较有成就者之一。这期间与徐悲鸿相恋，但最终无果；1935年，中华书局为她出版《孙多慈素描集》；1940年左右，与许绍棣成婚；1949年随夫许绍棣去往台湾，任台湾师范大学艺术学院教授，后任院长。上世纪七十年代初，孙多慈因患癌症3次赴美开刀治疗，于1975年病逝于美国洛杉矶。

人物心语

风厉防侵体，云行乱入眸。不知天地外，更有几人愁。

一片残阳柳万丝，秋风江上挂帆时；伤心家国无穷恨，红树青山总不知。

孙多慈《孙多慈自画像》

小画家

1913 年，孙多慈出生于安徽寿县，名孙韵君。她的祖父孙家鼐是清末的重臣，历任工、礼、吏、户部尚书和中国首任学务大臣，京师大学堂（北京大学前身）便是他所创办；父亲孙传瑗，曾参加晚清民主革命，原是孙传芳的秘书，后曾任大学教授、教务长，著有《雁后合钞》五种五卷，《中国上古时代刑罚史》《今雅》等书。这样的家庭，可谓是书香名门。

孙多慈早年便酷爱丹青，曾受教于国画家阎松父，亦曾随父亲学习古典文化，父亲的文学理论很怪异，尝认为《毛诗》《离骚》《两汉乐府》"诗也，然亦画也。"认为天下诗文，都与画相对应。这种理论在当今也是新奇的，孙多慈在这种新式教育下，受益颇多，对作画的兴趣变得极浓烈。她曾在《孙多慈描集》"述学"中讲道："吾自束发从受书时，以吾父吾母嗜文艺，故幼即沉酣于审美环境中；而吾幼弟恬，对于绘画音乐，尤具有惊人之天才。姊弟二人，恒于窗前灯下，涂色傅采，摹写天然事物，用足嬉戏。吾父吾母顾而乐之，戏呼为两小画家。初为天性趋遣，直浑然无知也。"

孙多慈小学就读于省立第一模范小学，初中就读于六邑联立中学，高中就读于安徽省立第一中学（安庆女中）。在安庆女中时，孙多慈对图画课及国文课最为感兴趣。据她的回忆，教师中对她最为期许的是图画老师胡衡一，此外还有国文教师李则纲。两位老师对她的画才及文采都倍加赞赏，这一方面使得她的兴趣倍增，另一方面让她对未来有了一种期盼，不是学文，则是学画。

然而不久，家庭便遭遇了变故，1927 年北伐胜利后，南京国民政府成立。时任孙传芳秘书的孙传瑗被通缉，关押进南京老虎桥监狱里服刑。这时的孙多慈刚满 17 岁。

慈悲之恋

1930 年，孙多慈高中毕业，与此同时，父亲也被释放。在父亲的默许下，孙多慈报考了当时的南京中央大学文学院，结果却未被考取。于是父亲便修书一封，让她去找当时的文学院教授宗白华，希望他能帮孙多慈引荐到潘玉良门下学画。宗白华见到孙传瑗的信，生出怜爱之心，却说对潘玉良不熟，但可以引荐给徐悲鸿教授。于是不久，孙多慈便到了艺术系旁听徐悲鸿学画。

虽然孙多慈之前未系统学过绘画，但却在两三个月内大大长进，进步之快令徐悲鸿大加赞赏。没过多久，孙多慈便成了他的画中人——徐悲鸿在给她的第一幅素描中写道："慈学画三月，智慧绝伦，敏妙之才，吾所罕见。愿毕生勇猛精进，发扬真艺……其或免中道易辙与施然自废之无济耶。"落款是"庚午初冬，悲鸿"。

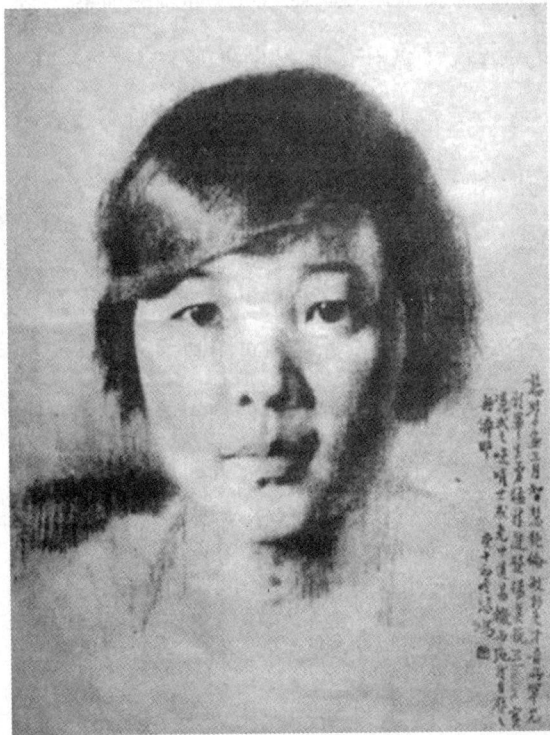

徐悲鸿眼中的孙多慈

或许，正是这一刻，徐悲鸿对眼前这个 18 岁的少女产生了情愫。爱情是羞涩的，总是产生在有意无意之间。但对孙多慈来说，那或许正是她最紧张的一天，虽然新鲜好奇，却不由得心跳加快，在徐面前举手无措。而她却不知道，两人一"慈"一"悲"，竟成了师生不伦之恋的开始。

或许徐悲鸿最喜爱的方印"大慈大悲"，正是他对命运的一种回应。他想将这上天注定的宿缘，也刻成印章，在岁月中留下点什么。

从此两人情感一发不可收拾。此时的徐悲鸿已经35岁。正是才情勃发的年纪，有一个同在18岁时便与自己私奔并一起浪迹海外的妻子，膝下一双儿女。但他却义无反顾地爱了，如果说诗人的多情是那温柔的诗行，那画者的多情，便就是丝毫不逊色的油彩。

1931年夏，孙多慈正式被南京中央大学艺术系录取，开始了她的大学生活。除了随徐悲鸿学习素描，孙多慈还选修了宗白华的美学课，胡小石的古诗选，以及徐仲年的法语课。由于孙多慈努力异常，成绩优秀，又与徐悲鸿有着微妙的暧昧，所以无所避讳的徐悲鸿逢人便谈起这个得意门生，令得小报纸添油加醋，花边新闻不胫而走。在学校的时候，由于徐悲鸿对她特别照顾，有时上课竟只教她一个人，如此便引起了许多同学的不满，却又奈何不了身为老师的徐悲鸿，只能暗地里对孙多慈大加指责，埋怨批评；而孙多慈原住的学生宿舍本不许男士进入，可徐悲鸿不管这些，经常不约而至……小道消息的流转非常之快，背后的指指点点，令孙多慈很快便住不下去了，只好在石婆婆巷租了一间房子，让母亲搬来同住。

1933年1月，徐悲鸿赴欧洲举办巡回展，与孙多慈只能通过书信往来，直至1934年8月徐悲鸿归来。回国不久，徐悲鸿便带学生一行几十人外出写生。据说这期间两人可能由于久别之故，很是亲密，一路上毫不在乎别人的议论，甚至还被一个云南籍的同学拍到了接吻的照片……爱情升温得太快，仿佛就是一瞬间的事。深陷浓爱之中的孙多慈，在天目山上摘下了两颗红豆，送给徐，徐回南京后便定制了一对金戒指，将这两颗红豆镶在其上，一镌"慈"字，一镌"悲"字，前者自己留存，后者送给孙多慈，浪漫之情无所顾忌。而此时的孙多慈，是徜徉在幸福当中的。她不曾去想两人会有什么样的结局，也不去想该如何面对徐的妻子，眼前的快乐都来不及去想，怎还有时间去想将来的事呢？

徐悲鸿的人生激情，一方面寄托在孙多慈身上，另一方面便是他的书画创作。孙多慈总是喜欢半躺在摇椅上，像一只小猫一样陷在那里读书，画室静悄悄的，孙多慈翻书时的声响，与徐悲鸿挥动画笔的声音，显得格外呼应，时光仿佛消失了一样，透过厚厚的窗帘，只把光线从一头转到另一头，一天就这样过去了。两人在一起的时光是那么和谐，充满着对称的美。看着落日余晖下的孙多慈，徐悲鸿为她画了一幅《睡猫图》，画上题着："寂寞谁与语，昏昏又一年。慈弟存玩。"浓情蜜意都在其中。次年，徐悲鸿又送给她一幅赠《燕燕于飞图》，画面上是一名身着古装的仕女，一脸愁容，望着翱翔天际的飞燕。题字："乙亥秋，写燕燕于飞，以遣悲怀。"含情脉脉之语，尽在不言中。而徐悲鸿当时最有名的纪实性油画作品《台城夜月》则更是画出了两人的一往情深：皓月下的台城，徐悲鸿席地而坐，孙多慈侧立在左，碧波含情，颈间的纱巾随风飘动……

小道消息、流言蜚语，师生之恋的消息很快传到了妻子蒋碧微那里，尽管徐悲鸿勉强解释，说他只是欣赏孙多慈的才华，但却终究瞒不过同床共枕的妻子。蒋碧微在回忆恋爱中的徐悲鸿时说，"有时晚上参加应酬，他经常也是吃到一半，就藉词要上夜课而退席，把困窘而尴尬的我留下。最令我难堪的是，他会在酒席上趁人不备，抓些糖果橘子在口袋里，后来我知道，这些也是带给孙韵君的。碰到他这样做的时候，我只好装作视而不见。有时我也促狭起来，他把带给孙韵君的东西预备好以后，放在桌上。等他有事走出房间，

孙多慈《油绘自写像》，作于 1934 年前后

我就悄悄地藏过，他回来一看东西不见，不好意思问我，也就讪讪地走了。"面对丈夫的移情，蒋碧微是失望的，也同时是辛酸的，她想要挽回点什么，却不知该如何去做。女人的宽容总是有限，再怎么坚强的性格也忍受不了当面的背叛。她终于去做了点什么，而这一做，却更加刺激了徐悲鸿多情的心。蒋碧微一方面在学校内宣传两人的丑事，并在教室黑板上写上侮辱性的词汇，另一方面在家中发难，将徐悲鸿的《台城夜月》带回家中，不准收起，放在最显眼处以讽刺徐悲鸿的背叛，并将他所画的孙多慈画像"藏到下房佣人的箱子里面"，令徐悲鸿到处寻找未果，至今仍不知所踪。在徐悲鸿的南京公馆落成时，孙多慈送来枫苗百棵，蒋碧微得知后大发雷霆，让佣人把枫苗全部当做柴火烧掉。徐悲鸿心痛而无奈，于是将公馆称为"无枫堂"，画室称为"无枫堂画室"，并刻下印章"无枫堂"作为纪念，钤盖于那一时期的画作上。

红豆三首相思切

　　徐悲鸿并不掩饰内心的爱，心中却记挂着对前妻的道德上的责任。他曾给挚友舒新成写信，将那段时期的矛盾之情抒发笔端："小诗一章写奉，请勿示人，或示人而不言所以最要：燕子矶头叹水逝，秦淮艳迹已消沉；荒寒剩有台城路，水月双清万古情。"而舒新成则回信道："台城有路直须走，莫待路断枉伤情。"鼓励他坚持自己的所爱，尊重自己的内心。

　　对待徐悲鸿夫妇间的情感，徐悲鸿的弟子和友人则分成了两派：一派护徐，一派护蒋。前者坚持徐的确是因为爱才转变成爱人；而后者则认为徐移情别恋，过河拆桥。但不论怎么说，徐悲鸿对孙多慈是一直袒护的。1935 年，孙多慈即将在国立中央大学毕业，徐悲鸿认为她是可造之才，便想借公款送她去比利时深造。他认为孙多慈可以出一本素描集，出版后便能够凭此为资本提出申请。为了出版那本素描集，徐悲鸿给舒新成连写四封委托信："知真赏不必自我……而公道犹在人间，"并让孙多慈"携（画）稿奉教，乞予指示一切"。舒新成接到画稿，认为时间上可以再加舒缓，而徐悲鸿回信道："特请弟转恳足下早日付印，愈速愈好，想吾兄好人做到底，既徇慈情，亦看弟面，三日出书，五日发行，尊意如何？"其迫切之情可见一斑。在徐悲鸿的催促下，中华书局终于出版了《孙多慈素描集》，成为孙多慈第一次的作品辑录。然而出国的事却被蒋碧微破坏了，得知风声之后，蒋碧微满含着怨恨与委屈，去找了谢寿康、吴稚晖等人，又写信给留学基金会主任褚民谊，并向一直暗恋自己的张道藩相求，张道藩时任中央文化事业的主委，一语定乾坤，令得徐悲鸿的努力一败涂地。在留学的事上，徐悲鸿总想以正路来取得名额，从未想过要以关系来打通，而蒋碧微的背后一刀，将他是彻底伤害了。他在 8 月的信中写道："弟月前竭全力为彼谋中比庚款，结果为内子暗中破坏，愤恨无极，而慈之命运益蹇，愿足下主张公道，提拔此才，此时彼困守安庆（省三女中教书），心戚戚也。"

孙多慈素描《瓶汲》，作于 1930 年前后

留学无望的孙多慈只好回到安庆教书。佳人已去，而徐悲鸿则只能将自己关在画室，远离蒋碧微的怒目相视和喋喋不休，远离那些风言风语。从这时起，蒋碧微彻底地失去了徐悲鸿，随后，两人一个去了江苏宜兴，一个去了广西桂林。

但徐悲鸿还是挂念着孙多慈，并叮嘱老友为其出版发行孙多慈译介的《伦勃浪画集》，还鼓励孙多慈在安庆不要放弃作画，多作画。1936 年春，徐悲鸿又想出一个办法——让舒新成出面购买孙多慈的画："请将弟存款内拨二千五百元陆续购买孙多慈女士画,详细办法另纸开奉,务恳吾兄设法照办为感。"而当时他的月薪也不过三百大洋,为解决经济问题,徐悲鸿开始半公开地举行画展,卖画筹钱。自始至终,孙多慈这个尚还青春的少女都是被动的,从一开始承蒙

孙多慈《狮》,作于 1934 年

徐悲鸿的关怀,她都安然地享受着、感动着、回应着,或许她是在等,等徐悲鸿有一天,能够真正把她娶进门,但现实的状况却令她不得不将之抛在脑后。可能吗?或许是等不到那一天了,只能尽眼前的一切时间爱着,爱着,即便是没有结果。慈、悲之间,这个女子把自己的感情交了出去,也不管到底确切的是什么,她像一只在森林中的麋鹿,快乐地奔跑着;像一束鲜花,美丽地盛开着。她把所有的大事小事都交由他做主,并不知道这种感情是从何而来,是因为徐悲鸿的家庭变故,还是自己是一个第三者?

三个多月之后,孙多慈难耐相思之苦,在皖江公园又采摘了红豆,装进信封寄给徐悲鸿。接到红豆后的徐悲鸿百感交集,触景生情,挥笔赋诗"红豆三首":"灿烂朝霞血染红,关山间隔此心同;千言万语从何说,付与灵犀一点通。""耿耿星河月在天,光芒北斗自高悬;几回凝望相思地,风送凄凉到客边。""急雨狂风避不禁,放舟弃棹匿亭阴;剥莲认识心中苦,独自沉沉味苦心。"后将第三首题赠给了好友王少陵。

空山自甘寂寞

　　1938 年，为躲避战乱，孙多慈一家辗转避难到了长沙，徐悲鸿抽身去往长沙，将孙的一家接到桂林，这段时间或许是他们最愉快的日子，没有人打搅，没有人风言风语，外面炮火连天，二人却有着自己的小世界。7 月，《广西日报》登出了一则告示："徐悲鸿启事：鄙人与蒋碧微女士久已脱离同居关系，彼在社会上的一切事业概由其个人负责。"随后，他们的朋友沈宜申拿着这张报纸去见孙的父亲，想极力促成徐、孙的婚事，谁知却被孙传瑗拒绝。没过多久，孙氏一家便离开桂林，到了丽水定居。孙父的做法让徐悲鸿心生嗔怨，认为孙家父母没有人情，但除了几句埋怨之词外，却也毫无办法。此后他又远走重庆、印度等地讲学，这一去，便是四五年。

　　漂泊异乡的孙多慈，只能听天由命。没过多久，只好嫁给了当时的浙江教育厅长许绍棣。许绍棣大孙多慈近二十岁，正丧偶待续，他在前妻生病期间，与郁达夫的妻子王映霞在碧湖同游。郁达夫曾以《毁家诗纪》来讽刺："许君终究是我的朋友，他奸淫了我的妻子，自然比敌寇来奸淫要强得多，并且大难当前，这些个人小事，亦只能暂时搁起……"但王映霞却与许绍棣身正不怕影子斜，并将孙多慈介绍给了许绍棣。而孙多慈也对父亲的这位上司并无厌恶，或许，在这乱世飘零中，许绍棣变作了她的一个依靠吧。许绍棣对孙多慈一家处处关照，把他们安排到建有防空洞的丽水中学宿舍，使他们得以在日机空袭的时候避难。当孙传瑗提交辞呈要去长沙时，许绍棣除令财政处支付 3 个月薪水外，又特批 80 元大洋作为补助。不论是出于感激，还是出于孤独，孙多慈最终答应与许绍棣先处一段时间。孙多慈在晚年时曾回忆，在碧湖联高的 4 年，她是快乐的：与许绍棣奔波于景宁、庆元、云和，致力于抗战教育的建设，工作之余又流连于名山大川，至少在这段时间中，她是忘却乱世烦恼、失恋忧愁的。这一切导致她最终听任了命运的安排，在父亲的建议下，两人结为夫妇。

而她却在婚后后悔了。

1939 年 8 月，孙多慈在给徐悲鸿的一封信中表达了自己的懊悔，并诉说衷情："我后悔当日因父母的反对，没有勇气和你结婚。但我相信今生今世总会再看到我的悲鸿。"这封信收到不久，徐悲鸿在信末批上了三句："我不相信她是假的，但也不信她是真心，总之我已作书绝之。"随后寄给吕斯伯，让吕斯伯拿给蒋碧微看。蒋碧微看后提起她三年前的话："假如有一天你跟别人断绝了，不论你什么时候回来，我随时都准备欢迎你。但是有一点我必须事先说明，万一别人死了，或是嫁了人，等你落空之后再想回家，那我可绝对不能接受。"而徐悲鸿确实是画蛇添足了，此时的婚姻早已挽回不了。在他移情孙多慈的时候，蒋碧微与张道藩已经萌生旧情，至此她是定然不能接受了。蒋碧微在之后的回忆录中对徐悲鸿不齿，也有这其中的原因，当初的声明，岂能出尔反尔？如今多慈的信，怎能轻易示人？种种缘由，恐怕都不能成立了。

人生如戏又如梦。1940 年 9 月，徐悲鸿在写给舒新城的信中哀叹："慈之问题，只好从此了结（彼实在困难，我了解之至），早识浮生若梦而难自醒，彼则失眠，故能常醒。弟有感而为诗：虎穴往往无虎子，坐看春尽落花时。平生几次梦中梦，魂定神清方自知。彼与兄及展兄（陈子展）处俱无消息，故亦莫从知其状况。但彼已不作画，此则缘尽之明征矣！也好。"

据说有个算命先生曾给徐悲鸿算过，说他身边的两个女人是上辈子的冤家，而这两个女人都不是他生命最终的女人。所料不差，1945 年，徐悲鸿与蒋碧微终结了 28 年的婚姻．赔偿给蒋碧微 100 万元和 100 幅画作；1946 年，徐悲鸿娶了最后一个妻子廖静文。孙多慈听闻，无奈画了一幅红梅图轴，题词："倚翠竹，总是无言；傲流水，空山自甘寂寞。"这大概正是她当时的心情写照吧，后来，徐悲鸿在梅枝上补了一只未开口的喜鹊。

在徐悲鸿生命里的三个女人中，只有孙多慈没有写过回忆录，她的无言，确实应了那只缄默的喜鹊——欲说还休，只能欲说还休。

一场"慈悲之恋"，就此了结了。他们十年的感情成了一场美丽的邂逅。然而孙多慈的无奈却又多么令人扼腕叹息：既敢于冲破师生之恋的伦理，却最终没能违背父命而屈就于一场无奈的婚姻。她生性随遇而安的性格、任命而不敢决断的个性最终让她丧失了勇气，未能抵抗住世俗的压力而冲破障碍，只剩下那一缕缕的伤感。当初徐悲鸿为了她不惜发布启事宣布离婚，那对徐悲鸿来说亦需要足够的勇气。他本想能够在这个决定之后获得那梦寐以求的爱，却在打开潘多拉盒子的刹那，发现其内空无一物。是的，孙多慈还是退缩了。就像沈宜平的信中所说："孙多慈是旧道德、新思想兼而有之。"也正是如此，孙多慈才会在婚后为她的判断后悔："一步错，步步错。"经年后，孙多慈在大洋彼岸见到徐悲鸿的诗："急雨狂风势不禁，放舟弃棹迁亭阴。剥莲认识心中苦，独自沉沉味苦心。"她潸然泪下，画了一幅《寒江孤舟图》：两个人一个"放舟弃棹"，一个"寒江孤舟"……

人生安乐总无方，凭栏不觉洒清泪

1949 年全国解放，孙多慈跟随丈夫许绍棣去了台湾，许绍棣利用职务之便，把孙多慈安排到了台湾艺术学院任教，1963 年，孙多慈担任该院院长。

婚后的生活终于恢复了平静，但孙多慈心中却仍旧难掩昔日的悔意，她经常借故出国游览，在意大利、法国四处徘徊，并每年都去定居在美国的好友吴健雄家中小住，亦每次都到王少陵家做客。新中国成立前，王少陵从大陆去美时，临行前向徐悲鸿告别并索要留念，但时间紧迫，便硬生生地拿走了徐悲鸿本来写给孙多慈的诗作，带到了美国。而那首诗作，便是当年"红豆三首"的第三首。这幅诗画挂在王少陵家中，孙多慈每次见到都会黯然神伤，感叹不已。

1953 年 9 月，孙多慈到中山堂参看画展，正巧遇见了蒋碧微，两人在瞬间都愣住了。而此时的蒋碧微正好得到徐悲鸿病逝的消息，寒暄两句，将之告诉了孙多慈。孙多慈闻之颜色大变，眼泪夺眶而出。她怎么也没想到，二十年后再遇昔日情敌的时候，得到的却是这样残酷的讯息！

　　孙多慈最令世人惊异的，是她为徐悲鸿戴孝了三年，三年间她素服素食，再无欢颜。而许绍棣见此情景，也只能随她去了。徐悲鸿夫人廖静文曾感慨："接触过孙多慈的人，都说她人品好，后来为她的老师悲鸿戴了三年孝。这是一个悲惨的故事，就是有情人未成眷属。"

　　1975 年，长期忧郁之中的孙多慈最终患上了乳腺癌，三次飞往美国动手术，最终无效，死在了美国吴健雄的家中，享年 63 岁。

　　孙多慈或许未能与徐悲鸿走到最后，但在画风上却延续了徐悲鸿的创作手法，并在她后期的许多作品中有所开拓。孙多慈在台湾被认为是全能的天才卓荦的画家，除了在油画上的造诣，国画的山水、人物、花卉、翎毛等也无不工妙，画鹅更号称当时一绝。她的水墨线条依然是纯粹地"写"的，充溢着一种中国化的潇散诗意与西洋画的浓妆淡抹。

　　晚年丧妻的许绍棣，默默地守着挂满墙壁的孙多慈画作，内心惆怅万分，却不知该如何排遣，在他的《遗像》一诗中这样写着："悬亡妻自画像于书室中，相对无言，怃焉心酸。'悬像在书房，出入增孤伤。画笔犹在手，凝视若端详。楮素终不移，欲挥似未遑。昨夜梦魂里，款接如平生。擎起空自失，绕林结中肠。昔日同此居，存殁忽异方。主临固有日，重逢事微茫。逝者不复返，郁结终

《孙多慈像》

难忘。'"

1980 年，病榻上的许绍棣写下一首《踏莎行》："一室羁栖，孤零滋味，伤心触景情先醉，人生安乐总无方，凭栏不觉洒清泪。"然而词未竟，人已逝。死后他与孙多慈的骨灰合葬在台湾阳明山——最终了结了昔日的恩恩怨怨。

佳人如梦

孙君的作品，表态的抒写，具肃穆壮丽之长；动态的描绘，擅深纯温雅之美。于而已敷之外，尤其有一种耐人情志的天才。

——李则纲

画狮数幅，据说是在南京马戏场生平第一次见狮的速写。线文雄秀，表出狮的体积与气魄；真气逼人而有相外之味。最近又爱以中国纸笔写肖像，落墨不多，全以墨彩分明暗凹凸；以西画的立体实感含咏于中画的水晕墨章中，质实而空灵，别开生面。引中画更近于自然，恢复踏实的形体感，未尝不是中画发展的一条新路。

——宗白华

赵一荻：因为爱，不顾一切

浮光掠影

　　赵一荻（1912—2000），出生于香港，其名来源于她的英文名 EDITH；又名绮霞，因出生时东方天际出现一道霞光而得名；由于在家中排行第四，所以家人又称她叫"赵四小姐"。赵一荻的父亲赵庆华，在北洋政府年代曾任铁路局局长、东三省外交顾问等，为官清廉。1927 年，赵一荻在天津与张学良初识，后来历经沈阳、北平、西安事变以及长期幽禁，于 1964 年与张学良正式结婚，是他的第二任妻子。在台湾幽居期间，赵一荻与张学良信奉基督教，曾以"赵多加"的名义撰述出版了《好消息》《新生命》《真自由》《大使命》四本宗教著作，与张学良合著《毅荻见证集》。

人物心语

　　为什么才肯舍己？只有为了爱，才肯舍己。世人为了爱自己的国家和为他们所爱的人，才肯舍去他们的性命。

　　我所以背着恶名到关外，全不为别的，只为得到一颗真诚的心，因此，愿意牺牲自己的一切，更不会在乎如何称呼！

赵一荻

迷雾透过读英雄，铅华洗尽识痴女

世人曾经这样评价过张学良与赵四小姐的爱情：在美女爱英雄的乱世之中，很多女人都会爱上风流少帅，但能没名没分地陪伴一个失意的男人度过几十年寂寞幽禁生涯的，恐怕只有赵四小姐了。在那个时代，男欢女爱并没什么稀奇，悲欢离合也是常见，若能共享人世幸福，已是寥寥可数，而若能患难与共，跟随一个失掉了名，失掉了自由，失掉了一切权势的落魄男人，这样的女子，大约是凤毛麟角了。赵四小姐便是这样一个女子。

赵四小姐，原名赵一荻。她原籍浙江兰溪，1912年在香港出生，因此也叫"赵香笙"。据说她出生的时候，东方既白的天空出现了一道霞光，于是又得名赵绮霞。而她小时候的英文名字叫"Edith"，谐音"一荻"，所以呼名赵一荻。赵一荻在家中姐妹中排行第四，亲人朋友都昵称她"赵四"，久而久之，社交圈内人士便称她作"赵四小姐"。

赵一荻的童年时代在天津度过，十四五岁时，便成了《北洋画报》的封面女郎。那时的她已经随父亲出入社交场合，身材颀长，体态婀娜，风度绝佳，一看就知道她是那种气质非凡、深得教养的大家闺秀。1927年，这个正处在豆蔻年华的少女在天津"蔡公馆"认识了风流倜傥的张学良。两人一舞定情，迅速坠入爱河，经过一段时间的亲密交往，便就此同居。而此时的张学良，已经有发妻于凤至，可赵一荻却仍旧不顾一切地爱上了他。1928年秋，年仅16岁的赵一荻不顾父亲的竭力反对，在六哥赵燕生的暗中帮助下，东出山海关，来到风云动荡的沈阳城，投入了张学良的怀抱。而赵一荻的这场私奔，竟在当年引发了轰动一时的"绮霞失踪"案。赵一荻的父亲赵庆华时任北洋政府铁路局局长，交通部次长，个性耿直清廉，名声甚好。据说他得知女儿私奔一事时，立即作出决定，在报纸发表声明："四女绮霞，近日为自由平等所惑，竟自私奔，不知去向。查照家祠规条第十九

赵一荻生活照

条及第二十二条，应行削除其名，本堂为祠任之一，自应依遵家法，呈报祠长执行。嗣后，因此发生任何情事，概不负责，此启。"随后便辞去官职，从此隐居京郊，至死再未踏入天津。

而赵庆华此举，后有人推论，认为他家事外扬，未必是单纯盛怒，而另有几层意思：张学良是东北奉系，而他则官任北洋政府，派类不同；其次，赵一荻本有婚约，此声明一登，也可获得解释，不致失信；第三，此举亦能正告张学良，赵一荻后路已断，其命运已经交由张学良保管……可怜天下父母心，这样的一箭三雕之举让各方都能说得过去。

也正是借这个机会，赵一荻跪于于凤至之前，求她收留自己，并发誓自己不求名分，只求与张学良在一起。心胸宽容，贤惠温柔的于凤至被赵一荻的真情打动，不仅接受了她，还让张学良在少帅府东侧建了一栋小楼送给赵一荻。而张学良则在"大姐"夫人于凤至之外，又多了这位赵四小姐"小妹"。一时间"凰寻凤"的私奔剧传遍了大江南北，竟成了报纸电台的佐料新闻。

红粉知己

赵一荻搬入小楼居住后，把自己的卧室设在二楼西北角，这间房虽比其他房间阴冷，但抬头就可见张学良办公室的灯光，而心中充满柔情的她，也会自心底涌出一种温暖的感觉。1929 年，他们的爱情结晶诞生，赵一荻产下一名男婴，取名作闾琳，这也是他们此生唯一的儿子，这时的赵一荻，年方十七。

1931 年，"九·一八"事变爆发，日军侵略东三省，张学良认为"战争不合乎日本政府的利益，日本政府应会约束关东军"，采用暂时"不抵抗"决策，结果事出所料，半年内东三省相继沦陷。诗人马君武为此写了一曲《哀沈阳》："赵四风流朱五狂，翩翩胡蝶最当行。温柔乡是英雄冢，哪管东师入沈阳。告急军书夜半来，开场弦管又相催。沈阳已陷休回顾，更抱佳人舞几回。"如此舆论又犯了旧毛病，将恶名归结为"红颜祸水"，所谓"夏桀以妹喜，商纣以妲己，周幽以褒姒"，将罪名宣泄到赵四小姐身上是理所当然的事。而此时的赵一荻，仍一如既往地陪伴在张学良身边，默默无闻地担任秘书一职。

于凤至与赵一荻二人，是具有那种彼此尊重，互相宽容的心态的。这在当今是很难理解的，她们二人，一个是少有的贤妻良母，另一个则是出众的内助人才；一个稳重，一个活泼；一个贤惠，一个精明，两人的通力合作，让张学良能将所有心思放在军事上，从而免去了他的后顾之忧。这是张少帅之福，也是他对二人的亏欠。

1933 年，满怀愤懑的张学良通电下野，准备前赴欧洲考察。但他因长期注射吗啡、吸食鸦片而致精神萎靡，常患病痛，赵一荻与宋子文便在此时趁机说服张学良，劝他在前往欧洲之前戒毒，这样一能恢复健

赵一荻幽禁时留影

康，振奋精神，二能将来有一日重振东北军的雄威。张学良当即答应，安排妥当之后便前往上海，在一名德国医生的帮助下，脱胎换骨，戒掉了毒瘾。不久，张学良带着于凤至、赵四和少许家人，乘坐罗西伯爵号轮船，扬帆去往意大利。

一年过去了，在东北将士的呼吁下，张学良于 1934 年 1 月被蒋介石电召回国，并被任命为一级上将的最高军衔，2 月，又任命他为"鄂豫皖剿匪总司令部"的副司令。1935 年，红军长征北上，张学良又率东北军主力从鄂豫皖转战至陕甘，而赵一荻也就这样追随着张学良到处奔波。与此同时，张学良的东北军却连续遭受重挫，"剿共"令他感到如此下去，已经难有精力去抵抗日军的侵略，于是向蒋介石建议"停止内战，一致抗日"，与蒋介石"攘外必先安内"的政策相反，经历几次劝说无效，张学良终于决定兵谏。1936 年 12 月 12 日，张学良与西北军领袖杨虎城发动"西安事变"，扣留了时任国民政府委员长的蒋介石，并在周恩来的主导下，令蒋介石接受了第二次国共合作，形成了全面抗战的局面。

为表负责，张学良在"西安兵谏"后，亲自送蒋介石回南京。张学良为防不测，在临行前吩咐参谋长将赵一荻母子送往香港。果不其然，回到南京后蒋介石一反当初的约定，立即动用军事法庭审判，将张学良软禁。软禁期间，张学良一直由于凤至陪伴，直到四年后（1940 年），于凤至因患乳腺癌，不得不与张学良分离，去往美国治病。这时，张学良提出由赵四前来接替照料他。他的请求虽得到了蒋介石批准，责成戴笠亲自办理，但戴笠却不相信赵一荻愿意前来：此时的她与爱子张闾琳已在香港定居四年，并且生活安逸舒适，她会放弃奢华的生活来深山野林陪监吗？然而张学良是懂赵一荻的，他知道她一定会来。

1940 年底，张学良被转囚贵州修文县，终日闷闷不乐。戴笠给赵一荻去电问：愿否往贵州照料张学良？赵一荻得信立即准备行程，将未满 10 岁的儿子送往美国，托付给张学良的一个朋友照看。然后直奔贵州，与张学良同系牢笼。

当赵一荻再次给戴笠回电，告知她在赴贵州的路上时，这个杀人不眨眼的特务头子既震惊，又敬佩，不禁感叹道："真乃汉卿红粉知己……"

清隐生活

幽禁的岁月是清苦的。赵一荻洗尽铅华，常常身着蓝衣、布鞋，但却从不放弃打扮自己。她用她柔弱的肩膀担起了山中的日常杂务。山中冬日阴冷袭人，本是大家闺秀、养尊处优的赵一荻学会了使用缝纫机，为张学良制作棉衣棉被……在这难熬的日子中，却并不显得寒冷。赵一荻犹如一道阳光，静静地照耀在他的身上，让他的心情也变得豁然开朗。在山上，赵一荻与张学良在房前开辟了一块菜地，每天两人在地里劳动，并喂养了鸡鸭，过起了远离尘世的清隐生活。

1941 年 5 月，张学良患急性阑尾炎，两人一起到贵州中央医院做手术，出院后又被幽禁在贵阳黔灵山麒麟洞、开阳刘育；1944 年冬，又迁往贵州桐梓；1946 年，他们移居到重庆歌乐山松林坡，旋即被押往台湾新竹井上温泉。这一时期的与世隔绝，可以说是凄苦漫长的，如果没有赵四小姐的陪伴，张学良的日子可以晓见，但也正是这个时刻，两人朝夕相对，才有了一种真正夫妻式的日常生活。在那个战乱年代，能够度过这样幽静而平淡的生活，无疑也是一件奢侈之事。

1949 年 2 月，由于张学良被囚禁于井上温泉的消息由外界知晓，二人又被紧急转移至高雄，与外界隔绝。不久，随着中华人民共和国的成立，蒋介石退守台湾，高雄要塞变成空袭目标，为安全起见，二人又

张学良赵一荻台湾幽禁照（左一为监视他们生活的特务刘乙光）

1947 年 5 月在井上温泉留影

返回了井上温泉。这一待，又将近八年的时间，直到 1957 年 10 月，他们再次离开井上温泉，迁到高雄西子湾，那里"房屋宽阔，环境幽美，为二十余年来最舒适的处所"，他们的"生活"开始有了一丝改善，但"自由"对他们来说，仍是件奢侈之事。次年 11 月，蒋介石终于答应约见张学良，"总统你老了。""你头秃了。"两人短暂的寒暄后，"相对小为沉默"，两人谈话仅持续了半小时，自始至终也未提及"自由"。之后，张学良依旧回他的"安乐国"，蒋介石依旧做他的"总统"。

共担一个未来

1959 年，台湾《希望》杂志发表了张学良撰写的《西安事变忏悔录》，各大报纸都予以转载。远在美国的于凤至看到文稿后大怒，第一反应是假的。她清楚记得 1940 年张学良的话："你记住，在任何时间、任何场地，我都不会承认自己有罪，如果将来有一天，有人说张学良认罪了，那么，这个人就是敌人。"事实上，该文的确如于凤至所料，乃是根据张学良《西安事变回忆录》删改的。《忏悔录》的出现，令于凤至意识到了张学良的危险，立即在美国展开营救传媒大战，各大报纸争相跟进，对蒋介石评价甚差。张学良朋友张群意识到蒋介石有意要杀张学良，在他看来，一旦张学良与于凤至解除掉婚姻关系，则对张学良有所益处。于是前往美国劝说于凤至。言明情况后，于凤至向张学良求证此事，张学良说："我们永远是我们，这事由你决定如何应付，我还是每天唱《四郎探母》。"于是，深明大义的于凤至在离婚协议上签字，终止了他们二人的婚姻。

1964 年 7 月 4 日，51 岁的赵一荻与张学良在台北举行了婚礼，而此时他们已经相濡以沫，整整度过了 36 年的幽禁岁月。

圣歌响起，这个朝夕相伴的"私人秘书"，为张学良耗尽了青春的女人，终于修成正果，成为了张学良的夫人。她虽已年过半百，但却有着一种少有的淡雅华贵，对于多年来的风风雨雨，她似乎又平淡地接受了这个苦乐参半的婚礼。从两人对望的眼神中，我们只能感慨：红颜知己，少帅得赵四足矣。对于这场迟到的婚礼，《联合晚报》贺词："卅载冷暖岁月，当代冰霜爱情。少帅赵四，正式结婚，红粉知己，白首缔盟。夜雨秋灯，梨花海棠相伴老；小楼东风，往事不堪回首了！"张学良夫妇的老友周联华在之后赞叹："她这样做纯粹为了爱……她和汉卿互许一个未来，共担一个未来。这未来是暗淡的，是黑暗的，但她却无怨无悔……"

旷世奇缘，仿佛就是在平平淡淡的爱恋中产生，所谓名分，也只是空谈而已。于凤至的奉献，赵一荻的奉献，无一不是张学良的幸运。于凤至在美国一直度过了 50 载，一个人照料三个子女，由民国东北第一夫人转变成一个杰出的实业家，为张家积累下一份让人难以置信的家业。她在死后安葬在洛杉矶一家公墓中，用英文写着"FENG TZE CHANG"，并在墓旁留下一个空穴，等着张学良恢复自由的一天。

书架上的图书记录了赵一荻的"伴读"时光

"这是我的姑娘"

婚后的赵一荻与张学良始信基督教，心如止水，不闻窗外之事。她内心始终平静地面对人间的繁华落尽，对爱情付出无怨无悔，她在其编写的证教小册子《新生命》中写道："为什么才肯舍己？只有为了爱，才肯舍己。世人为了爱自己的国家和为他们所爱的人，才肯舍去他们的性命。"她证道是如此之坚贞，行道也以一生来作自白，爱情虽是平常之物，但却像一场修炼，为此舍弃生命，也只是证道的一部分，何况人生的建筑工程，只有来得越艰难，来得越诚挚，才会越坚固。

直到它们变作"凝固的历史"，人们才发现，只有这样活，才算是真正地活了一场。

晚年的赵一荻身体状况的确欠佳，在 1965 年，她便因肺癌切除了一叶右肺，呼吸困难，之后又患上红斑狼疮，肺部一直存有隐患。

1990 年，张学良在台北圆山饭店举行了一场庆祝他 90 岁生日的聚会，正式宣布结束幽居生活，并决定到夏威夷定居。在此之前，赵一荻在台北一直热衷于传播福音，并以"赵多加"为笔名写了多本见证集：《好消息》《新生命》《真自由》《大使命》，并出版了《毅荻见证集》（张学良号毅庵）一书。而她也曾言自己最喜爱的圣诗是《赞美我天父》：

> 赞美我天父，因他差遣爱子
> 降生来到这世界，为罪人受死
> 哈利路亚，荣耀归主
> 哈利路亚，阿门
> 哈利路亚，荣耀归主
> 主使我复生
> ……

2000 年，张学良的百岁华诞。在生日宴会上接受记者采访时，他动情地说道："我太太非常好，最关心我的是她！"还当着众人的面，握紧了赵一荻的手，用一口地道的东北话亲昵地说："这是我的姑娘。"

然而不久，88 岁高龄的赵一荻在下床后摔了一跤，没几天便呼吸困难，住进了夏威夷檀香山一家医院，期间曾一度转醒，但旋即因痛苦而吃药睡去。6 月22 日，她无言地注视着身边的亲友，张

赵一荻池塘边留影

学良坐着轮椅来到她的身边，喊着她的昵称："咪咪，咪咪，我来看你啦！"

不多久，医生拔掉了赵一荻的氧气管，并注射了镇静剂。她的手被张学良紧紧握着，在牧师的祷告中永远睡去……这个陪伴张学良72年的女人终于消失在人世间。

在追思礼拜上，张学良情绪又复激动，频频地喊着："她走了，我要把她拉回来。我要把她拉回来！"那撕心裂肺的呼喊，让在场之人无不落泪。

这场平静的爱恋，这朵战火中的玫瑰，就此凋落。

赵一荻死后一年，张学良亦随之而去。

佳人如梦

这是我的姑娘。

——张学良

卷四

爱，需要涅槃

张幼仪：痛苦中涅槃的凤凰

浮光掠影

　　张幼仪（1900—1988），祖籍江苏宝山，后迁上海嘉定。张家本是宝山巨富，但到她的父亲张祖泽（字润之）这一辈，家道已经中落。张幼仪在家中排行第八，二哥张君劢，是中国现代史上有名的政治家和哲学家。幼仪七岁时，父亲带全家搬至上海居住，后来，她便就是从上海嫁到硖石徐家的。1915 年与徐志摩成婚；1918 年前往欧洲，就读于德国裴斯塔洛齐学院；1922 年为徐志摩产下次子，并与之离婚；1926 年归国，在东吴大学教授德文；1928 年担任上海女子商业储蓄银行副总裁，云裳服装公司总经理；1954 年与苏医师相爱并再婚。张幼仪在第二任丈夫过世后，搬到纽约居住。晚年口述的自传《小脚与西服》（Bound Feet and Western Dress）出版，时值台湾女权运动高潮，被演绎成女性独立的典范，畅销一时。

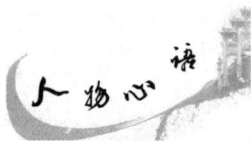

人物心语

　　你最爱的人，伤你最深；能伤你最深的，才是你最爱的人。二者何为正解？也许，爱与伤害，从来都是相伴而生。

张幼仪

风雨困不住的风情

　　——你总是问我，我爱不爱徐志摩。你晓得，我没办法回答这个问题。我对这问题很迷惑，因为每个人总是告诉我，我为徐志摩做了这么多事，我一定是爱他的。可是，我没办法说什么叫爱，我这辈子从没跟什么人说过"我爱你"。如果照顾徐志摩和他家人叫作爱的话，那我大概爱他吧。在他一生当中遇到的几个女人里面，说不定我最爱他。

　　晚年的张幼仪在她自传中轻轻地呢喃着，或许对于那个她以豆蔻年华而嫁与的男子，她总是包容并理解着的；也或许，她正因为深谙张爱玲所说的"因为懂得，所以慈悲"，才会对一个才华横溢的诗人加以成全。

　　但不论如何，这个在诗人世界中存在了又被抛弃的女子，总是以她自己的、独特的方式无望而艰辛地去接受命运的安排。在一个蹩脚的时代，传统与现代交互变幻，她被拒绝于城市之外，成为了一个美丽而独特的孤岛。

　　当她得知不能再拥有志摩的爱，她毅然选择了放弃，成全一个浪漫而自我的诗人。在稀薄的爱的空气里，她学会了坚强，学会了忍痛割舍。

　　遇见了对的人，是一场幸运；遇见不对的人，那便是一场灾难。命运捉弄着这个清丽而坚强的女子。

　　出逃，却不为追悔；伤感，却只因逝去的芳华。

　　歧视、孤独、抛弃、坚强，只能一个人承受。

　　是的，往事都已过去，幸运的是她晚年能够再次寻找到光明，再次寻找到真爱，得以在迟来的幸运中获得重生。

"一个十足的乡下土包子"

如今的上海，繁华并充满着艳绝。这个城市曾孕育了无数的传奇人生，而这其中，便隐隐地浮现着一个倔强的女子——张幼仪。

1900年，张幼仪诞生于一个显赫的家族，其四兄张嘉璈是当时金融界巨子；二兄张嘉森（张君劢）是民国时社会党创始人；九弟张禹九，是新月派诗人。排行第八的她，深受整个家族的文化熏陶。

旧时的女子大都缠脚，所幸的是，幼仪因为二哥的建议，并未遭受这样的摧残。

虽然她出身名门望族，但徐志摩却并非这样认为。"对于我丈夫来说，我两只脚可以说是缠过的，因为他认为我思想守旧，又没有读过什么书。"是的，诗人的那种自由天性，怎能接受一个出身旧时代的女子呢？纵然她脚上并未裹布，可她的举止已把她深深出卖。

少女时期受封建礼教约束而成为大家闺秀典范的张幼仪，只能被徐志摩说成"一个十足的乡下土包子"。苛刻的语言和观念，已经刻到诗人的印象当中，幼仪的一举一动，不再是秀外慧中，也不再是举止端庄，而只能算得上呆板乏味了。

她已来不及改变。

来不及为这个永远不停歇的丈夫而改变，就算改变了，他可曾投注过来一丝目光？可曾向这娇小柔弱的妻子投以关注？

然而诗人却不曾为这场婚姻负责，他履行着旧时代的程序，却追求着新时代的爱情。当这个为他

张幼仪与徐志摩

身怀六甲的女人为他服侍一切、照顾徐家之时，得到的只是一次次的沉默，一次次的鄙夷。

如此，这样一个知书达理的女子，始终被冷落着，走完她那段难熬的岁月。那岁月是如何钻心地痛，现代人恐怕再难感受到：传统的封建教育，已把她夹杂在与潮流社会的格格不入当中。人们已经不能断然去推测，她该如何去抉择，如何去接受，总之，命运再无改变的可能了，一个她以芳华之年爱上的男人，从最早，就试图将她像包袱一样甩掉了。

离去亦是决绝，相识却曾相忘

18 岁，恰是一个美好的年龄。张幼仪产下儿子阿欢，徐志摩从北京来看望儿子，一瞥之后便又去了欧洲，不为别的，只因为徐志摩着魔一样地爱上了林徽因，此时他与林徽因的恋情被不断曝光，闹得沸沸扬扬。张幼仪只能默默注视着，以她旧时的观念来看，或许男人在外沾花惹草，并非什么稀奇的事，也许不过多久，丈夫就会重新青睐她了呢。

1920 年，张幼仪终于忍不住思念，远渡重洋到欧洲与夫团聚。然而远远地看着徐志摩那冰冷的表情，她忽然明白了他的心，"那堆接船的人中唯一露出不想来的表情的人"——她虽然心中难过，却压不住内心的欢喜，只因能与志摩团聚，在异国他乡，他是她唯一的依靠。

当张幼仪再次怀孕时，徐志摩却想也不想就大声说："快去打胎，快去打胎。"张幼仪恐慌地说："听说堕胎很危险，会出人命的。"徐志摩马上又说："坐火车还会出轨呢，也要死人的，那你就不坐火车了吗？"张幼仪一时哽噎，无法再说什么。

1922 年，张幼仪到柏林产下次子彼得。一直杳无音信的徐志摩寄来一封信：请她在离婚协议上签字——张幼仪签了字，她不知道这是中国史上的第一桩离婚案。

　　这个结了新欢的男人，当她拿到旧妻的签字之时欣欣不已，为此还与朋友饮酒欢庆了一场。

　　是的，对于张幼仪来说，这或许是她一生当中最明智的决定之一。

　　与那个不爱的人决绝分别，不再为其挂念伤感，就当作是一只秋天的扇子，扇出的亦是那凉风，更添寒意，倒不如索性收起来罢！

　　也不再有什么希冀和牵挂，奢求换来的无非是更多的鄙夷，对于一个刚刚生产

张幼仪与爱子阿欢

过的女子来说，失去爱情或许并不如拥有绝望更好。总之，那心底的爱是断然无望了，而她，还要继续地一路走下去，即使是一个人，即使带着孤子，即使孤寂，即使隐忍着痛楚。

　　什么"一日夫妻百日恩"，到最后却只是劳燕分飞。

　　1922 年 8 月，徐志摩不辞而别，与林徽因父女回国。他在报纸上欣然写道：我们已经自动挣脱了黑暗的地狱，已经解散烦恼的绳结……欢欢喜喜地同时解除婚约……

　　1925 年，3 岁的儿子彼得因腹膜炎死于柏林。徐志摩焦急奔去，却只能摸着彼得的骨灰盒掉下眼泪。而张幼仪的内心虽然悲痛却又坚强起来，谁能体会到这样一个女子的变化？从她一个人带着儿子辗转奔波，她的心确实因此而变得坚强了，变得不再怕，不再战战兢兢，不再唯唯诺诺。

　　德国是她的转折点。

　　张幼仪此后辗转德国，学得一口流利的德语，她在此地终于找到了人生的支

点——用她自己的话说，在去德国之前，凡事都怕，到德国后，变得一无所惧。

伤痛让她惊醒，让她忽然明白，世间没有什么事不是依靠自己的，怜悯博不了任何同情，也得不到什么未来。在异国他乡，她失去了婚姻，失去了儿子，在人生最晦暗的时候她重新找回了自己。

后来，徐志摩在给陆小曼的情书中后来写道：C（张幼仪）可是一个有志气有胆量的女子，她这两年来进步不少，独立的步子已经站得稳，思想确有通道……

痛苦中涅槃的凤凰

1931年，徐志摩因飞机失事去世。时隔一年，胡适追悼志摩引用了徐志摩当年的离婚信："故转夜为日，转地狱为天堂，直指顾问事矣。……真生命必自奋斗自求得来，真幸福亦必自奋斗自求得来，真恋爱亦必自奋斗自求得来！彼此前途无限……"

志摩的死，让这个忘却了过去的女人似乎又回到了当年，是的，"彼此前途无限"，就像一个凄然的笑话，而当年的男主人公已经不能再有前途，剩下的，只是一个倔强的女子了。

志摩死后，张幼仪仍然对他的父母百般敬奉，与在出国之前全然一样。她不曾计较种种得失，而以自己执拗的力量，在漫漫的人生之路上奔向辉煌。

丧失爱子之后，张幼仪回到上海。在东吴大学做了一阵德文教师后，开始担任女子商业储蓄银行副总裁、云裳服装公司总经理，引领当时的服装潮流，风靡一时，她的经营才能得到了极大发挥。用她后来的话说，这明明就是对志摩的无声反抗，她晚年的口述自传《小脚与西服》，正是有了这份意味：以传统的"小脚"，终于穿上了现代的"西服"，走出了那个让她迷惑万分的时代。

虽然事业正是繁忙之时，但她仍抽空去看望徐志摩的父母，徐父十分感动，说："志摩待你如此无情，你难得对我们还如此孝顺。"后将海格路125号院送给了张幼仪。

徐志摩的飞机在济南失事后，只有张幼仪站了出来，带着孩子赶到事发当地，与胡适料理徐志摩的后事，领认尸体。她俨然才是徐志摩的真正妻子……公祭仪式上，陆小曼想把徐志摩的衣服和棺材都换成西式的，却被张幼仪拒绝。她知道，徐志摩的一死，也把她的心门关上了。

在前几年，二人的关系曾经缓解过，他们也曾互相通信，以公事或朋友的名义。或许她曾有那么一丝丝希望，两人能有一点点修复的可能，但往事的伤痛却阻止了这一切，志摩还是原来的本性，她不曾从那里得到什么，现在、将来也不能得到什么。她打理着徐家的一切：财务、琐事……如果没有对志摩的情谊在，她是半刻钟都待不下去的。

而真的能够跳出她的一生来看，或许这才是两人最好的结局。这对失去生命的志摩来说，或许是残忍的，而对煎熬着的幼仪来说，这算是为她的上半生画上了句号。

在男权社会，女人或许只是一个小小的佩饰，一个无关痛痒的点缀。幸而那个时代已经为此做出了改变：她们开始了自己的人生，意识到自己也是完整的。

上天对张幼仪开了一个玩笑，离婚之前，她抱着要成为徐志摩眼中"有文化"的新女性的愿望，而奋不顾身地辗转德国，而她却始终没有得到丈夫的重新欢喜，失败地接受了离婚却同时完成了一场自救，随着儿子彼得的死，张幼仪获得了再生——恰如在那连绵不断的阴雨中，终于获得了一把雨伞，虽然破漏不堪，却是自己的痛苦换来的一方心灵的庇护。回国之后的不断历练，与在雨中获得一把伞的情境不同，她已从那阴雨的天气中走了出来：外面的世界晴空万里。所以在得知徐志摩死讯的那一刻，她已然把自己放到了更高的地方去了：不论是办丧事，还是后来为徐志摩出版全集，她都能精心而平静，保持着一种坦然的心态。

这一点，是别人不曾想得到的，因那是一次次的痛苦与蜕变换来的。一个同时身具传统女性与现代女性特质的人，是如何打点着自己的人生？

她的思维和头脑并非常人所能企及的，张幼仪后来涉足商业，在抗战期间，囤积了大批军服染料，等到价钱涨到数十倍，再也没法从德国进货的时候才卖掉，赚了一大笔钱。之后，她又用这笔钱作资金，投资棉花和黄金，事业蒸蒸日上。

后来，终于明白什么叫爱

新中国成立前夕，张幼仪赴香港定居，而非台湾。一开始，她是租着楼房住的，她结识了住在楼下的一名医生苏记之——一个专治花柳病的医生，性情温和，谈吐也算不错，谁想到妻子弃他而去，他只能独自抚养着四个孩子。

或许由于同情，也或许只是住在同一栋楼的缘故，来来往往总是难免要打声招呼，何况一个带着四个孩子的男人，总是惹人注意的。一次，苏记之被孩子弄得狼狈不堪，张幼仪看到，好心帮他照料了一阵，两人就此开始了长谈，不久以后，苏记之便恋上了这个有些倔强，又心地善良的女子。

经过一段时间的交往，苏记之向张幼仪求婚，许诺与她相伴终老。

失去半生爱情，很少与男人交往的她，终于动了心思。她没有马上答应，而说要考虑一番。于是向二哥征求意见，最关心她的二哥说："要遵从自己内心的感觉，有则一切皆可，无则不要强求，"最后又发来电报表态，"此名教事，兄安敢妄赞一词？妹慧人，希自决。"

于是，她又写信给美国的儿子："母拟出嫁，儿意云何。"儿子徐积锴收到后真切回复："母孀居守节，逾三十年，生我抚我，鞠我育我，劬劳之恩，昊天罔极。今幸粗有树立，且能自赡，诸孙长成，全出母训……综母生平，殊少欢愉。母职已尽，母心宜慰，谁慰母氏？谁伴母氏？母如得人，儿请父事。"这封让她内心宽慰的信，终于促使她下定决心出嫁。

后来，梁实秋在《谈徐志摩》一文中，对张幼仪评价得最为中肯："她沉默地、坚强地过她的岁月，她尽了她的责任，对丈夫的责任，对夫家的责任，对儿子的责任——凡是尽了责任的人，都值得尊重。"

很多人都曾想过，忘记一个不爱你的而伤害你的人，需要多久？重新建筑感情世界，需要多久？或有人凄然地反问，时间怎能磨平这一切？而对于张幼仪来说，她已把之前的种种磨难都化解了，重新站了起来，迎来了人生的第二次恋爱，她确实是做到了，正如她一生中不曾低过头一样，终于找到自己的归宿。

1953 年 8 月，苏记之和张幼仪在东京一家酒店举行了婚礼，53 岁的张幼仪漂泊到此，总算找到了一个停靠的港湾。

1967 年，张幼仪 67 岁的时候，她和苏记之一起去了一趟英国康桥、德国柏林，故地重游，当她再次站到当年和徐志摩居住过的小屋外，不觉得自己已经老了，那年轻的芳华时代，一去不复返了。

1972 年，苏记之病死，张幼仪搬到了纽约，同她的儿子一起生活。

1988 年，张幼仪以 88 岁高龄逝世于纽约，安葬在市郊的墓园，墓碑上刻着四个字：苏张幼仪。

——或许，这就是张幼仪感情生活的最后结语。

佳人如梦

C（张幼仪）是个有志气有胆量的女子……她现在真的"什么都不怕"。

——徐志摩

她沉默地坚强地过她的岁月，她尽了她的责任，对丈夫的责任，对夫家的责任，对儿子的责任——凡是尽了责任的人，都值得令人尊重。

——梁实秋

王映霞：半生飘零半生恨

浮光掠影

　　王映霞（1908—2000），本姓金，小名金锁①，学名金宝琴，生于杭州。童年时过继给外祖父王二南做孙女，易名王旭，号映霞。1923年考入浙江女子师范学校。在郁达夫的追求下，于1928年在杭州西子湖畔大旅社举行婚礼，那一年，她20岁，郁达夫32岁。1940年，二人离婚。1942年，与钟贤道在重庆举行盛大的结婚典礼。1948年，定居上海。1957年，王映霞曾做小学教员，"文革"中受到冲击，1986年，被聘为上海市文史馆馆员，陆续出版了《达夫书简——致王映霞》《半生自述》《王映霞自传》、与郁达夫的散文合集《岁月留痕》等。2000年，王映霞寿终。于杭州，与钟贤道合葬于杭州南山公墓。

人物心语

　　火长沙夜人吴，残年风雪过闽都。一帆又渡南溟岛，海国春来似画图。

---

①"锁"由金、小、贝三个字组成，意为金家的小宝贝。

王映霞摄于上世纪 30 年代

当爱已成往事

晚年，王映霞在回忆说："如果没有前一个他（郁达夫），也许没有人知道我的名字，没有人会对我的生活感兴趣；如果没有后一个他（钟贤道），我的后半生也许仍漂泊不定。历史长河的流逝，淘平了我心头的爱和恨，留下的只是深深的怀念。"

一句话道出了王映霞的底气——历史的长河，多情之中多少无情。

的确，我们对王映霞的童年并没有任何的兴趣，我们爱读的，只是她与郁达夫的纠结和纠缠。在中国近代作家之中，郁达夫是一个重要的人物。他是一个具有争议性、富有传奇色彩的人物。王映霞与他的情爱，以一种激情开始，又以一种悲剧终结，其中的纠缠与纠葛，甚或者可以说是纠结的爱情，曾经轰动一时，他们之间的离合悲欢，多年来一直被后人不断挖掘、翻新，成了"现代文学史中最著名的情事"之一。

晚年的王映霞，将她的一生写成一本《王映霞自传》。在文中，她对第一任丈夫郁达夫和第二任丈夫钟贤道都有所提及。只不过，一共57章的自传，直接讲到钟贤道的只有5章，绝大部分的章节都围绕郁达夫展开。从第8章"初见郁达夫"开始，到第43章"终于离婚"，一共占了36章。我们从这些字里行间中，能够察觉到这个男人让她心醉和心碎的全部过程，而她的一生，便也无法脱离郁达夫带给她的风风雨雨了。而那仅仅是13年的婚姻，在她92年的人生历程，仅仅是十分之一而已。晚年的她，在幸福地坚守着钟贤道的时候，她是否曾经把自己再次置身在那青春烂漫的时光当中呢？是否仍思念着郁达夫的爱，仍痛苦着他曾给她带来的伤害？她似乎确实不再爱他了——爱成了恨。

在自传中，王映霞似乎把她的生活提到了另一个层面：《多病的白薇》《参加赵景深的婚礼》《林语堂和鲁迅的一次争吵》《徐志摩和胡适》……与她的圈子似乎并无关联的人物也在其内，他们只是郁达夫的圈子而已。在夫妇共同出席的场合，有所露面是自然的，但绝非是重要的或必须记录的，但却出现在《自传》中。无疑，她知道读者需要什么，什么才能吸引读者的眼球，也知道只有把自己置身于那个时代的名人当中，她的传记才会有一些阅读的价值。而若她是否应当为此辩驳一点什么呢？普通读者或许无法意识到，意识到她的这种自卑，但对于那些热衷于发掘事实真相的人来说，遮羞布一扯即掉。

冷了，散了。一场烟云。王映霞还在其中为此执著，披露着郁达夫的无赖。在她的眼中，那段婚姻是一种悲惨的结合，她在其中受伤了，受伤之后，刻骨铭心。爱，变成了恨，恨意将尖锐的矛刺向了前夫的盾。而前夫已经死去，再也说不出什么了。一个闻名的作家，抗日的"烈士"，只能作为一个卑微的丈夫被妻子四处宣传，让我们看到他是多么的拙劣，多么的无情：他的劣迹斑斑，在战火前仓皇逃窜，丢下老母在大后方饿死；在报纸上宣扬家事，抹黑妻子；无端怀疑妻子，用嫉妒的烈火写下"毁灭之言"……郁达夫的众多谜团，在这里都可以找到相应回应——一个妻子的回应。

而幸运的是，她遇到了能够给她安定生活的钟贤道。是的，在炮火连天之时，她的生活侥幸安定，没有什么可以悲哀的，也没有什么值得怀疑的，她的后半生终于幸福了。追求幸福本是每个人的权利，本来无可指责，但那所谓的"传记"，却仿佛是在辩解着什么。

然而，历史总不会用一家说法来作评判，世界就是这么奇妙，当你以为所有的行为都不会暴露时，总会有一些不堪寂寞的人跳将出来，冷冷地说上几句刺耳的话。

人生若只如初见

朝来风色暗高楼，偕隐名山誓白头。

好事只愁天妒我，为君先买五湖舟。

（郁达夫：《寄映霞》）

爱情的开端，永远是美好的。

从小接受优良教育熏陶的王映霞，长成了一个美艳动人的女子。在此之前，由于父亲的去世，王映霞被过继给外祖父王二南做孙女。王二南是当时的南社社员，一方名士，琴棋书画俱精，满腹经纶。她自幼承欢在王二南先生膝下，春雨润物，自然也是国学根底深厚。早年入教会学校弘道女校，1923年考入浙江女子师范学校。

王映霞天生肌肤白皙，所以自小就有了"荸荠白"的雅号，是杭州城内有名的绝色闺秀，也是当时的"校花"。从师范学校毕业后，她被分派至浙南，担任温州第十中学附属小学的教师，并投奔到祖父的世交孙百刚家中。1926年冬，革命军北伐到了温州一带，为了免遭战乱之苦，孙百刚夫妇携王映霞一同到了上海，租住在马浪路的尚贤坊。

1927年1月，郁达夫到老同学孙百刚家中拜访。在这里，郁达夫遇见了19岁的王映霞。面对眼前这个面如银盘，眼似秋水的女子，他控制不住自己，终于动了真情而不能自拔。他明知道中年的热恋有些荒唐，却无法控制内心的冲动——在日记中，郁达夫意乱情迷地写着："我的心被她搅乱了，此事当竭力进行，求得和她做一个永久的朋友。"那惊鸿的一瞥，无疑成为了他生命中的奇迹，正是不久前，他还曾写信给孙百刚，说"寂寞得和一个人在沙漠中行路一样，满目荒沙，风尘蔽目，前无去路，后失归程，只希望有一个奇迹来临，有一片绿洲出现。"而如今，这个奇迹，这个绿洲就在眼前！

在不久后的日记中，他把自己的痴心和盘托出，不管这场痴恋的结果成功也好，失败也罢，最终做出了决定："咳嗽总是不好，痰很多，大约此生总已无壮健的希望了，不过在临死之前，我还想尝一尝恋爱的滋味。"

而此时的郁达夫，其实已是有妇之夫，文人的多情，似乎总是超脱于道德的束缚之外，为人们的观念所不容。而王映霞当时也有中意的男友，已经准备谈婚论嫁。两人的相遇，似乎并不是一场美妙的邂逅。对年龄尚小的王映霞来说，郁达夫这样才

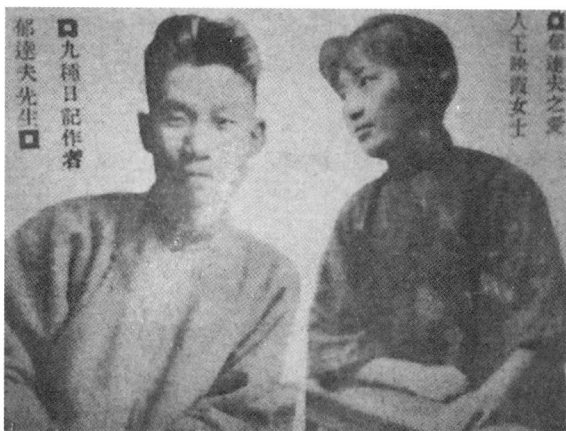

旧报纸上的郁达夫与王映霞

华横溢、风度翩翩而享誉文坛的人似乎只能在书本中出现，可如今却爱上了自己，忽然有种恍然若梦之感。情书一封一封地收到，一句一句令人脸红心跳的句子打动着她的芳心。可已有婚约在身的她却犹豫了。她或曾想过，眼前这个有妻室的男人，能够给自己带来什么呢？未来的日子该如何度过？困惑、烦恼、兴奋、忐忑……接踵而来。

郁达夫却似乎没有退却的意思，尽管与妻子孙荃的感情还好，但却似乎由于包办婚姻的缘故，他的内心有种说不出的抵触。如果能有一个令他动心的人出现，他是会毫不犹豫地抛下妻子，而去追逐那"美好"的爱情的。王映霞的出现让他有了这种冲动的可能，甚至抛妻弃子，在所不惜。1月28日，郁达夫为了阻止王映霞嫁为人妇，给王映霞写了一封情书：

"我也不愿意打散这件喜事。可是王女士，人生只有一次的婚姻，结婚与情爱，有微妙的关系，但你须想想当你结婚年余之后，就不得不日日作家庭的主妇，或拖了小孩，袒胸哺乳等情形，我想你必能决定你现在所考虑的路……你情愿做一个家庭的奴隶吗？你还是情愿做一个自由的女王？你的生活尽可以独立，你的自由，绝不应该就这样

的轻轻抛弃……"

这样蹩脚的谎言，在外人看来是那么容易便拆穿了，人生的婚姻，难道真的有一次么？奴隶与女王，难道是必然的选择么？然而这封信却最终打动了王映霞的心。是的，在伦理上，她是被动的，插足在郁达夫的家庭，或许本不是她的所愿，但怎奈感情成了最利的武器，使她最终鼓起勇气接受他的爱。作为旁观者的孙百刚，曾劝她回避郁达夫，让他及早死心，而王映霞却说："倘若断然拒绝他，结果非但不能解除他的烦恼，也许会招来意外。"总之，郁达夫以他的痴情感动了她，尽管王映霞曾偷看了郁达夫 1927 年 2 月的日记："我时时刻刻忘不了映霞，也时时刻刻忘不了北京的儿女。一想起荃君的那种孤独怀远的悲哀，我就要流眼泪，但映霞的丰肥的体质和澄美的瞳神又一步也不离的在追迫我"——发觉他并未能狠下心与妻子离婚，而郁达夫却发了毒誓[1]，最终转嗔为喜，抛却了少女的矜持，抛却了"做妾"的顾忌，也不去计较 9 月时出版的《日记九种》中的坦诚：那对王映霞赤裸裸的爱，以及对前妻不能掩饰的彷徨和忧郁……从热恋，到结婚（实为同居），两人快到只用了一年的时间。

风雨茅庐若飘零

然而真正到了结婚的时候，往日的话似乎成了一种梦中呓语。本来预定去东京的婚礼被取消，因为郁达夫舍不得立即与孙荃离婚，在这种状况下，与王结婚又犯了"重婚罪"，他们只好在上海北站待了一个月，才算对王家有了一个交代。1928 年 3 月，两人又搬回原住处回民厚南里，并在南京路东亚饭店小请，

---

[1] 三年内若不离婚，就死给她看。

算作一个喜筵。1929 年 11 月，王映霞为郁达夫生下了第一个男孩郁飞，一年半后，又生了第二个男孩郁云。1933 年 4 月，郁达夫一家为了节省开支，迁家杭州，租住在大学路的一幢旧式平房，不久，第三个儿子郁亮出生，但不久便早夭了。

可以说，正是迁往杭州，才使得王映霞与郁达夫一家陷入了风风雨雨当中。而郁达夫的本意是追求归隐，因当时要脱离"左联"，力挺鲁迅，加上杭州又是王映霞的家乡，本来应是一举两得的事。

在杭州，一开始的生活是甜蜜的。1936 年初，他们为自己建造了住宅，取名"风雨茅庐"。然而所谓的风雨茅庐，却并未能让他们"避风雨"，反成了风雨中的飘摇：建房花去了郁达夫的所有积蓄，并负债 4000 元，在这所宅子中，郁达夫一生只在其中住了 3 次，加起来不足一个月。而拥有产权的王映霞，在两人离异后，最终却将这处宅子卖掉了。

"风雨茅庐"建起后，他们的矛盾开始变得尖锐。当年郁达夫发过的毒誓早已忘记，时隔八年也未能与原配离婚，还在 1929 年出走宁波去探望子女，这件事成了王映霞心中难掩的伤疤，最终在郁达夫向王母写下了"保证书"之后才得以了结。之后，郁达夫多次再犯，王映霞写道："郁达夫在外祖父面前是经常写悔过书的，多写后就不起作用了。"面对这种状况，1932 年，郁达夫请来了律师，当着众人的面，将其之前著作版权归到了王映霞的名下，郁达

王映霞

夫的心境可想而知。但接下来的事情发展却出乎了郁达夫所料——戴笠和许绍棣的出现，让这个家变得风雨飘摇。郁达夫在后来的《毁家诗纪》中说："一九三六年春，杭州的风雨茅庐造成后，应福建公洽主席之招，只身南下，意欲漫游武夷太姥，饱采南天景物，重做些记游述志的长文，实是我毁家之始。"

戴笠的好色贪财是出了名的，并且嗜杀残忍，甚至许多国民党大员都惧他三分。徐为彬曾说他："最大的毛病就是爱色，他不但到处有女人，而且连朋友的女人都不分皂白，这是他私德方面，最容易令人灰心的！"由于郁达夫《日记九种》的热卖，让众人都知道他有一个贤淑美丽的妻子，加上如雕塑家刘开渠也称王映霞为"杭州三美之一"，王映霞的名声大涨。1935年，戴笠便到郁达夫家拜访，慕名去接近王映霞。此时的王映霞，虽然生过孩子，但仍是28岁芳龄，那年访问过郁达夫的日本历史学家增井经夫回忆她说："漂亮得简直像个电影明星，给我留下深刻的印象。当时她在杭州的社交界是颗明星，而她在席上以主人的身份频频向我敬酒，说'增井先生，干杯'时，就把喝干了的酒杯倒转来给我看，确是惯于社交应酬的样子。又有她那深绿色翡翠耳环和手镯，在灯光下摇曳闪烁的情景，至今还很清晰地如在眼前。想起来，那个时候大概是郁先生最幸福的时期吧。一下子就在饭馆里款待十个客人，实在是豪兴不浅。"从中得见王映霞的美貌与交际手腕的高明……然而美貌带来的，远远不仅止于这点烦恼，平地风波起，居于杭州本是求得清静，无奈竟然让郁达夫避而远之，远离妻子，这又何苦？

王映霞是喜交名人的，如果在她与郁达夫同居之时并没有这样的倾向，那后来的改变则让人大吃一惊了。与王映霞相识几十年的汪静之说："王映霞最爱郁达夫带她去认识所有的朋友，专门同人家交际。"郁达夫在《毁家诗纪》也耿耿于怀："映霞最佩服居官的人""企慕官职以厅长为最大的荣名，每对人自称厅长夫人于以取乐""映霞平日不关心时事，此次日寇来侵，尤以为系一时内乱；行则须汽车，住则非洋楼不适意。伊言对我变心，实在为了我太不事生产之故"。王映霞晚年也说："这就很自然地给我招来了不少慕名和好奇的来访者……我这个寒士之妻，为了应酬，也不得不旗袍革履，和先生太太们来往了起来，由疏而亲，由亲而密了。所谓'座上客常满，杯中酒不空'，正是我们那一时期热闹的场面。同时因为有东道主的招待，我也就饱尝了游山玩水的滋味，游历了不少名胜。"然而郁达夫毕竟是文人，斟酌再三，

王映霞与郁达夫旧照

便写信给陈仪求得福州一职，以此来避开应酬。加上当时戴笠频繁造访，让郁达夫心生芥蒂，如果自己远走他乡，戴笠便没有借口再去"风雨茅庐"了，从而也能令王映霞收起那种心思。

可郁达夫终究是低估了戴笠的厉害之处，戴笠不来，王映霞难道不能去？正是他去往福州的这段时间，家中的变故让他不可想象。1938 年，王映霞有了戴笠的孩子。1990 年，晚年的汪静之撰下一文《王映霞的一个秘密》①，说王映霞有了孩子之后，借口战时不便，让汪静之陪她去医院堕了胎。之后再次见面，王映霞对其大谈戴笠的花园洋房是如何富丽堂皇和漂亮，流露出羡慕神往的表情，令他忽然悟起事情的本末来。"1946 年，钱青说：'……戴笠给王映霞的丈夫做运

---

① 收编于《汪静之先生纪念集》。

输方面的宜昌站站长，也是发财的职务。上海接收时戴笠给了王映霞一座接收下来的洋房，成了王映霞所有的房产……戴笠一直是王映霞的姘头，我有可靠证据。'""我和妻子听了她的同学说过之后，回家就两人做出决定，永远不能说出这些秘密，以免闯祸，杀人魔王太可怕了！后来戴笠在飞机上炸死了，本来不用怕了，可是又想到王映霞本人本不用怕，但她做过杀人魔王的姘头，可能也会受魔王的影响，说不定她可能也有可怕之处，因此，决定仍旧不敢说起……如今，我的妻子已去世，妻子的三位同学也已去世，如果那三位同学没有告诉别人，恐怕就仅存我一人知此秘密了。为了不愿郁达夫永远沉冤不白，今天我下决心，一气写完这个秘密。"然而当时，汪静之却并未将这个秘密告诉郁达夫："照道理不应该隐瞒，应把真相告诉朋友，但又怕达夫一气之下，声张出去。戴笠是国民党的特务头子，人称为杀人魔王。如果达夫声张出去，戴笠决不饶他的命。太危险了！这样考虑之后，我就决定不告诉达夫，也不告诉别人。"——或许郁达夫当时已经有了这个直觉，使他感到那潜在的威胁，却又无法排遣，只好投奔暂时能够与戴笠抗衡的陈仪。也正是此前1936年，王映霞给在福建的戴笠写信，要他安排，那时郁达夫已经对戴笠疑心，便阻挠王映霞前来，此行最终拖到了次年三月。而远在异乡的郁达夫仍旧想念着王映霞，毕竟那是他最真心的爱情之始，如果之前所有的风流情事是荒唐，与孙荃是媒妁之言的话，那与王映霞相爱的这十三年间，郁达夫确实已经变化太多。

《毁家诗纪》

郁达夫对戴笠这个第三者格外在意，然而他在心底却并不认为王映霞是妻子，只认为二人是同居关系。王映霞却是倾情付出，付出她的爱，生了孩子，却最终受不了"那相比之下的穷苦日子"。她已经不是当初那个青春少女了，她有着自己的处世智慧，也有着一种潜在的"报复"心理。作为一个"上等人家"（王映霞语），她的爱情在世俗的生活中已经化为一种对上层阶级的喜爱。但这又有什么可以指责的呢？哪一个女人没有权利去追求自己的理想？不去做一个"女王"而去做一个"家庭的奴隶"？这一点，郁达夫当初的承诺又算得了什么？不

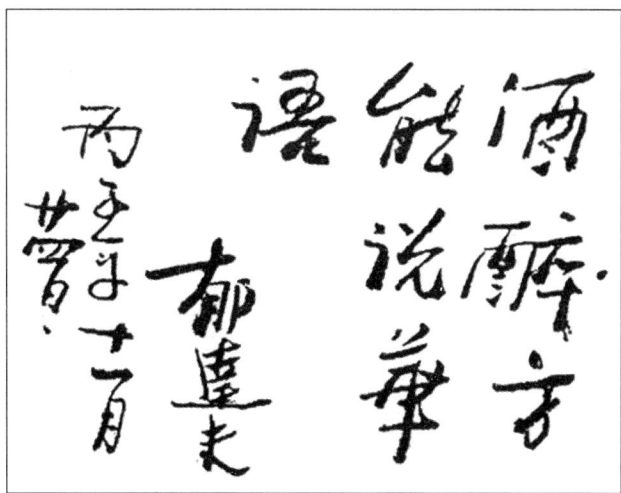

郁达夫手迹

过是一时的荷尔蒙分泌罢了。他是爱的，却爱得专制，把王映霞当成自己的私有，于是当他发现王映霞又与浙江教育厅长许绍棣互通情书时，一时怒不可遏，忍无可忍，在《大公报》上刊登寻人启事，讽刺妻子与人私奔。四日后，两人又在周象贤等人的见证下，签订了《和解协议书》，又命郁达夫在次日刊登《道歉启事》，而王映霞也写出了"映霞因一时家庭生活痛苦，精神上无所寄托，致与许绍棣君有精神上的热恋情事，现经友人调解及自己之反省，觉此等情事……"类似的话语，此事才暂告和解。

但事件的发展却将他们推到另一个极端：因武汉失守，郁达夫携妻子撤往湖南，随后又赴福州，辞去了在陈仪处的官职，一家奔赴新加坡，在《星洲日报》谋了个小职位。1940年初，郁达夫曾写有《珍珠巴刹小食摊上口占》一诗："月缺花残太不情，富春江上晚凉生。如非燕垒来蛇鼠，忍作投荒万里行。"诗中明显在说这次"投荒万里"是"燕垒"来了"蛇鼠"，意指家庭遭人破坏。到新加坡两个月后，郁达夫也同时写出了"新营生圹在星洲"的诗句，意思是此次不打算回去了。而随父前去的郁飞也回忆说："父亲于此时应聘去国的原因，我想不外是国内政治气氛的逐渐逆转和家庭变故的创伤难以平复。"随即，王映霞感到

郁达夫把她骗到了新加坡，是他精心设计的圈套，如此一来，吵架成了不能避免的事。

也正是此时，郁达夫做出一个决定，将他的《毁家诗纪》发表了。其内详细注解了十九首诗与一首词，将王映霞与许绍棣的感情发展及自己与之破裂的情感公之于众，并"自我暴露"常人难以启齿的家事：如在浙江金华时，王映霞以例假为由拒绝与郁达夫同房，却与许绍棣夜奔碧湖同居等，并说："许君究竟是我的朋友，他奸淫了我的妻子，自然比日寇来奸淫要强得多……"发表之后，并请《大风》总编将之寄给蒋介石、于右任等国民党要员，想借他们的手向底下的官员施压，以此来警告当局，不要对自己的家庭再动心思。客观来看，郁达夫的此举并非是意气用事，而是经过深思熟虑的：当此事满城皆知的时候，有两个效果，一是明说许绍棣①，实际是敲打戴笠，让其不要动他的"燕垒"；二则可以警告王映霞，使其断了念想。然而他却料想不到后院起火，这个表面"毁家"、意在"保家"的举动，让"永远不肯吃亏的映霞"不堪忍受。试想，一个与自己同床共枕的丈夫，却在外散布自己的丑事，这不是耻辱又是什么？王映霞事后的反应证明郁达夫一开始的判断就是错的，因郁达夫的霸道行为，的确是伤害了她，"家丑不外扬"，即便郁达夫有着那样一个理由——可以就此逼迫她断绝与戴笠的来往，但实际上，她也会无法抵制优越生活的诱惑，陪郁达夫在国外艰苦度日。

在新加坡，王映霞三次提出离婚，一连写了几封信寄给《大风旬刊》，称郁达夫是"欺膝世人的无赖文人""包了人皮欺骗女人的走兽""疯狂兼变态的小人"。终于，郁达夫没能挽救两人的婚姻。1940 年 8 月，王映霞远走廖内小岛，上演了第二次逃家的绯闻，两人分道扬镳。不久，王映霞在《星岛日报》《中央 13 报》等报刊出"王映霞离婚启事"，而郁达夫也在《星岛日报》刊登"郁达夫启事"。两人正式宣告破散，当年的"神仙侣"最终以"协议离婚"而成仇人。

---

① 许绍棣自始至终未有一言反驳，已与孙多慈恋爱。

王映霞走后，郁达夫万般无奈，却又不知如果从头再来，是否还会再一次这么做？是否还有更好的办法了？"天要下雨，娘要嫁人"，如果心走了，人也相去不远了：

> 大堤杨柳记依依，此去离多会自稀；
>
> 秋雨茂陵人独宿，凯风棘野雉双飞。
>
> 纵无七子为哀社，尚有三春各恋晖；
>
> 愁听灯前儿辈语，阿娘真个几时归。

此诗最终没能打动王映霞，若想她再次回到他的身边，他那专权的爱情之中，无异于痴心妄想了。这也是他的天真之处。许久，郁达夫全身心投入到了抗日活动中，发表了上百篇抗日文章，并在新加坡与一个名叫李筱英的女子同居，但在儿子郁飞的反对下，终未能成为眷属，不久李筱英离去。太平洋战争爆发后，郁达夫又辗转逃难至印尼，继续宣传抗日，隐姓埋名，娶了当地少女何丽有为妻。至今郁达夫之死，仍然是个谜。日本宣布无条件投降后，他被人骗出杀害。有好事者猜测，多半是戴笠的军统趁乱世所为。1992 年，64 岁的郁飞曾对记者说："我的父亲是一位有明显优点，也有明显缺点的人，他很爱国家，对朋友也很热心，但做人处世过于冲动，以至家庭与生活都搞得很不愉快。他不是什么圣人，只是一名文人，不要刻意美化他，也不要把他丑化。"

人生应似飞鸿踏雪泥

王映霞与郁达夫分手后，到重庆乡下的白沙江滨疗养。在戴笠的介绍下，进入外交部担任文书科的科员。不久便认当时的商会会长王晓籁为干爹，如此左右逢源，在重庆立足。

王映霞与郁达夫

1942 年 4 月，由国民政府外交元老王正廷做媒，王映霞在重庆百龄餐厅与时任重庆华中航运局经理的钟贤道结为连理。作家施蛰存为王映霞赋诗："朱唇憔悴玉容曜，说到平生泪迹濡。早岁延明真快婿，于今方朔是狂夫。谤书欲玷荆和璧，归妹难为和浦珠。蹀蹀御沟歌决绝，山中无意采蘼芜。"据称她的婚礼极为排场，宴宾三日，王莹、胡蝶、金山这些当时的明星也前去赴宴。在章克标的《文苑草木》中记录说："他们的婚礼是十分体面富丽的。据说重庆的中央电影制片厂还为他们拍摄了新闻纪录片。他们在上海、杭州各报上登载了大幅的结婚广告，而且介绍人还是著名外交界名人王正廷，可见这个结婚的规格之高，怎样阔绰。"在经历了与郁达夫的婚姻挫败之后，王映霞对这次隆重的婚礼十分满意。1983 年她在《阔别星洲四十年》一文中回忆："我始终觉得，结婚仪式的隆重与否，关系到婚后的精神面貌至巨。"

1946 年，戴笠飞机失事，王映霞顿时失去了靠山，便辞去外交部的文书工作，随丈夫暂住芜湖，两年后到上海定居。

1949 年新中国成立前夕，当时的达官显贵纷纷逃往台湾，而钟贤道却与王映霞留在了大陆，此后钟贤道在上海航联保险公司任职，生活安定。

1952 年，王映霞突然被拘留，起因是她在重庆外交部工作过。关押期间，钟贤道关心备至，探视、送物，竭尽所能；回家后，钟贤道让她静养，并带她外出旅游散心，"真像是一次蜜月旅行"，王映霞对此甚为感激，曾多次对朋友说，

"他是个厚道人，正派人。我们共同生活了 38 年，他给了我许多温暖安慰和幸福。对家庭来说，他实在是一位好丈夫、好父亲、好祖父、好外公。"

1956 年，王映霞写信给周恩来，表达了要参加工作的愿望。次年，王映霞当上了当地的小学教师。"文革"期间，王映霞惨遭批斗，在学校一边接受审查，一边扫地、刷油漆、洗被褥，红卫兵还前去抄了几次家，损失惨重。

1980 年，钟贤道在上海病逝，享年 72 岁。

1986 年，王映霞被聘为上海文史馆馆员。她整理了郁达夫给她的书信，结集成册，出版了《达夫书简——致王映霞》，又写了《半生自述》《王映霞自传》两书，编就了她与郁达夫的散文合集《岁月留痕》。

1988 年，两岸通邮，王映霞与在台的胡健中取得了联系；1990 年 12 月，王映霞在女儿钟嘉莉陪伴下抵达台北，引起台湾媒体轰动，当时有新闻标题称："绝代红颜昨抵宝岛，低眉浅笑不掩当年风华。"

2000 年 2 月 6 日，王映霞在西子湖畔逝去，享年 92 岁，与钟贤道合葬于杭州南山公墓。

多年过去了，人们仍在谈论着两人的情事。八十多岁高龄的王映霞仍然未能原谅郁达夫，在她的笔下仍称之是"疯子"。德国的汉学家马汉茂出版了一本关于王映霞婚变的书，将一些不为外人道的细节公开，并将王映霞写给情人的书信公之于众，令得一直关注此事的人大跌眼镜，从而迫使王映霞写了一篇长文《郁达夫与我的婚变经过》的长文发表，面对信件她矢口否认，只在其中说："想要的是一个安安定定的家，而郁达夫是只能跟他做朋友不能做夫妻……对于婚姻，对于女子的嫁人，那中间的辛酸，我尝够了，我看得比大炮炮弹还来得害怕。我可以用全生命全人格来担保，我的一生，是决不发生那第二次痛苦了。"所以她的再婚，"既不要名士，又不要达官，只希望一个老老实实，没有家室，身体健康，能以正式原配夫人之礼待她的男子。"这对才子佳人，从惊鸿一瞥到劳燕分飞，上演了一出"我且留此一粒苦种，聊作他年的回忆"（郁达夫语）的戏剧。然而，王映霞是否真正品尝到了其中的苦味呢？郁达夫保家卫国遭厄运，而王映霞觅到了满意的归宿，或许，她是幸福着的。

佳人如梦

玉儿看病胭脂淡，瘦损东风一夜花；钟定月沉人不语，两行清泪落琵琶。

——郁达夫

然而，我总有一个定见：王映霞无论怎样美，嫁给一个郁达夫，总算是三生修到。我对这位朋友是深致敬慕的，他是一个人才、一个天才和一个仙才……单凭《达夫九种》，王映霞亦足千古。

——易君左

张兆和：爱你是你的不幸

浮光掠影

　　张兆和（1910—2003），安徽合肥人，中国现代女作家，沈从文的妻子。张兆和出身合肥名门望族，曾祖父张树声曾任江苏巡抚，两广总督；父亲张吉友是有名的富商，热衷于教育事业，生有四女五男，长女张元和是昆曲度曲家，次女张允和是语言文字学家周友光之妻，张兆和排行第三，小女张充和嫁于德裔美籍汉学家傅汉思。四女被时人称之为"张家四姐妹"，名气仅次于"宋家三姐妹"。张兆和18岁时，便在中国公学获得女子全能第一名，1932年毕业于中国公学大学部外语系，毕业后任中学教师。1941年开始发表作品，有短篇小说集《湖畔》《从文家书》等。1949年，张兆和就读于华北大学二部，后任北京师范大学附中、师大二附中教师及《人民文学》编辑。

人物心语

　　从文同我相处，这一生，究竟是幸福还是不幸？得不到回答。我不理解他，不完全理解他。后来逐渐有了些理解，但是，真正懂得他的为人，懂得他一生承受的重压，是在整理编选他遗稿。过去不知道的，如今知道了；过去不明白的，如今明白了。他不是完人，却是个稀有的善良的人。

一个正当最好年龄的人

"梦里来赶我吧，我的船是黄的。尽管从梦里赶来，沿了我所画的小镇一直向西走。我想和你一同坐在船里，从船口望那一点紫色的小山。我想让一个木筏使你惊讶，因为那木筏上面还种菜！我想要你来使我的手暖和一些。我相信你从这纸上可以听到一种摇橹人歌声的，因为这张纸差不多浸透了好听的歌声！"

翻开沈从文给张兆和的信，心底忽然涌出一种淡淡的美来。这种美仿佛正是他所画的那座一点紫色的小山，有一种惊讶的心情在其中，也有一种浸透了爱情的心境在其外……每一个字都像一首诗，那梦中的，不能隔空送达的消息，就悄悄地隐去了。

张兆和晚年时，记者给她翻起沈从文的一张肖像时问她："认识吗？"

"好像见过，"却又加肯定，"我肯定认识。"

她似乎已对这个人陌生了。岁月在她的脸上刻下皱纹之后，又将她的记忆割裂，谁能够怪她呢？这样一个让沈从文一生甘做"奴隶"的人，一个让他呼唤了一辈子的人，却已把他忘记。

这大概应算是一种忘却的美丽和悲哀吧。

我行过很多地方的桥，

看过许多次数的云，

喝过许多种类的酒，

却只爱过一个正当最好年龄的人。

——沈从文（1928 年，上海，中国公学）

在中国公学大学部的现代文学课上，一名紧张的教师站在学生面前，说不出一句话。无法，他转过身，在黑板上写下一行字："第一次上课，见你们人多，怕了。"

这名教师便是沈从文。

他此时并不知道，台下所坐的一名女学生，便是他日后梦牵魂绕的妻子。

而那名女学生，便是张兆和。

张兆和出身名门，曾祖父张树声是晚清名臣，曾任两广总督。父亲张吉友是江南有名的富商，曾毁家创办苏州乐益女校，因提倡新式教育而名噪一时。张家有四个女儿：元和、允和、兆和、充和，合称为"张家四姐妹"。秦瘦鹃曾说"张氏四兰，名闻兰苑"；叶圣陶也说"九如巷张家的四个才女，谁娶了她们都会幸福一辈子"。而在这四姐妹当中，只有三女儿张兆和的人生最知名、最浪漫，也最悲凉，这一切，却得源于沈从文。

1927 年，张兆和到位于上海的中国公学读书，在此便遇上了"乡下人"沈从文。这个有着细腻情感的才子，湘西口音极重，在第一次谈话中便闹出了笑话："你就是那个'笑话'。"张兆和不懂，几经解释才明白，原

张家四姐妹，前排左起张允和、张元和；后排左起张充和、张兆和

来是"校花"之意。"校花"的名字虽然俗气，但沈从文的审美的确无误，18 岁的张兆和"秀发齐耳，下巴稍尖，轮廓分明，清丽脱俗……"皮肤稍黑，被校友称作是"黑牡丹"。这个黑牡丹立即引起了沈从文的注意，转而引发了他的单相思。不久，沈从文便开始用他的文字作为武器，向张兆和发起"进攻"。

他顽固地爱着你；我顽固地不爱他

"不知道为什么，我忽然爱上了你！"沈从文在第一封信中这样写道，并署名 S 先生，随后便一发不可收拾。这个充满热情的才子，他的爱情之刃一次又一次从空中落下，试图留下一些什么，试图让这个少女有所回应，然而最终却都落了空：张兆和将给她写情书的人依次编号，"S 先生"只被编为"青蛙 13 号"，她将所有的求爱信搁置一边，心无旁骛地一心向学。

但沈从文并未因此放弃努力，自 1929 年 12 月开始，半年时间内，他便写了上百封情书。他将自己的内心完完全全地剖开，放在张兆和的面前："我曾做过可笑的努力，极力去和别的人要好，等到别人崇拜我，愿意做我的奴隶时我才明白，我不是一个首领，用不着别的女人用奴隶的心来服侍我，但我却愿意做奴隶，献上自己的心，给我爱的人。我说我很顽固地爱你，这种话到现在还不能用别的话来代替，就因为这是我的奴性。"他似乎只有此刻才能将自己的多情宣泄，并将自己摆放到了一个卑微的位置，并说"你不会像帝皇，一个月亮可不是这样的，一个月亮不拘听到任何人赞美，不拘这赞美如何不得体，如何不恰当，它不拒绝这些从心中涌出的呐喊，你是我的月亮，你能听一个并不十分聪明的人，用各样声音，各样言语，向你说出各样的感想，而这感想却因为你的存在，如一个光明，照耀到我的生活里而起的。"

面对爱情，沈从文仿佛忽然明白了自己的位置："爱情使男人变成了傻子的同时，也变成了奴隶，不过，有幸碰到让你甘心做奴隶的女人，你也就不枉来这人世间走一遭。做奴隶算什么，就算是做牛做马，被五马分尸，大卸八块，你也是应该豁出去的！"他的确是豁了出去的，面对一个令他心旌动荡的女子，还有什么样的语言不能使用呢，当他爱着一个人时，体内的血液流动也变得快速起来，全身忽冷忽热；当有人提起梦中情人的名字时，只能以害怕或紧张来应对。年轻的沈从文，他把他的每一次热情都毫无保留地寄给张兆和，却从未收到回复。不久，他大病一场，他以为自己是因爱而变得糊涂，但却无法变得更聪明一些，只因那份爱是诚实可贵的，不能抑制的。

他深陷在这种自卑之中，只能在情书中说："莫生我的气，许我在梦里用嘴吻你的脚，我的自卑处，是觉得如一个奴隶蹲到地下用嘴接近你的脚也近于十分亵渎了你的！"这样的焦灼，怎能引起那颗冰冷的心的一丝热气呢？

"一面看水一面想你"

"我就这样一面看水一面想你。"沈从文这样写道，他无法获得那份爱，只有不能排遣的伤感与思念。他找到张兆和的舍友王华莲，希望她能够帮自己说项，然而得到的回答却令他坠入冰窖：张兆和收到的信太多，从不回信，而且对求爱心生厌恶。"S 先生"一下子变成了一个小孩，他面对王华莲动情地流下眼泪。张兆和在日记中记录："他对我的室友莲说，如果得到使他失败的消息……有两条分支，一是自杀，一是，他说，说得含含糊糊，我不是说恐吓话，我总是得……总是出一口气的。出什么气呢？要闹得我和他同归于尽吗？那简直是小孩子的气量了。"

1930 年夏，张兆和拿着一沓情书找到胡适，请他出面理论。谁想到胡适却变成了"月老"，对其赞扬沈从文的文才，并说："他非常顽固地爱你。"张兆和马上回他："我很顽固地不爱他。"胡适又说："我也是安徽人，我跟你爸爸说，做个媒。"张兆和只能回："不要去讲，这个老师好像不应该这样。"讨问无果，张兆和只好归去，继续任由沈从文的情书狂轰滥炸。

情书带着勇气和热情而来，却封封如石沉大海。那篇篇的美文，读来令人羡煞！这个少女或曾怀疑，沈从文的爱，是不是他心中的精神之爱，而只是一个艺术上的幻影而已？他的爱，是不是只是将自己当作一个"素材"，当作一首诗中的某个角色？而并非仅仅是爱情而已。他对她所谓的"顶礼膜拜"，是否只是虚构出的"女神"形象？

少女的情怀，往往不会被这种热情打动。或许每个少女都曾有心中的爱慕王子，却并非每个少女都喜欢匍匐于脚下的奴性男子。沈从文的"傻"，也正是"傻"到了自己成不了英雄，而只能为爱人付出一切。是的，诗人的心，是难有人明白的，特别是那不到二十岁的少女，情窦初开，渴望的是"英雄"式的征服，而不是这种低到尘埃里的哀求。

但沈从文毕竟还保留着那童真的天性，他的爱清澈见底，他的单纯毫无保留。沈从文去世的时候，张兆和的四妹张充和为他写下挽联："星斗其文，赤子其人。"几个字道破了他的一生。是的，张充和是了解他的，但张兆和却并不能理解他，她享受着这个男子的所有给予，她以为，他终究会放弃吧，激情总是短暂的，她想要的是长久的爱情。

吃了"败仗"的胡适只能"为沈叹了一气，说是社会上有了这样的天才，人人应该帮助他，使他有发展的机会……"只好给沈从文写信："这个女子不能了解你，更不能了解你的爱，你错用情了……爱情不过是人生的一件事，那些说爱情是人生唯一的事，乃是妄人之言。我们要经得起成功，更要经得起失败。你千万要挣扎，不要让一个小女子夸口说，她曾碎了沈从文的心……此人太年轻，生活经验太少……故能拒人自喜。"

胡适将这封信抄写给张兆和，并希望以此能够让她明白，沈从文是值得她的爱的。而张兆和却在日记中写道："胡先生只知道爱是可贵的，以为只要是诚意的就应当接受，他把事情看得太简单了，被爱者如果也爱他，是甘愿的接受，那当然没话说。他没有知道，如果被爱者不爱这献上爱的人，而只因他爱的诚挚就勉强接受了他，这人为地，非有两心互应的永恒结合，不但不是幸福的设计，终会酿成更大的麻烦与苦恼。"

三言两语，就把两者的感情定位了。张兆和除了不做回应，还能做些什么呢？

海边幸福的翅膀

1930 年，沈从文赴青岛大学任教，他的情书从上海写到了青岛。也或许是旅行的缘故，情书中的态度开始转变，并非如之前的"软硬兼施""寻死觅活"，而变得平静起来："我希望我能学做一个男子，爱你却不再来麻烦你。我爱你一天总是要认真生活一天，也极力免除你不安的一天。为着这个世界上有我永远倾心的人在，我一定要努力切实做个人的。"在这平静的语言当中，张兆和的心意转变了，本来坚如磐石的心开始动摇："自己到如此地步，还处处为人着想，我虽不觉得他可爱，但这一片心肠总是可怜可敬的了。""是谁个安排了这样不近情理的事，叫人人看了摇头？"青岛的海风将张兆和的心吹开了一点缝隙，让她对远在他方的沈从文有了一丝感动。1932 年夏，沈从文相思心重，从青岛来到苏州，卖掉了自己一本书的版权，并托巴金买了托尔斯泰、陀思妥耶夫斯基、屠格涅夫等人的英译俄文小说，作为礼物。他到张家之时，碰巧张兆和去了图书馆，二姐张允和接待了他，向他要了落脚旅店的地址。等张兆和回来时，二姐将她一通批："你假

沈从文和张兆和

装用功，明明晓得他今天要来。"张兆和回答不知，只好硬着头皮去旅馆，把沈从文请了回来。未曾想，沈从文深讨张家人的喜欢，张家小五弟弟更喜欢这位"S先生"，甚至拿出自己两元钱的零用钱，买了一瓶汽水给他。沈从文给小五讲故事，说："小五，你现在不懂，我为你写些留着，等你懂事时再看吧。"后来他果真写了一组《月下小景》的优美短篇，每篇之后都写有一行"张家小五"的字样，示意是为小五所作。

张兆和最终还是妥协了。她知道这个妥协意味着什么。沈从文的信，一封一封地铺满了她的心，让她觉得窒息，窒息之下却又觉得温柔。她是爱着那些信，却恐非爱着那个人。

如果有一天，她不再收到这个男人的甜言蜜语，她是否还会习惯过她的日子？无疑，她是不敢去想的。三年多来，她的确是把读信当作了日常的功课来做的，看或不看，本来没有多大的区别，但有或没有，却是天壤之别。

沈从文第二次来苏州，是1933年年初。这次他穿着一件破狐皮袍，与张家的姐弟都熟了，每天晚上都给大家讲故事。张充和回忆说："晚饭后，大家围在炭火盆旁。他不慌不忙，随编随讲。讲怎样猎野猪，讲船只怎样在激流中下滩，谈到鸟，便学各种不同的啼唤，学狼嗥，似乎更拿手。有时站起来转个圈子，手舞足蹈，像戏迷票友在台上不肯下台。"也正是这次，张兆和与他专程去上海拜访了父亲张吉友（张冀牖），张吉友对爱好读书的沈从文很有好感，两人谈得很投机。

沈从文回到青岛后，立即给二姐张允和写信，问她父亲的态度："如爸爸同意，就早点让我知道，让我这个乡下人喝杯甜酒吧。"

不久张允和发回了电报："允"；张兆和也发了一份："乡下人，喝杯甜酒吧。"这也是中国第一封白话文电报，有情人终成眷属。

三三，三三

两人订婚不久，张兆和来到青岛，经介绍在青岛大学图书馆工作。1933 年，沈从文辞职，并于 9 月在北京中山公园宣布结婚，结婚典礼非常简单，甚至可以说是简陋。虽然沈从文的生活朴素艰苦，但张兆和却没有怨言。在婚后甜蜜的时光中，沈从文文思泉涌，他一举成名的小说《边城》正是写于这段时间，小说中那"黑而俏丽"的翠翠，便是以张兆和为原型——上学时的"黑牡丹"让沈从文念念不忘。

没过多久，因为母亲生病，沈从文回到湘西，路上给张兆和写了很多情书，张兆和也愉快地回信，二人以"三三""二哥"相称。沈从文的信中有这样一句话："我不仅爱你的灵魂，我也要你的肉体。"不由得让我们心惊肉跳。这样浓烈的爱，到底是怎样一个女人才会敢于承受？她担心着路上的沈从文："长沙的风是不是也会这么不怜悯地吼，把我二哥的身子吹成一块冰？为了这风，我很发愁，就因为我自己这时坐在温暖的屋子里，有了风，还把心吹得冰冷。我不知道二哥是怎么支持的。"而沈从文则回："三三，乖一点，放心，我一切好！我一个人在船上，看什么总想到你。""三三，我今天离开你一个礼拜了。日子在旅行人看来真不快，因为这一礼拜来，我不为车子所苦，不为寒冷所苦，不为饮食马虎所苦，可是想你可太苦了。""三三，我现在方知道分离可不是年青人的好玩艺儿。你只瞧，如今还只是四分之一的别离，已经当不住了，还有廿天，这廿天怎么办？！我以为我是个受得了寂寞的人，现在方明白我们自从在一处后，我就变成一个不能够同你离开的人了……三三，想起你我就忍受不了目前的一切了。"这些情信后来被结集出版，便是著名的《湘西散记》。在沈从文的作品中，许多主人公，无一例外的都是皮肤黝黑，相貌清秀。更特别的是他以张兆和为原型，创作了小说《三三》，令人感动。这段时间，恐怕是两人最美好的时光了：婚后激情还在，生活的困苦尚未能打击到他们。李敖说他受不了胡茵梦在厕所里痛苦便秘，那个时候，她只是一个凡人。可张兆和在沈从文的眼中，却一直如同仙女一般，因他一直是充满着幻想的。张兆和自己呢？恐怕并非如此，她出生在一个大家族中，沈从文的爱将她紧紧包裹，外人看来浪漫至极，在她看来，却有种难言的失落，更何况清苦的生活无时无刻不困扰着她。男人在为爱情营造浪漫时，女人却深陷在柴米油盐的琐碎烦恼中。如果浪漫能够支撑着人生一世，那也就罢了，可在张兆和看来，浪漫怡情可以，却当不得认真，现实永远是残酷的。

沈从文的"风骨"了得，不要张家的嫁妆，但张三小姐却要受苦了，说沈从文"不是绅士冒充绅士"。两人的生活逐渐拮据起来，毕竟，买米下锅的事总是不能少的。她说："不许你逼我穿高跟鞋烫头发了，不许你因怕我把一双手弄粗糙为理由而不叫我洗衣服做事了，吃的东西无所谓好坏，穿的用的无所谓讲究不讲究，能够活下去已是造化。"面对此景，沈从文只能无言以对，他或许该明白，女神从神坛走下，每一步都是带着血泪的，每一步都是经历着时光的摧残的。当你将她恭恭敬敬地呈在天空，顶礼膜拜，她的内心可不曾是战战兢兢？如今她走了下来，要与你耳鬓厮磨，只能把情书中的蜜语统统抛掉，把手伸进那淘米的锅、洗衣的盆子中。

是的，张兆和无法感受他的那些情怀，她读他的信，不敢相信那些甜言蜜语是为自己而写，却又为那份浪漫感动。沈从文没有供奉自己女神的物质，只能默默不言，报以更多的愧疚。感情的两端从来不会平等，张兆和并不喜欢沈从文的文章，也不喜欢他的故事，她看到的是这个男人的卑微，却未看到他的倔强，看到他的高贵和对世俗社会的俯视。而沈从文在当时，也的确是有褒有贬的，刘文典公开瞧不起沈从文，在一次评职称会上，他说："陈寅恪才是真正的教授，他该拿四百块钱，我该拿四十块钱，朱自清该拿四块钱。可我不给沈从文四毛钱！"这当然与当时的学术氛围有关，但却可以看得出，当时写白话文小说的人，与传统的文化是多么的不协调。张兆和也是如此，即便在沈从文名声大振之时，也忍不住去修改沈从文的语法，在她的心底，这个男人恐怕并没有想象中的"神圣"，而只是祭坛下的"青蛙13号"吧。

梦的错处

1937年，抗日战争爆发，沈从文与几位知识分子化装南逃，张兆和与两个孩子留在北京，理由是：孩子需要照顾，离开北京多有不便，沈书信太多、稿件太多、需要整理、保护，一家人都跟着沈从文，会拖累他。而她怎会不知，战争年代的分别，往往便是永别？此后沈从文多次催促她南下，都遭到了拒绝，他的信如飘雪一样纷纷沓至，张兆和却只回了几封信。这其中的缘由，我们已经无法得知。在回信中，张兆和嘱咐他最多的，竟是"不要成为别人的负担""不要像个孩子"，似乎一直回避着他，不想见他。沈从文抱怨说："你爱我，与其说爱我为人，还不如说爱我写信。"直到他怀疑张兆和有了婚外恋，她才无奈带着两个儿子去了昆明，却不与他住在一起，而是住到了呈贡，两人相距十几里地。每个周末，沈从文便"小火车拖着晃一个钟头，再跨上一匹秀气的云南小马颠十里，才到呈贡县南门"。这样的日子是何等凄苦，沈从文不知该说些什么，他一直想不明白，张兆和在躲避着他什么？

沈从文在这种情况下有了精神出轨，出现在他视线中的，是诗人高青子。沈从文结识高青子的时候，大约在婚前，但不会再早或再晚。高青子是熊希龄的家庭教师，在熊希龄的家中，两人初次邂逅，等到第二次见面时，高青子身着"绿地小黄花绸子夹衫，衣角袖口缘了一点紫"，这一点被沈从文注意到，她在刻意模仿自己小说《第四》中女主人公的装束，两人四目交会，自然全都明白了。但沈从文此时已经与张兆和有了婚约，心中一直排遣不去这种苦闷之情，以至于他在给张兆和的信中，也把这些苦闷向张倾诉，令她也陷入了苦恼之中。晚年张兆和接受采访时，对此事仍旧耿耿于怀，她承认高青子的美，也承认她的才情，但她说沈从文对待这份感情，并不能果断刚决，情感上受到吸引，理智却让他留在自己身边。情感的出轨导致沈从文的文风出现转变，《水云》《八骏图》《自杀》《主妇》等小说，沈从文都被这场短暂却难以忘怀的情感所折磨："既不能超凡入圣，成一以自己为中心的人，就得克制自己，尊重一个事实。既无意高飞，就必须剪除翅翼。"

面对这种状况，张兆和却包容了一切。她对沈从文有了另外一种角度的理解，不论她让沈从文的命运走向何方，但那份等待却令人敬佩，她安心地等着这个游离在外的诗人的归来，从容不迫。之后曾有一位名家这样说："没有张兆和，可以说就没有《湘行散记》，没有《边城》，包括《从文家书》等。"这大概是最贴切不过了。一个人在年轻时为爱情付出，又为此而创作，等到年老时，两人白头相对，相继离世，还有什么样的一生比这样更普通？抑或是不普通？

1942年，沈从文写道："因为明白这事得有个终结，就装作为了友谊的完美……带有一点悲伤，一种出于勉强的充满痛苦的笑……就到别一地方去了。走时的神气，和事前心情的烦乱，竟与她在某一时写的一个故事完全相同。"这便是高青子在《紫》中给璇若(沈从文笔名)的结局：就像一颗流星匆匆划过天空……最终选择退出，而嫁给一个工程师，从此再未动笔。1946年，沈从文对自己十几年的感情生活做了一个总结，写出一篇小说，小说中忏悔道："和自己的弱点作战，我战争了十年。"大概，这就是一个文人最终的所得吧，他"发现了节制的美丽"，由此才明白爱情总是有着一种明智和美丽的。而成全这些的，却是一个包容着他的张兆和。

终于明白，斯人已逝

1948年，张兆和与沈从文的感情出现了危机。这来自于政治的分歧，当时的报纸杂志通篇指责沈从文是"奴才主义者""桃红色文艺"，由于得罪了左翼文化分子，他的小说遭到了郭沫若等人的恶言批判，直接被批成文化反动分子，沈从文陷入困境，从此之后命运急转而下。

恐怕在沈从文心中，他并未在意这些指责，甚可能会超然地看待一切，但对张兆和的反应，他却

晚年的沈从文和张兆和

感到迷茫：她积极地参与新中国的改造，与儿子搬到另外的地方居住，"分居"令这个从内心深处还是单纯的诗人迷惑不解。他彻底无助了，找到曾经亲密交往过的丁玲倾诉，然而，春风得意的"丁玲大姐"却如同"一位相识的首长客气接见"，房间内是热的，沈从文的心却陷入冰窖。在"整个社会都在欢天喜地迎接一个翻天覆地的变化时"，沈从文得了忧郁症，他写信给张兆和："我说的全无人明白，没有一个朋友肯明白我并不疯……你不用来信，我可有可无，凡事都这样，因为明白生命不过如此，一切和我都已游离。这里大家招呼我，如活祭……"而张兆和却远离着他，甚至不曾去看望他，他们只是持续在一种书信往来当中，每晚沈从文到张兆和那里吃饭，带回第二天的早饭、午饭……终于有一天，他独自在家中割开了手腕，喝下了煤油。

而死神却并未带走他，命运要令他在这个世界上承受更多的磨难。沈从文被抢救过来后，张兆和顾不上他，为了适应新时代生活，转而去华北大学深造去了。不久，沈从文放弃了写作："不能再为自己写作、用他觉得有意义的方式写作"，张兆和也认为他惧怕了批评家的批评了，写不出"像样"的文艺作品来，"在创作上已信心不大"。

她不懂他。面对着那一封封"卑微"的情书，怎样才能理解身旁的这个文学

巨匠呢？大概正是应了那句"苦难造就天才"，也是应了那句"笑话"，沈从文无奈辍笔，开始听国外古典音乐，研究古代丝绸文物，写下的，都是民间艺术的研究论文。而张兆和则穿上了"新时代"的清一色衣服，做了《人民文学》的编辑，致力于宣传时代文艺。

"文革"时期，张兆和被下放到湖北咸宁，沈从文被关到牛棚中挨批斗。张允和去看望沈从文，发现他的生活一片狼藉，临走时，沈从文突然说："二姐，你看！"于是从怀中口袋摸出一封皱巴巴的信，又哭又笑地对张允和说："这是三姐（张兆和）给我的第一封信！"他带着温柔而羞涩的目光看着，张允和说："我能看看吗？"沈从文放下手，在胸前犹豫了一下，最终没有给她，又道："三姐的第一封信——第一封……"接着嘤嘤地哭了起来，这个70岁的老人像一个小孩子，无助地伤心着又快乐着。

"'一个女子在诗人的诗中，永远不会老去，但诗人他自己却老去了。'我想到这些，我十分忧郁了。生命都是太薄脆的一种东西，并不比一株花更经得住年月风雨，用对自然倾心的眼，反观人生，使我不能不觉得热情的可珍，而看重人与人凑巧的藤葛。"沈从文的情话是那样多，或许他并未想到这一句，只是在他痴情的一生当中，总有着对张兆和的永远眷恋。在他的心中，那是一个不能抹去的神圣之墙：女神从墙上走下，他内心却从未把她低看。尽管她似乎已经将他抛弃了，躲得远远的，但他还以那种最纯真的信念坚持着，直到死去的那一天。1988年，当诺贝尔评委会决定要将诺贝尔奖颁布给沈从文时，他已经死了。

沈从文去世后，张兆和举全家之力整理丈夫的遗稿，编选书信和全集。1993年，她在《从文家书》的后记当中写道："六十多年过去了，面对书桌上这几组文字，校阅后，我不知道是在梦中还是在翻阅别人的故事……有微笑，有痛楚；有恬适，有愤慨；有欢乐，也有撕心裂肺的难言之苦。从文同我相处，这一生，究竟是幸福还是不幸？得不到回答。我不理解他，不完全理解他。后来逐渐有了些理解，但是，真正理解他的为人，懂得他一生承受的重压，是在整理编选他遗稿的现在。过去不知道的，现在知道了；过去不明白的，现在明白了……太晚了！为什么在他有生之年，不能发掘他，理解他，从各方面去帮助他，反而有那么多的矛盾得不到解决！悔之晚矣。"

最终还是明白了，最终还是后悔了。

这迟来的后悔，却也再难以挽回什么了。尤其是在1948年后，她"满怀热情冲向新中国"，将丈夫远远抛在了后面，她对沈从文"不积极向上"的指责，让一个充满自由的作家无法得到温暖与关怀，如果说这是妻子的失职，大概也算是成立。然而，这又何尝与沈从文自身无关呢？两人的情缘，终究是一辈子的依靠，他早年的选择种下了晚年的果实，世事变迁难料，要怪，还是怪时不我与吧！

时光淹没了一切故事，恋爱中的沈从文曾写道："如果我爱你是你的不幸，你这不幸是同我的生命一样长久的。"如今再回首，才隐隐地发现，这个悲剧的色彩笼罩着他们的一生：一语成谶，六十多年的风雨，将他们的往事变成了一个永久的符号：……

2003年，与沈从文阴阳两隔15年的日子终于结束了。在那里，或许她的从文正等着她，等着一个终于明白了他的人……

佳人如梦

我行过许多地方的桥，看过许多次数的云，喝过许多种类的酒，却只爱过一个正当最好年龄的人。

——沈从文

望到北平高空明蓝的天，使人只想下跪，你给我的影响恰如这天空，距离得那么远，我日里望着，晚上做梦，总梦到生着翅膀，向上飞举。向上飞去，便看到许多星子，都成为你的眼睛了。

——沈从文

现代文学史上，张兆和是一位被深深遮蔽掉的作家……她温润而贵重的性灵，以及光华内敛的文字，被阻挡在现代文学那一群巨无霸身影的背面，特别是沈从文高大身影的背面……

——樊国宾

卷五

人生如戏戏如人生

孟小冬：绕梁遗韵落芳尘

孟小冬（1907—1977），祖籍山东，生于上海，又名孟若兰，字令辉，乳名小冬，后艺名即用小冬。孟小冬出身梨园世家，祖父孟七、父亲、伯、叔均是京剧名角，5岁即随父学艺，7岁登台，拜孙菊仙为师；12岁时，在无锡挂牌演出；之后几年在上海、南洋、汉口、天津等地演出；18岁时，在北京前门外的三庆园首演全本《探母回令》，一炮走红，名震京城；同年，与梅兰芳合演《四郎探母》《游龙戏凤》，乾坤颠倒，轰动全城。20岁时，与梅兰芳结为连理，24岁时分手，因受打击曾一度遁入空门。30岁时，孟小冬委身杜月笙，次年拜余叔岩为师，是余门唯一的女弟子，尽得余师真传，其中以《搜孤救孤》最为优秀。43岁时，参加杜月笙赈灾义演，连演两场《搜孤救孤》，盛况空前，演毕即宣布告别菊坛。1950年，孟小冬在香港与杜月笙补行婚礼，次年杜月笙病逝，后定居香港，60岁时迁居台北，自署凝晖阁主，于1977年病逝。孟小冬老生扮相威武，嗓音苍劲醇厚，高低宽窄咸宜，中气充沛，满宫满调，且无雌音，被公认为"余派"主要传人，有"老生皇帝"（冬皇）之誉。代表剧目有《捉放曹》《搜孤救孤》《洪羊洞》《盗宗卷》《击鼓骂曹》《乌盆记》《空城计》《珠帘寨》《御碑亭》《碰碑》《鱼肠剑》等。

人物心语

是我负人？抑人负我？世间自有公论，不待冬之赘言。

孟小冬

"冬皇"万岁

1907年冬，孟小冬出生在上海民国路同庆街观盛里，因生于冬天，则取艺名筱冬，后改小冬。孟家本是梨园世家，祖籍山东，祖父孟七徽班出身，是著名的武净，是当时的第一流角色。因避乱到了上海，便从此落户。孟七生子六人，都是京剧演员，其中二子孟鸿寿工武生（艺名小孟七）；六子孟鸿茂先工文武花脸，后改丑角，闻名沪上；父亲孟鸿群排行第四，工武老生兼武净，长于做派，是第二流角色。

孟小冬5岁便随父亲开始在家练功，学习老生唱段；7岁时随父亲到无锡演出；8岁时，由于父亲孟鸿群在天津搭班受伤，结果戏班解散，第二年，孟小冬被父亲送往孙派的舅父仇月祥处学老生戏。由于天资聪颖，进步迅速，1919年时，12岁的孟小冬便在无锡县的"新世界"剧园登台，其"神采流映"，举止大方，悠然出尘，据称，孟小冬到薛观澜家中唱堂会时，在《黄鹤楼》中扮唱刘备，其中一句"休提起当年赴会在河梁"令得全场掌声四起，晚年薛观澜列举孟小冬的"八次代表作"时，便将那次《黄鹤楼》排到第一。14岁时，孟小冬在上海共舞台与

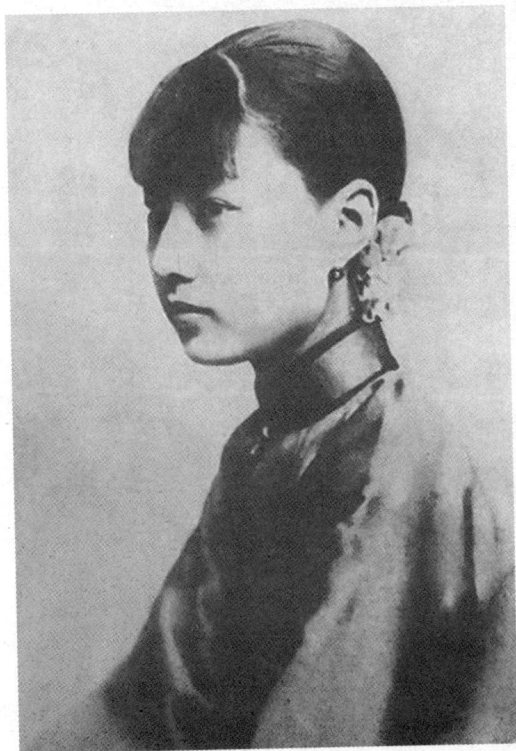

少女时期的孟小冬

乾坤大剧场演出，与老旦张少泉与武旦粉菊花同台，逐渐开始走红。剧评家梅花馆主当时撰文说她"扮相俊秀、嗓音嘹亮，不带雌音，在坤生中有首屈一指之势。"此时的孟小冬，已然身材颀长，姿色诱人，在坤伶之中扮演须生，独一无二。已逝的名剧评家薛观澜（袁世凯女婿）说："当年有美貌之称的名坤伶，如清朝末年的林黛玉、陆兰芬……以上十个美人，她们的姿色都不及孟小冬。"

孟小冬男装照

1925年，孟小冬放弃了在上海打下的"三百口同声叫好"的舞台天地，先赴天津，后往北京深造，并拜陈秀华为师，矢志专学余派。那年，她18岁。由于天资极高，悟性极强，孟小冬可以说并未费多大工夫便进步甚速。而与此同时，好学之心促使着她去观摩余叔岩（后来成为她的师父）的演出。在1923年到1928年这段时间，余叔岩恰从上海回归北京，那时他正处在演艺生涯的巅峰时期，孟小冬便借此良机观赏学习，吸收了相当完备的舞台经验。另外，孟小冬得益最多的还是在"全国第一琴"的孙佐臣处，孙傍余叔岩多年，深谙谭余好腔，所以孟小冬拜请他为自己操琴吊嗓，之后她能对余叔岩的唱法初登堂奥，则大部分得力于他，可以说是遇上良师。

当然，她本身早就是艺术大家了。由于当时北京是男女分演（男女演员不能同台登唱），孟小冬只能先后搭永盛社、崇雅社、庆麟社的坤班，在城南游艺园的大栅栏夜戏台演出 [①]。30年代，时值杨小楼、言菊朋、梅兰芳、程砚秋、尚小云、

---

① 正式戏台只有男旦青衣等可上。

梅兰芳与孟小冬

马连良等十数位大牌名伶互相竞争，而孟小冬竟以不到 20 岁的女老生独当一面，被当时剧评家和记者称作是"比男人还像男人"。有趣的是，《天风报》的主笔沙大风对孟小冬甚为迷恋，并专称孟小冬为"吾皇万岁"，捧她为老生行中的"皇帝"，名号"冬皇"；剧评家孙养农（余叔岩的表亲）也作了一首打油诗："沙君孟话是佳篇，游艺场中景物鲜。万岁吾皇真善祷，大风吹起小冬天。"以此来赞成沙大风的褒扬。从此，孟小冬的"冬皇"美誉不胫而走，时至今日，票友一称孟小冬，则无不呼"冬皇"万岁。

雌雄颠倒媚众生

1926 年 8 月，北京第一舞台举办了一次义演，这是一次精彩的演出，孟小冬被点名以"坤伶老生"邀约：大轴是梅兰芳、杨小楼的"霸王别姬"，压轴是余叔岩、尚小云的"打渔杀家"，倒数第三出场的是孟小冬、裘桂仙的"上天台"。演出时，台下齐声叫好，一个是"比女人更女人"的伶界之王，一个是"比男人更男人"的坤伶冬皇，一个是"浪劲十足"的梅兰芳，一个是"奔放霸气"的孟小冬，早在西蒙波娃的"第二性"出世之前，两人的"反串"已经让世人欣赏到了别样的艺术之美。之后，更有人提出让二人同台演出了《四郎探母》《游龙戏凤》等唱剧，乾旦坤生，颠倒阴阳，迷倒众生。

就在此时，孟小冬爱上了梅兰芳，梅兰芳也心生爱意。1927年，两人以非公开的方式结婚，"冬皇"下嫁"伶王"，并另购别院，"兼祧两房"，与此同时，孟小冬便决定不再登台。然而现实并非童话故事中的王子与公主之结局，两人结婚后，遭到了梅兰芳二夫人福芝芳的反对。事情源于一次离奇命案，一个迷恋孟小冬的学生戏迷，因梅孟婚恋导致孟小冬罢唱，怀恨在心而去冯宅枪杀梅兰芳，结果错杀了张汉举。"冯宅枪击案"一发，福芝芳便以此为借口吵闹不休，扬言要其离婚。梅兰芳也迫于压力，却又于心不忍，只好本着息事宁人的态度，便与福芝芳避居上海，孟小冬和他的关系始见裂痕。1930年8月，梅兰芳访美归来，四处演讲，不料伯母去世的消息传来，赶回北平，为伯母设灵治丧。孟小冬得知消息后，披麻戴孝前来，可却遭到了福芝芳的阻拦，并要挟梅兰芳，若让她进了家门，便将肚内孩儿打掉，梅兰芳无奈，只好任由孟小冬离开。孟小冬归家不久，便生了一场大病，去往天津寄居亲戚詹家，调理养病，对梅兰芳避而不见。1931年7月，孟小冬南下上海，聘请律师郑毓秀为其法律顾问，扬言与梅兰芳分道扬镳。在上海大亨杜月笙的调停下，梅兰芳赔付孟小冬4万元作为补偿，两人从此脱离了关系。

羽扇纶巾遁空门

与梅兰芳离婚后，孟小冬准备投师继续她的戏台生涯。然而祸不单行，天津一家报刊突然登出了连载小说，用化名影射梅孟之事，称某著名坤伶向某名伶敲诈勒索数万大洋，还将当年的"冯宅枪击案"一并提起。顿时舆论哗然，传言四起。面临突然而来的打击，孟小冬顿时心灰意冷。一方面是负心之人梅兰芳，另一方面是谣言四起的社会舆论，令她对红尘之事心生厌恶，一怒之下去了拈花寺出家，终日吃斋念佛，以求身心清净。然而她果真是看破了红尘？或仅仅是要暂且避世？一旦遁入空门，无疑会让戏剧界扼腕叹息，对于一个伶人，罢唱就意味着失去观众，而且是在风光最盛的时候。与外界猜想的不同，1931年底，孟小冬于长城公司灌制《捉放曹》《珠帘寨》唱片，由杨宝忠操琴。次年9月，于天津拜苏少卿为师，进修技艺。1933年9月5、6、7三日，孟小冬在天津《大公报》头版连续刊登了《紧急启事》，针对两年前的事件做出了回应："冬自幼习艺，谨守家规，虽未读书，略闻礼教。荡检之行，素所不齿。迩来蜚语流传，诽谤横生……冬当时年岁幼稚，世故不熟，一切皆听介绍人主持。名定兼祧，尽人皆知。乃兰芳含糊其事，于祧母去世之日，不能实践前言，致名分顿失保障。虽经友人劝导，本人辩论，兰芳概置不理，足见毫无情义可言。冬自叹身世苦恼，复遭打击，遂毅然与兰芳脱离家庭关系。是我负人？抑人负我？世间自有公论，不待冬之赘言……自声明后，如有故意毁坏本人名誉、妄造是非，淆惑视听者，冬惟有诉之法律之一途。勿谓冬为孤弱女子，遂自甘放弃人权也。"此时终告一段落，孟小冬此后竟而变得异常决绝，再未与梅兰芳有过半句交谈。1947年，杜月笙举办祝寿赈灾义演，孟小冬与梅兰芳都被邀请，当时梅兰芳抗战期间蓄须明志，已经十年未能登台，而孟小冬则是余派嫡传，两人此番登台都令观众渴慕已久。

10天的义演中，他们分掌大轴，梅兰芳八天，孟小冬两天，两人并不见面。孟小冬两场《搜孤救孤》让观众大饱耳福，征服了上万票友，大多数名伶都在场观赏，而梅兰芳却未到现场看戏。事后他的管事姚玉芙透露说，梅兰芳在家听了两天电台的转播。两人非但台上未曾相见，就连台下也互相避讳，在最后一天杜月笙亲自参加的全体合影里，因为梅兰芳在场，孟小冬推托疲劳离去了。也许，孟小冬早已把他们之间的往事看得淡而又淡，不想再去为感情之事徒增烦恼，那些虚无的、表面的爱情，根本就不能让她再有怀念吧。她是这样的决绝，不需告别也不需相见，只需要一个回避而已……

《紧急启事》发布不久，息影五年的孟小冬于当月复出，在北京吉祥戏院演出，演出全本《四郎探母》，次月又于天津明星大戏院演出。1934年连续在北京吉祥戏院、天津明星大戏院演出《捉放曹》《失空斩》等剧目，向观众奉上她在鲍吉祥处所学的余派精髓，一炮打响，再次引起轰动。

绝世名伶孟小冬

1937 年 5 月，上海黄金大戏院举行开幕典礼，由大亨杜月笙揭幕，并邀请了孟小冬、章遏云到场演出。但由于健康原因，原定 40 天的演出，孟小冬只演了 20 天，出演了《空城计》《捉放曹》《珠帘寨》《盗宗卷》等剧目。然而，此次赴上海，却是孟小冬人生的一次重大转折——她成了杜月笙的第五个女人，促成她二人关系的，竟是杜月笙的四姨太姚玉兰。当年姚玉兰嫁到杜家时，备受前三房太太的排挤，而她知道，喜好京剧的杜月笙早已对孟小冬倾慕有加。孟小冬一来，姚玉兰正好可以趁机撮合二人，一来可以减少前三房太太的敌意，二来可以赢得杜月笙的感激，三来与孟小冬联手，便可在杜家有了立足之地。姚玉兰将孟小冬劝到杜家，三人同住一个屋檐下，加上杜月笙的权势及关怀，令孟小冬不得不从，闺房细事自不必说。据杜月笙之子回忆，事实上，在杜孟在一起之前，杜月笙早已有意，但之前孟是梅兰芳的妻子，朋友之妻，也只能"望冬止谈"了。而如今孟小冬已是自由之身，加上姚玉兰的撮合，杜月笙自然是正中下怀，了却夙愿。直到"七·七"事变，抗战全面爆发，杜月笙一家为躲避战祸离沪去港，孟小冬却想到余叔岩还在北平，便打算去京求艺。到达北平的孟小冬，在时局动乱之下收养了一个女孩为养女，唤名"玉珠"，后改名杜美娟，孟小冬曾将她送人，但旋即后悔要回。杜美娟成年后因婚姻问题与孟小冬闹翻，母女二人再也没有见面，后有人误以为杜美娟是孟小冬与梅兰芳或杜月笙所生之女，其背后的真相到底如何，已经很难判断。

余门立雪得传薪

1938 年 10 月，孟小冬终于得偿所愿，在北平泰丰楼拜得余叔岩为师。早在十几年前，孟小冬拜言菊朋为师学谭派戏的时候。言菊朋就曾向她提起余叔岩，认为她的嗓音更接近余叔岩，因此劝她多向余叔岩学习，并鼓励向其问艺。而余叔岩也对孟小冬格外赞赏，根据孙养农的记忆，1935 年时有一上海票友想要拜余叔岩为师，被其一口回绝，并说"有些人教也是白教，徒费心力"。孙养农问："当今之世，谁比较好呢？"余叔岩回答："目前内外行中，接近我的戏路，且堪造就的，只有孟小冬一人而已。其余的人，就是肯教，也是白糟蹋时候。"俗话说，"不是徒弟等师父，而是师父等徒弟"，三年之后师徒二人终于相认，皆大欢喜，那一天，也成了足以"纪念"的日子，因为余氏的艺术终于有了传人。

此外，孙养农又记孟小冬："孟氏在还没有列入余氏门墙之前，已经是闻名南北，震动整个梨园的了……对于谭（鑫培）或余（叔岩）的艺术，只要有一知半解的，她是无不卑辞厚礼，请教殆遍，一如余（叔岩）氏当时学艺的情形一样。像对陈彦衡、王君直、孙老元等，他都曾不厌其详的求教过。早期并且用孙老元为琴师，以收烘托之功，达七八年之久。""孟氏之学戏，与旁人迥然不同，她完全是基于艺术崇拜，名利二字在所不计。因为在未拜余氏为师之先，她已颇著声誉，每一露演，座无隙地。而她在经杨梧山先生介绍投入余门之后，毅然放弃舞台生活，专心学艺。把这一个大好的赚钱机会弃如鄙屣，真是能人所不能。足证她对师艺之敬仰，志趣之高超，确乎不同凡俗的了。"

孟小冬学艺的过程是有目共睹的，当时余叔岩体弱多病，而孟小冬殷勤侍奉，也敬业执著，加上本身是可造之才，余更是倍加看重，倾囊相授，力求每招每式都完美无瑕。她每天下午请琴师王瑞芝帮她吊嗓，然后从七点到凌晨下课返家，五年时间天天如此。当时拜师余叔岩的学生不少，但是能够坚持下来的只有孟小冬等几人而已。仅仅是《武家坡》和《击鼓骂曹》，孟小冬早已在十几年前就灌过唱片，但依然恭敬地从头学起，直到学得余师的韵味为止。当时孟小冬由于学艺，很少在外演出，即便有演出也很低调，曾有唱片公司约她灌片，许以重金，但有人提醒她说："你师父现在靠灌片补生活，你最好不要灌唱片。"孟小冬便再未灌过唱片。余叔岩息影后，对戏艺精益求精，与早年词腔有很多不同，

油画中的孟小冬

许多腔调与他留下的十八张半唱片有异，有人听闻后，便说她是孟派，孟小冬却大声斥责："天下只有余派，没有孟派，所有与余先生早年词腔小异者皆为余氏自己所改进者。"并说余师晚年在病榻上曾告诫："余今所唱，皆已炉火纯青，你不必、也不可更改一字一腔。"其中有一出《法场换子》，是余叔岩精心之作，孟小冬学会后曾许诺在他寿辰之时表演，但余叔岩旧病复发，于53岁时逝世。至师父逝世，孟小冬约学会了30出戏，在所有弟子中，她受教最长，能窥得余氏晚年堂奥的，只有她一人而已。

1944年，孟小冬避世隐居。

绕梁遗韵落芳尘

抗战胜利后，杜月笙、姚玉兰夫妇自港返沪，也把孟小冬接到了上海。1947年9月，杜月笙60大寿，举办了一次"南北名伶赈灾义演"。义演本来安排5天，后来续增至10天，9月7、8两日，孟小冬大轴演出《搜孤救孤》，由于这是余派名剧，并且之前声明这是她最后一次公演，所以引起了戏迷的极大轰动，一票难求。演出后不久，因为传出孟、梅二人和好的流言，孟小冬于第二天返回了北平。临走前，她将自己随身的演出服送与众人，意思是她此后不再登台了。一代"冬皇"，就此息影。

1948年，平津战役打响，杜月笙将孟小冬接回上海，他却得了咳喘，卧床不起，孟、姚二人则担负起照料杜月笙的事务。1949年，上海即将解放，杜家搬至香港。

1950年某天，杜月笙有移居法国的打算，在计算一共需多少护照的时候，孟小冬当众轻描淡写地说道："我跟着去，算是丫头呢？还是算女朋友呀？"即至此时，杜月笙才忽然想到，孟小冬进入杜家，从未提及"名分"一事，一直默默无闻照顾他养病，此时一言，当如千金之重。于是便决意与孟小冬举行婚礼，而这时的她，已经43岁。她在梅兰芳处未得到的名分，在杜月笙这里却得到了。一年后，杜月笙病逝，孟小冬独居香港，迁居到铜

孟小冬在《捉放曹》中饰陈宫

锣湾使馆大厦，深居简出，收钱培荣、赵培鑫为徒，专心传授余派唱腔。

1967年，因亲友均在台湾，为免孤独，60岁的她迁居台北，闭门静养，不应酬、不演出、不授徒，从绚烂归于平淡，终其余年。回忆"冬皇"一生，由盛而衰仅是18到24岁芳华之年，从此人生便入流离，两度婚姻皆成凄凉，唯有一派唱腔留得传世。

1977年，孟小冬逝世，斯人已去，张大千为其题字"杜母孟太夫人墓"。难道，这最终的冠名，确是她所想要的吗？

佳人如梦

沙君孟话是佳篇，游艺场中景物鲜，万岁吾皇真善祷，大风吹起小冬天。

——孙养农

当时海上敞歌筵，赠句曾教万口传。今日樊川叹牢落，杜秋诗好也徒然。绝响谭余迹已赊，宗工今日属谁家。合当重启珠帘寨，静听营门鼓几挝。

——章士钊

孟小冬为人很聪明，不仅深知尊师敬业之道，而且在待人接物方面很会处世。入余门学戏五载，准时而来，准时而去，学戏很勤奋，也非常努力。琴师王瑞芝每天给她拉琴，吊嗓子并帮她记唱腔。往往一段唱腔要唱若干遍直到没毛病才行。

——余慧清

阮玲玉：命薄怎因畏人言

浮光掠影

阮玲玉（1910—1935），原名阮凤根、阮玉英，广东中山人，生于上海。6岁时父亲病故，与母亲相依为命，后随母外出为佣工，助母工作。后入崇德学校读书，17岁时结婚，考入明星公司做演员，改名阮玲玉，出演处女作《挂名的夫妻》等5部作品。次年转入大中华百合影片公司，主演《情欲宝鉴》等6部作品。1930年转入联华影业公司，主演《野草闲花》一举成名，奠定了她在影坛的地位。其后受左翼电影运动影响，出演《三个摩登女性》中的女工周淑贞。其后主演如《香雪海》《小玩意》《神女》《再会吧，上海》等，达到了中国无声电影时期表演艺术的最高水准，被赞誉为中国的嘉宝、英格丽·褒曼。与她的表演生涯不同，她的婚姻生活却极度不幸，少年时与少东家张达民结婚，五年后离婚，后又与"茶叶大王"唐季珊同居，但终究没有寻到真爱，压力重重之下，精神备受摧残。最终，阮玲玉在张达民的诬告及舆论非议下服毒自杀，留下遗书"人言可畏"，殒时25岁。

人物心语

我一死何足惜，不过，还是怕人言可畏，人言可畏罢了。

阮玲玉

美人之骨

一句"人言可畏"，香消玉殒，不再给人以懊悔或非议的机会。阮玲玉的决绝让人觉得世界是这样令人悲哀、令人失望、令人遗憾。她对爱情的绝望，犹如一把刀，插进了那颗早已破碎的心。

提起阮玲玉，恐怕她已经成为了一个符号，如同小说中的悲剧故事，也如同诗词中忧伤抒情，仅仅让世人觉到或许真的曾有一份美丽或浪漫存在过：我们不曾多想，多想哪怕一分钟、一秒钟，去试图理解那美丽生命结束后的悲哀。我们哀悼或追忆着她，追忆中还有点隐秘的期待，期待并不是所有的结局都会这样悲凉与冷漠。是的，还会有重逢的一天，在那个世界她与她纠缠了一生的人终将相遇，或许会彼此释然了吧？

也或许，我们能够再把她的影片拿来一睹，在那光影交错的镜头之中寻找死亡与流言、与爱情的关联，去看红颜为何寂寞薄命，无助地挣扎在命运的荆棘丛中……茫茫人海中也一定有过无数个这样的女子，她们曾孜孜寻求一个相知的心灵，寻求一个爱的拥抱，但浮生若梦，真相往往残酷：那希求的真爱只能是一种奢望！梦，终究是要醒的……

最痛人心者莫过于美人化作白骨，活着时绽放出无限美丽，死去时却一身凄凉。

阮玲玉是一道永恒的风景。她留给世人的是一股幽幽怨怨的冷香，若有若无的香味把所有的悲情都揉纳其中，在尘世中飘散……

在尘埃中盛开

纵然有无数种文字和影像的描述，可以还原她的生活轨迹，但我们却无法真正深入到她的内心。我们以为自己了解了，其实却仍茫然无知：对于一个绝望到放弃生命的人，你根本想象不出她内心所承受的煎熬。也许我们只能从她的生活中，从她的只言片语中，寻找到些蛛丝马迹，把她的故事抖落给世人看看。显然，她并非影像中描述得那么洒脱，那么执著，临死前却还呼喊着"我不能死"……

1910 年，阮玲玉出生在上海，乳名凤根。母亲姓何，父亲阮用荣，是当时浦东亚细亚火油公司的工人，是年 39 岁。2 岁时，长姐夭折；6 岁时，父亲因患肺病而死，于是家中失去了经济来源，母亲只好携她外出打工。几年后，母女二人便搬到了一家姓张的老乡家做佣人，居住在乍浦路石库门楼后的平房中。张家老爷在辛亥革命前曾在朝为官，清朝灭亡后丢官在上海做生意，并是崇德女子学校的校董。也正是靠着这层关系，玲玉在 9 岁时才能入校读书，虽然当时她还是一个黄毛丫头，但却让人有种朴素神秘之感，女大十八变，没过几年，玲玉就变得楚楚动人起来。联华公司出的《阮玲玉纪念专号》中曾记载，在她 14 岁小学毕业时，已经是"亭亭长成，琼葩吐艳，朗朗照人，虽荆布不饰而韵致嫣然"。也有同学回忆说她"既不漂亮，又不摩登，不过脸上几点细麻麻得很俏，态度也生得风骚一些，其是那一双眼珠，滑溜溜的真摄人魂魄"。虽不至夸张，倒也是中肯的。

张家共有四子，长子张慧冲后来被称作"东方范朋克"，是中国现代魔术界"南派"的奠基人物，而小儿子张达民却成了阮玲玉的终生梦魇，并也由此成名，只不过成名的原因是"罪魁祸首"。起初，阮玲玉和张达民一致

活泼动人的阮玲玉

对外宣称，两人的相识是经同学介绍，进而发展成恋人。但电影先驱蔡楚生在阮玲玉逝世22周年时，却披露出了两人之间的主仆关系："她在16岁时即被一个浮浪狂悖的官僚子弟所占有（此人为她母亲所服役的主人家的少爷）。"

16岁本是花开之年，每个少女本应都有自己暗生情愫的对象，但阮玲玉却没有选择。因此，她从艺之后所演的角色乡下姑娘、丫环、女工、女学生、歌女、舞女……无论从哪个角度来看，无不有着一种现实主义感——正如同她的命运一样，无法逃脱一场悲惨的结局。是否她也曾从这些角色中感知到自己终将夭折的命运？是否她曾反思自己终将在爱情的追求上败下阵来？或许有过吧，但无论如何，张达民虽是个爱好享受、恋慕虚荣之徒，外表却风度翩翩，这对于涉世未深、情窦初开的阮玲玉便已足够。两人终是恋爱了，阮并因此而中断了学业，搬到了老宅同居起来。

初恋的甜蜜让人难以忘怀并深陷其中，虽在"主仆之恋"的阴影下相爱，但玲玉已将她全部的爱放在了张达民身上，张达民也有了要与之结为连理的冲动。那时，"五四"运动的思潮仍未撼动人们内心深处的伦理观念，张达民与仆女之间的爱，遭到了张母的反对，索性将阮玲玉母女二人扫地出门，无奈之下，她们只得搬到了四川路鸿庆坊的一个宅子。不久，张达民也随即入住。1935年春，阮玲玉在答记者问时说道："那时，我的意志还薄弱，同时年岁也究竟还轻，所以受不起他

阮玲玉生活照

的欺骗，两人便实行同居。"可这醒悟之言已是九年之后了，过去的事早已不能改变，想要有什么反悔，已经来不及了。她被夹在新思潮与旧思想之间，怎么挣脱也没有用。可悲的是，她幼年所受的教育本就是旧式的，出身环境也影响到她的一生，如果没有早年的不幸遭遇，或是不曾寄人篱下，大概她将会嫁给一个普通之人，过着普通人的生活吧？可若真的如此，我们又怎能见到这样一个风靡一时的民国影星？也罢，命运如此，虽然说起来她是自由之身，但也终究逃不过那个时代的藩篱和枷锁。她的爱情，一方面是外界带来的悲剧，另一方面也是她不由自主的选择。随波逐流，又有什么可以埋怨的呢？身死殉情，也便是合理的了。

人生如戏

1926 年，16 岁的阮玲玉经张家长子张慧冲的介绍，考入明星影片公司，开始了她的演艺生涯。当年便主演了《挂名的夫妻》等 5 部电影，立即引起了不小的反响。在这期间，她一边经营家庭，一边投身于演艺界，可以说是忙碌并快乐着。阮玲玉所饰演的角色一直是悲剧人物，亦或许她本身就青睐这种悲剧的角色，所以才能演绎得那样深刻，当导演卜万苍第一眼看到她时，便知道这是一个可塑之才："你们看，她像永远抒发不尽的悲伤，惹人怜爱。一定是个有希望的悲剧演员。"果然不出所料，一年后，阮玲玉的影响力逐日递增，在演艺圈小有名气。由此，阮玲玉也对卜万苍倍加感激，"伯乐"是难寻的，多少"千里马"一生都遇不上"伯乐"，而阮玲玉却在刚出道就这样幸运。

人生如戏，戏如人生。她的人生与戏里的人生似乎交相辉映，形成了一种对应默契，她与张达民的同居，一直没有一个正式的名分，就如同《挂名的夫妻》一般，无论投入多少感情，在现实中总是难有收获。不仅如此，少爷张达民根本无钱供养阮玲玉母女的生活，反而要由阮玲玉的薪资来接济，一次次的伸手，一次次的软磨硬泡，阮玲玉有些失落了，年少时的懵懂不知，今日却有了这样的回

阮玲玉生活照

报——她以为自己能够用爱来感化他，以为他总有一天会浪子回头，可结果却化成了一个个的泡影。

在"明星公司"，阮玲玉的影视生涯并非一路顺遂，没过多久，比她名声响亮的胡蝶加盟，加上与阮玲玉合作的"风流小生"朱飞在拍摄中刁难，还剃了光头表示不满，令她的演艺生涯陷入困境，被胡蝶抢了风头。无奈之下，1928年底，阮玲玉转到大中华公司，出演了《银幕之花》《劫后孤鸿》《情欲宝鉴》等几部不

算优秀的影片。也正是这年，她的母亲带回了一个弃婴，内心善良的阮玲玉便收她为义女，此时她才芳龄十九。好在她接片的数量不少，经济情况有所改善，但此时她的事业的确处于低谷，同行的竞争日益激烈，使她的心情愈来愈糟糕。更甚的是，张达民变本加厉，将她当作摇钱树一般，不仅挥霍无度，还聚众赌博，每次赌债都逼阮玲玉去还债，已经到了索取无厌的程度了。受尽折磨的阮玲玉觉得自己越来越如同一个现实版的悲剧，与张达民分分合合达三次之多，致使她产生了轻生的念头——她剧中所演的角色，不就常常以此来反抗吗？如同她最喜看的《邓肯传》，那为自己争取爱情所需的代价，终究需要自己去付出。

这是她的第一次自杀。幸好被母亲及时发现，送至福民医院抢救，而她在被救回的一刹那，想到的竟然还是那个把她逼上绝路的张达民。她用情之深，恐怕已是让所有人都为之惊叹的了，可用情的对象却是这样一个赌徒，所托非人，又

不得不令人扼腕叹息。在那个晦暗的时期，逃过一劫的阮玲玉痛定思痛，终究还是妥协了，从此对张达民的赌博恶习再也不管不问。她或是怕了，怕自己终有一天会因此失去所有的寄托，失去心中那无以言明的支撑……这个选择是悲剧的。至少从理性的角度来看，这是一个错误到极端的选择，然而深陷感情中的女人，又怎能看得清楚呢？怎能知道如何决断呢？如何把自己初恋的感情维持下去？也或只有这一种办法了吧：不断地妥协……

故都晓春梦

1929 年，与大中华公司的合同到期，阮玲玉毅然决定离开，签约联华公司。这是她演艺生涯中的一个转折，前期她所主演的社会片，专以饰演堕落下层女性为主。后期在联华公司，由于当时受左翼电影运动的影响（新兴电影运动），她的表演风格开始转型。这一年，她主演了两部影片《自杀合同》《故都春梦》，次年，《野草闲花》《恋爱与义务》《一剪梅》上映，名声大噪，特别是年轻一代的学生，对她更是膜拜得五体投地。

阮玲玉的人生，复杂又可怜。她嘴边常常说的两句话便是"做女人太苦；一个女人活过 30 岁，就没有什么意思了"。若说女人太苦，或许在当时是每个刚刚走出传统礼教的人都觉到的——在苏州拍摄《人生》的时候，阮玲玉跪在五百尊罗汉前，每一尊都供上了一枝香。她性格中的悲观和脆弱，不明了世间总需要有宽慰与豁达，使她终究觉得世事是可怕的，是冰冷的。在普陀拍摄《蔡状元建造洛阳桥》时，阮玲玉在梵音洞深自忏悔，这里曾埋葬的尸骨，也或许都是她的同类……"禁止舍生"四个大字印在洞口，她带着迷茫的眼神看着，仿佛自己已然去往了那个世界。或者站在这里，她才知晓了死亡是多么的诱人，人生一世，除了眼界狭窄不能洞悉一切外，也恐怕只有这样的归宿能带给她一个完整的爱："自杀是夺目吸引人！我这一生时常想到自杀，但总是有个什么东西把我往回拉！"

她知道自己的路途漫长，该活着的时候，竟也不能放开地活。

"联华"公司的"复国影片"，在阮玲玉的支撑下迅速崛起，一举成为与"明星""天一"公司三足鼎立的态势，毫无夸张地说，因为"联华"公司是后起之秀，所以也最具活力。那个时代的电影，虽然尚处在"默片时代"，但阮玲玉的出色演技达到了那个时代的艺人的顶峰。那个时代的女演员，戏路宽广的寥寥可数，阮玲玉却能在不同类型的影片中不断转换角色，游刃有余，在《故都春梦》饰演心如蛇蝎的荡妇，在《野草闲花》中饰演活泼天真的姑娘，让观众不得不为之大为惊叹，也让其导演孙瑜大为惊叹。在阮玲玉自戕后，孙瑜默默坐在她的遗体旁，黯然神伤。他在《联华画报》上痛惜道："她的一生是一页挣扎向上的史实。阮玲玉的卓绝演技霸占了中国影坛十几年以来的第一位。"直到20年后，他再未见到像阮玲玉一样卓越的演员，只能再次回忆："阮玲玉的天才演技，是中国电影默片时代的骄傲。"阮玲玉的可塑性之强，与她能够入戏是有很大关系的。也许因为她本身便身处在那种环境，所以她对影片的内容把握深刻，很容易就领会到编导的意图。

在默片时代，最重要的是对举手投足的神态表现，对饰演角色的内涵领悟，赵丹生前曾说她穿上尼姑服就是尼姑，穿上女工衣服就成了女工，让人无可挑剔。而她的表情，却曾被形容成玛琳黛德丽的风格，玛琳黛德丽在《蓝天使》中，每一个举动，每一个姿态都有着令人叹为观止的表现，销魂而绝艳，尤其是一双朦胧而游移的眼睛，在镜头面前把其诱惑与

尘封的美丽——阮玲玉

妖娆表达出来，根本让人无从拒绝。

1931 年，阮玲玉为躲避一·二八事变，避居澳门，并出演了《续故都春梦》《三个摩登女性》《城市之夜》3 部影片，次年，又陆续出演《小玩意》《人生》《归来》《香雪海》，名声达到鼎盛时期。在卜万苍导演的《三个摩登女性》中，阮玲玉饰演对旧社会产生叛逆的女工周淑贞，电影

阮玲玉剧照

通过一名男青年和三名女青年对生活道路的不同选择，阐释出社会环境与个人命运紧密相连的深刻主题，此片上映后立即引起轰动，被誉为"新兴电影运动"的"第一只报春之燕"。

1934 年，表演艺术日臻完美的阮玲玉终于拍出了她艺术生涯中的巅峰之作——《神女》，这部电影展现了都市下等妓女的生活，由绝望到希望，又由希望到绝望，最终以悲剧收场。正如编导吴永刚所说，这是病态的社会制度的问题，病态社会对弱者的残忍让人们深思反抗的重要。这部"冷隽型"的电影，阮玲玉在极少字幕的情况下，用她细腻而深刻的动作、神情，传达出一种灵魂的高贵和思想的震颤。此部电影成为了默片时代的经典之作，也代表着默片时代表演艺术的最高水平。阮玲玉短暂的一生中共拍摄了 29 部影片，其演艺生涯却戛然而止，由此，电影史上的"阮玲玉时代"悄然落幕。

芳华孤单谢

多年的隐忍，令阮玲玉备受折磨，她已对张达民心灰意冷，但面对张达民时常的骚扰与索要财物，却于心不忍，三番两次为其介绍工作，但终究发现他并无悔改之意，最后只能痛下决心，于1933年2月委托律师伍澄宇办理两人脱离协议。协议中每月支付给张达民100元补贴，为时两年，此事终告一段落。

然而命运弄人，世间之事迷乱人心，阮玲玉苦苦期待的第二场爱情，又是一次悲剧：与唐季珊的交往。唐季珊不仅是一个茶行巨富，也是一个情场高手，早在之前，他便曾引诱影星张织云与之同居，在张织云旅美之时，唐季珊又与原妻室往来，绯闻不断。等到张织云回国后，才发现自己已是昨日黄花，痛苦之下发表了《自白》，悔悟自己当初的贪慕及堕落，并声讨唐季珊的寡薄无情，将他们的往事一一揭露。而恋上唐季珊的阮玲玉却依然接受了他，用她自己的话说，那就是"经不起别人对我的好"。即便是声誉受损，也兀自与唐季珊同居，并搬进了唐的洋房。然而她与张达民的余事未了，不久，张达民闹事，向阮玲玉索要钱财未果，便将唐季珊告上法庭，诬陷其拿走了阮玲玉早年偷盗的张家财产；而唐季珊也不甘示弱，状告张达民损害其名誉。两者纠缠，阮玲玉只好在报上刊登财产独立公告，以示唐季珊的清白。可悲的是，阮玲玉发现唐季珊在外又有了新情人梁赛珍，心情顿时跌入谷底。

"救救我，我要活！"艾霞躺在床上，这时的她已经吃下了药，但又觉得她不应该死，如果她死了，所有的罪恶便一笔勾销而被抹去，所以她又要求生，临死前呼喊着不想死——这是阮玲玉最后一部影片《新女性》。拍摄现场的所有人都被打动，潸然泪下，这时，导演蔡楚生走了过去，他独自坐在阮玲玉身旁，他看着她，忽然有种悲悯之情，他知道阮玲玉饱受挫折，但预料不到这是她的最后一场演出，这场演出带给她的是对现实的绝望，最终令她弃世。《新女性》的演出最终遭到小报的封杀，阮玲玉陷入到谩骂与攻击的舆论当中。

蔡楚生离世后，柯灵公开了他们之间的感情，或者说是友谊：蔡楚生是阮玲玉失去的最后一根稻草，这两个彼此倾心的艺术家之间本该有些什么，却一直没有互相言明。而阮玲玉也唯有一死，才能洗刷"人言可畏"的侮辱。

永远得不到所爱是令人悲哀的，在阮玲玉演艺事业的最高峰，她的个人世界却陷入灰色的悲情之中。她在绝笔中悲哀地陈诉，这一切让她灰心、寒心和痛心的，是张达民把她当作摇钱树，而唐季珊也只是

笑靥如花——阮玲玉

把她当作战利品。一个无赖一个滥情，徘徊之中的她终于失去了希望，终于还是没有逃脱她为自己设下的圈套：她想要依靠、寄托的心灵无处可放。而自己竟未曾给自己留下退路，逃不出依靠男人的"心理定势"……也或许，是因为她的入戏？入戏到习惯了以自裁的方式了却痛苦？

1935 年 3 月 8 日。凌晨。阮玲玉做出了最后的决断，吞服了三瓶安眠药。唐季珊发现后，虽然附近有大医院，却将之送往郊区一个日本人开的医院，因为那个医院是为病人保密的，怎奈不肯收治，只好转院，耽搁太久，终于抢救无效。唐季珊的冷酷为她画上了最终的句号，而当外界要求他公布遗书时，他说："阮玲玉太爱我了，我也太爱阮玲玉了，阮玲玉的遗书写得蛮肉麻的，我不好意思拿出来。"最终他交出了一份造假的遗书：

Ⅰ我一死，人们一定以为我是畏罪……唉，那有什么法子想呢！想

了又想，惟有以一死了之罢。唉，我一死何足惜，不过，还是怕人言可畏，人言可畏罢了。

Ⅱ季珊：我真做梦也想不到这样快，就会和你死别，但是不要悲哀，因为天下无不散的筵席，请代千万节哀为要。我很对你不住，令你为我受罪。他虽这样百般的诬害你我，但终有水落石出的一日，天网恢恢，疏而不漏，我看他又怎样的活着呢。鸟之将死，其鸣也悲，人之将死，其言也善，我死而有灵，将永永远远保护你的。

一句人言可畏，把所有人都推到了谋杀者的行列。是的，又有哪一个人不曾谋杀过她呢？谋杀她的是险恶的社会，是荒谬的人间。随之不久，鲁迅发表了《论"人言可畏"》，指出公众之无聊、新闻之黑暗、司法之荒唐以及阿Q式的优越感为根源所在，是那"驱人于自杀之途的环境"造成悲剧的上演。

就在唐季珊提供遗书不久，有人在《思明商学报》上发现了梁赛珍提供的遗书（后来被沈寂考订为真实），但不久，梁赛珍姐妹便消失了。

Ⅰ达民：我已被你迫死的，哪个人肯相信呢？你不想想我和你分离后，每月又津贴你一百元吗？你真无良心，现在我死了，你大概心满意足啊！人们一定以为我畏罪？其实我何罪可畏，我不过很悔悟不应该做你们两人的争夺品，但是太迟了！不必哭啊！我不会活了！也不用悔改，因为事情已到了这种地步。

Ⅱ季珊：没有你迷恋梁赛珍，没有你那晚打我，今晚又打我，我大约不会这样做吧！我死之后，将来一定会有人说你是玩弄女性的恶魔，更加要说我是没有灵魂的女性，但那时，我不在人世了，你自己去受吧！过去的织云，今日的我，明日是谁，我想你自己知道了就是。我死了，我并不敢恨你，希望你好好待妈妈和小囡囡。还有联华欠我的人工二千零五十元，请作抚养她们的费用，还请你细心看顾她们，因为她们惟有你可以靠了！没有我，你可以做你喜欢的事了，我很快乐。

花开了，又败了。得知阮玲玉自杀，当天服药追随而去的影迷便有十几名，他们留下的遗书大体相同："阮玲玉死了，我们活着还有什么意思？！"

五天后，"联华"公司为阮玲玉举办了送葬仪式，闻信前来致哀的多达 30 万人之众，灵车所到之处，万人空巷。《纽约时报》报道说："这是世界最伟大的哀礼。"

而阮玲玉，她已经成为一个符号，一个因"人言可畏"而颤写出的符号。多年以后，关锦鹏导演的电影《阮玲玉》上映了，张曼玉饰演阮玲玉，并凭借此片荣获了第 42 届柏林国际电影节最佳女主角，成为中国电影史上第一位在世界三大国际电影节中获得最佳演员的华人，此外她首次同时成为了金像奖和金马奖双料影后。《阮玲玉》中有一段小虫创作的《葬心》，或许才真正写出了阮玲玉那真实的内心："蝴蝶儿飞去 / 心亦不在 / 凄清长夜谁来 / 拭泪满腮 / 是贪点儿依赖 / 贪一点儿爱 / 旧缘该了难了 / 换满心哀 / 怎受得住 / 这头猜那边怪 / 人言汇成愁海 / 辛酸难挨 / 天给的苦给的灾 / 都不怪 / 千不该万不该 / 芳华怕孤单 / 林花儿谢了 / 连心也埋 / 他日春燕归来 / 身何在……"

好了，就到此为止罢！

佳人如梦

她的自杀，和新闻记事有关，也是真的……不过无拳无勇如阮玲玉，可就正做了吃苦的材料了，她被额外的画上了一脸花，没法洗刷。

——鲁迅

她不是笼子里的鸟。笼子里的鸟，开了笼，还会飞出来。她是绣在屏风上的鸟——悒郁的紫色缎子屏风上，织金云朵里的一只白鸟。年深月久了，羽毛暗了，霉了，给虫蛀了，死也还死在屏风上。

——张爱玲

胡蝶：蝴蝶飞走了

浮光掠影

胡蝶（1908—1989），原名胡瑞华，乳名胡宝娟，民国时期被称为"电影皇后"。祖籍广东鹤山，生于上海，幼时随父亲（时任京奉铁路总稽查）四处辗转，9岁后回到广州，入培道学校，16岁时随家迁居上海，入读上海中华电影学校。1928年，胡蝶第一次主演无声电影《火烧红莲寺》，1931年，主演我国第一部有声电影《歌女红牡丹》，两次轰动全国。1933年，胡蝶在《明星日报》的评选中获"电影皇后"一称，并在此后两年连续当选。同年，她与梅兰芳一起参加莫斯科电影节，回国后与热恋多年的潘有声结婚。1937年抗战爆发，胡蝶全家逃难至香港；1941年太平洋战争爆发，又逃难至重庆，被戴笠软禁霸占四年，直至1945年抗战胜利，戴笠意外身亡，胡蝶一家才取道上海返回香港。此后她又主演了《某夫人》《锦绣天堂》等电影，但因1949年丈夫患癌去世，息影十年。1959年，应邵氏公司之请重出影坛，拍摄了著名电影《后门》，次年在亚洲电影节上获最佳女演员奖，并跃登"亚洲影后"宝座。1966年息影，于台湾居住九年后移居加拿大温哥华，并改名"潘宝娟（潘为夫姓，宝娟为其乳名）"。1989年病逝，临终前留下了一句遗言："蝴蝶（胡蝶）要飞走了。"

人物心语

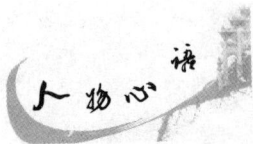

浮生若梦，世事的变幻太让人惊讶！

人生也似舞台，悲剧也总有结束的时候，我自己在苦的时候常对自己说，快了快了，演完苦的就会有快乐的来了。

胡蝶

蝴蝶翩翩

1908 年，一只蝴蝶翩翩而至。

她的童年是颠沛的，但由于父母的宠爱，这种生活虽不固定，却有无处不在的乐趣。父亲胡少贡在京奉铁路上任职，全家随父亲辗转全国多个省市，母亲出生在大家庭，虽未读过很多书，却懂得为人处世。晚年胡蝶回忆起她的母亲，想起的便常是那几句普通的唠叨："你要别人待你好，首先你要待人好……凡事不要争先，要退后一步，勤勤恳恳地做好自己的本分工作……"这对她早年的心理影响是巨大的。1916 年，胡蝶入天津天主教的圣功学堂念书，学名"胡瑞华"，即使从影后，她旧时的亲友也以"瑞华"相称，"胡蝶"只是个艺名。第二年，9岁的胡蝶一家迁到广东广州，从此安家。幼时的胡蝶有着极强的语言天赋，她在北京学会"京腔"，在广东学会的粤语，这两种方言在她今后的事业中起了很大作用。

几乎与胡蝶一样的年龄，中国电影也处在童年时期。1905 年，中国人第一次拍摄了电影；1912 年，中国电影开始普及；1922 年，中国电影由短片走向长片，告别了它的童年时代。而这一年，胡蝶 13 岁了，她对电影产生了兴趣。1924 年，胡蝶全家迁居上海，也正是这年，胡蝶做了一个改变她一生的决定，报考中华电影学校，并改艺名为"胡蝶"。

从学校毕业后，胡蝶在大中华影片公司的《战功》中出演配角，接着在友联公司的《秋扇怨》中升任主演，她以那两个甜甜的酒窝打动了影迷，从此胡蝶开始崭露头角。翌年，胡蝶与天一公司签订合同两年，主演了《珍珠塔》《义妖白蛇传》《梁祝痛史》《孟姜女》《儿女英雄传》等十几部电影，成为了天一公司的台柱。但天一公司的影风却不高尚，老板邵醉翁力求迎合市场，电影取材大都是民间故事，其本身瑕瑜互见，糟粕与精华交揉，维护旧式传统伦理，这种投机作

花枝下的胡蝶

风使影片虽然卖座，却价值不大。1927 年，胡蝶与在《秋扇怨》中相识的男主角林雪怀订婚，那年胡蝶 19 岁。订婚当天，"友联""天一""明星"三家公司的领导层都来捧场，胡蝶结识了明星公司的张石川、郑正秋和周剑云"三巨头"。

1928 年初，已崭露头角的电影明星胡蝶"跳槽"到了明星公司，从此开始了她真正的电影事业。明星公司的主张与当时流俗的电影公司不同，编剧郑正秋认为"必有明星点点，大放光芒，拨开云雾，启发群盲"。志向抱负可谓不小，这也正是明星公司的初衷，拍摄了如《孤儿救祖记》《玉梨魂》《空谷兰》等极具社会意义的影片，其中《空谷兰》于 1925 年公映，票房高达 13 万元，创下了默片时代的最高纪录。

自从加入明星公司之后，胡蝶的演艺事业迎来了全盛期，她的几部电影都创造了票房纪录，无声武侠片《火烧红莲寺》轰动全城，从 1928 年到 1931 年，一直拍到十八集才方告结束；1931 的《歌女红牡丹》，是我国第一部腊盘发音的有声片，胡蝶扮演京剧昆伶红牡丹，片中穿插京剧片断，观众第一次在银幕上"听戏"，上映后盛况空前。

胡蝶的名气很快打响，但据说她却是片场最"听话"的演员，敬业却从不骄傲，对待拍摄严肃认真，深得明星公司上下的称赞。本来，稍有名气的演员免不了要摆一些谱，但胡蝶却恰恰相反，就连脾气暴躁的张石川也对她特加青睐，感慨说：

"一个电影演员对于他（她）的事业没有坚决的信心，是决不会成功的，把当电影演员作为达到另一种目的的手段的这种观念，尤其是电影界进步的障碍。"而真正让胡蝶登上艺术顶峰的却是郑正秋，他对电影的理解深度和艺术趣味明显要高出他人，1934年，由他编导的代表作《姊妹花》公映，胡蝶一人分饰贫富悬殊、性格迥异的双胞胎姐妹大宝、二宝，当两个胡蝶同时出现在银幕上，观众已经抑制不住那狂热的崇拜，影片在上海连映六十多天，打破国产影片上座率的最高纪录。

风雨啼笑美人心

自胡蝶的演艺生涯起步，她犹如一艘航船，离港往更辉煌的境界驶去，越走越远。不过，演艺路途虽然顺遂，但其他的忧虑却随之而来。1930年，她与未婚夫林雪怀的感情出现危机，已经并非当初的你侬我侬。胡蝶忆及订婚后的生活时曾说，林雪怀"初固待我甚好，举凡他人及佣仆所不愿为之事，均乐待我为之，我心甚悦。故所赚得之金钱，极愿供其使用。"然而林雪怀却一事无成，脱离演艺圈转入商途后，由胡蝶出资所开的"晨餐大王"和"胡蝶百货商店"也经营不善，资本耗尽，并且日后行事荒唐，穿行于赌馆舞场，沉迷于声色犬马。而此时

胡蝶生活照

的胡蝶大多在摄影棚内，直到一次偶然机会见到林雪怀在舞场的丑态后，才大梦初醒，觉到往日的情分似乎已然冷淡。纵是如此，她仍是抱有希望，于心不忍，直到林雪怀误信当地报纸的花边新闻，发来一封分手信函，她才觉到事态的严重。信函中斥责胡蝶"行为不检，声名狼藉"，言明要"恩断义绝"，胡蝶再三回信，想要挽回婚姻，又遭到林雪怀的驳斥，使得她最终决定解除婚约，并交由法院处理。满城风雨的"雪蝶解约案"持续了将近一年，最终两人不欢而散，胡蝶重回自由之身。

演艺圈本是一个是非之地，有它自己的规则。因她频频现身于公众视线，所以胡蝶时时都小心谨慎，力求给人完美无瑕的印象。然而麻烦总是不请自来，正在与林雪怀闹得沸沸扬扬之际，1931 年，"九·一八"事变爆发，伴随战争而来的是与张学良的"跳舞事件"。时当胡蝶正去往北平拍摄《落霞孤鹜》和《啼笑因缘》的外景，日本通讯社散播出谣言，称张学良不顾国家危难与红粉佳人胡蝶共舞，顿时舆论哗然。上海《时事新报》也随即刊出马君武的一首打油诗："赵四风流朱五狂，翩翩蝴蝶最当行，温柔乡是英雄冢，那管东师入沈阳。"使得胡蝶名誉扫地，被北平市民声讨"红颜误国"，只得返回上海。尽管后来剧组、梅兰芳出来辟谣，但舆论效果已然达到，胡蝶只能终生为此事耿耿于怀。晚年的胡蝶写回忆录时，只得发出感叹："我和张学良不仅那时素未谋面，以后也从未见过面，真可谓素昧平生……该结束这段'莫须有'的公案了吧？"而张学良 1933 年在上海时也曾问身边的朋友："胡蝶究竟是怎样的人物，连她在银幕上的影子我也没见过。"后本有意去见胡蝶一面，却最终罢却："算了，我倒不要紧，不要再去害别人。"

1933 年，由上海《明星日报》发起了"电影皇后"的评选，胡蝶高票夺冠。"海上闻人"王晓籁为此举行了庆典，胡蝶到场后唱了一曲《最后一声》："您对着这绿酒红灯，也想到东北的怨鬼悲鸣？"让现场氛围忽然变得尴尬，众人不欢而散。这过往的红尘让世人迷住了心眼，让那些不曾熟知的人物再次登场，面对这样的评选，胡蝶却以一句"不敢妄自尊大"以概之了。

作为演艺圈的传奇人物，一个动乱社会的公众人物，胡蝶并未因此而沉迷在虚名中。相反，她在张恨水小说改编的《啼笑因缘》电影中担任主角，再次引起了轰动，为此张恨水评价说："胡蝶为人落落大方，一洗女儿之态，性格深沉，机警爽利……十之五六若宝钗，十之二三若袭人，十之一二若晴雯。"而胡蝶的行为举止，确是那个时代影星的翘楚，她那"梨涡浅笑"的神态，既符合当时传统美女的审美，又有着一种风尘初定的妩媚，让人不得不为其倾倒。难能可贵的是，胡蝶此后的影片一反之前的风格，开始随着左翼电影潮的兴起而转型。从1932年起，她陆续主演了《战地历险记》《狂流》《脂粉市场》《春水情波》《满江红》《盐潮》《姊妹花》《女儿经》《美人心》等一些极富有现实意义的影片，"电影皇后"这时才名副其实起来，在连续三年的评选中稳居宝座，成为中国电影史上唯一的"三连冠"影后。左翼影片的兴起，使得她的声誉扶摇直上，其声誉和地位也臻于极致，艳光四射，风靡一代。

1935年初，苏联举行莫斯科国际电影展览会，中国电影界首次被邀，胡蝶被点名邀请参加，同行的还有京剧大师梅兰芳。影展结束后，胡蝶随团到欧洲畅游考察，实现了中国电影与欧洲电影的首次对接。回国后，胡蝶撰写了一本《欧游杂记》，以宣传此次欧游的成

日常生活中的胡蝶

梅兰芳与胡蝶访苏，胡蝶（立者）在苏方的欢迎酒会上致词

果。并马上投入到《夜来香》与《劫后桃花》的拍摄中。

深秋之时，正当《劫后桃花》拍得如火如荼，胡蝶与潘有声忽然决定结婚。虽然三年前两人已将恋情公之于众，但迟迟未有订婚，如今忽然结婚，又引起舆论风潮。潘有声在初识胡蝶的时候，还只是银行的一名普通雇员，之后到德兴洋行任总经理，经营纸张货物，事业顺遂，与林雪怀相比，无法并论。但潘有声本有家室，他为了胡蝶抛弃妻女，这一点成了舆论焦点，为外人所诟病，纷纷议论。加上当年与胡蝶退婚的林雪怀，因辗转至苏州开设照相馆，却由于胡蝶的债务而被法院查封，郁郁成疾，终患骨癌去世；以及此前阮玲玉因婚姻失败，遭受舆论抨击，留下一句"人言可畏"服药自尽；于是便有小报添油加醋："民国二十四年胡蝶笑了：阮玲玉死，胡蝶一笑；林雪怀死，胡蝶又一笑。"让人不得不为其刻毒所惊叹。种种评论纷至沓来，又将胡蝶推至了风口浪尖之上……但无论是"美人如斯"的称誉也好，"寡薄淡情"的诽谤也好，胡蝶仍旧还是胡蝶，翩翩起舞不需以造作，冉冉而行不伴以华冠。她是大众的骄子，也是时代所捧红的棋子。或许此时，胡蝶才真正地一笑：淡然处之。

劫后桃花惹清波

1937 年，抗战爆发，年底上海失守，胡蝶一家辗转至香港避难，度过了四年暂且安稳的日子，拍摄了《绝代佳人》和《孔雀东南飞》两部古装片。1941 年，太平洋战争爆发，香港沦陷，日本人上门邀请胡蝶拍摄宣扬"中日亲善"的影片，胡蝶不得不以怀孕为由拒绝，并举家逃至广东韶关，辗转桂林，于 1943 年底抵达重庆。

然而不久，特务头子戴笠对胡蝶一见倾心，随即用尽手段将之变成禁脔。为了讨得她的欢欣，戴笠曾到处收寻胡蝶在逃离香港时被劫的 30 箱财物，又按胡蝶开的丢失珠宝、衣物的账单，到国外购置，使她稍有感激之意。两人先在杨家山公馆同居了一段时间，之后又移居神仙洞。据沈醉在《我所知道的戴笠》所述，戴笠曾因为胡蝶在公馆前开辟了一座花园，并亲自布置；在修建神仙洞居所时，为了使胡蝶少爬一些坡，将马路修成了平地，而胡蝶只报以微微一笑。

乱世之中，有权有势的人可以只手遮天。当时的胡蝶，已经是两个孩子的母亲，慑于戴笠淫威，也只能无奈离开丈夫。等潘有声得知妻子被人霸占，去到军统质问时，根本就见不到胡蝶本人，只得悻悻而归。说到底，这对夫妻不过是战乱和权柄之下的受害者罢了。

一年之后，也就是 1945 年 8 月，日本战败投降。胡蝶欣喜若狂，想起了杜甫的一首名诗：剑外忽闻收蓟北，初闻涕泪满衣裳。却看妻子愁何在，漫卷诗书喜欲狂。白日放歌须纵酒，青春作伴好还乡。即从巴峡穿巫峡，便下襄阳向洛阳。胡蝶晚年回忆说，这首诗"完全表达了我们那时的心情"。

1945 年深秋，胡蝶从重庆飞往上海，但并未与丈夫居住在一起，而是寄居

"胡蝶要飞走了"

在金神父路十一号唐生明的家中，唐生明受戴笠指示，要"为胡蝶办理与潘有声离婚的手续，好无牵无挂地与胡蝶过半辈子"。幸而在次年三月，戴笠的直升机在南京坠毁，撞山身亡，胡蝶一家终于摆脱了长达一年半的噩梦。这段让人感慨万分的梦魇，直到晚年胡蝶也不愿面对，甚至根本否认其存在。是的，毕竟她还是拥有了完整的婚姻，与潘有声的爱情还能继续持久，如果说这是一个必须要含糊而过的话题，那也只能是后人闲谈时的佐料了。

战后的形势是难以预料的，出于对时局的担忧，胡蝶夫妇最终决定前往香港。胡蝶虽在香港出演了几部影片，但反响均不大，这种状况让她不由得感叹，如今的影界，已经是年轻人的天下了。时光如梭，几年一晃而过，夫唱妇随的生活到1949年夏然而止：潘有声因肝癌晚期去世，其经营的公司也随之转让他人。一向达观开朗的胡蝶心碎迷茫，并从此退出了影坛。丈夫去世后，胡蝶过起了平凡的日子——她变卖掉汽车和多余的房产，安安静静地带着孩子。或许因为世事经历得太多，也或许是因为她的智慧，她从当年的光芒万丈瞬间归于平淡，历经沧桑之后放下一切声名，淡泊地看待一切……

晚年胡蝶

1959 年，胡蝶重回电影界，加盟邵氏公司，接拍了几部电影，担任配角，但最终以一部家庭伦理剧《后门》让她重铸了当年的辉煌。重新拍电影时，胡蝶曾自谦地说，"我仍需兢兢业业地努力去发掘自己的潜力，向新的演员学习。"我们已然能够从中看到她那豁然的心胸，或许也只有这样的心胸，才能真正称得上名至实归吧。《后门》的上映，立即赢得了观众的好评，人们如潮水一样涌向戏院，次年，《后门》即在东京电影节上获最佳影片金禾奖，而胡蝶则获最佳女主角奖。在获奖之后，"亚洲影后"胡蝶才真正退出了舞台，此时，距她初登银幕已经 40 年了。

退出影坛之后，胡蝶在台北度过了十年的生活，直到 1975 年，又到加拿大温哥华的儿子处生活。年迈的胡蝶对人生似乎更有着一种领悟，那些往日的荣华与屈辱，似乎都在她的生命中消失了一般，都已成为过去，她从昔日的影子里走了出来，从此过起了恬淡宁静的普通人的生活。她甚至放弃了 16 岁以来一直跟随她的响亮的名字——胡蝶，而更名为潘宝娟，一个普通得不能再普通的名字，宝娟是她的乳名，而潘氏，则是亡夫潘有声的姓。

1989 年，83 岁的胡蝶在温哥华病逝，临走前，她轻轻地说："胡蝶要飞走了。"

浮生若梦，每个春天，都会有蝴蝶纷纷飞舞，而那只蝴蝶，却留在了人们的梦中……

佳人如梦

胡蝶，极尽灿烂又极尽苦痛。她有着比阮玲玉更现实、更完整的人生，甚至可以说，她的人生才是波澜起伏、惊心动魄的。

——赵玫

周璇：旧上海的时光与风情

　　周璇（1920—1957），原名苏璞，取"璞"的天然、纯真之意，出生于江苏常州的一个知识分子家庭；幼年时，被抽鸦片的舅舅拐卖到金坛县，改名王小红；不久又被上海一户周姓人家收养，更名周小红。1931 年，她参加上海联华歌舞班，因主演《特别快车》而崭露头角，在一次演出中演唱《民族之光》，其中有一句"与敌人周旋于沙场之上"，遂起艺名周璇。1934 年，周璇在"三大播音歌星"比赛中排名第二，旋即成为十大歌星之首，被誉为"金嗓子"。次年，周璇从影，拍摄第一部影片《美人恩》，从此后一发不可收拾，成为中国最早的"两栖明星"，先后主演《喜临门》《满园春色》等，而她于 1937 年拍摄的《马路天使》，成为她演艺生涯中的代表之作。随后，她奔走全国各地，出演《孟姜女》《李三娘》《董小宛》《西厢记》等名剧，并赴菲律宾宣传抗日救亡。1943 年，周璇加入中华电影联合股份有限公司，主演《渔家女》《红楼梦》等影片，并在 1945 年举行了两次演唱会，轰动全上海。抗战胜利后，周璇赴香港拍摄影片，1950 年回到上海，参加《和平鸽》的拍摄，拍摄中途被诊断为精神病，送入上海虹桥疗养院。1957 年，周璇急性脑膜炎发作，诊治无效病逝。周璇的情路坎坷，于 1938 年嫁与初恋严华，三年后离婚；其后又与朱怀德交往八年，于 1950 年生下长子周民，次年，周民被领养；患精神病期间，被唐棣诱奸，生下次子周伟，周璇死后唐棣被判入狱，周伟被送进孤儿院，4 岁时被赵丹夫妇寻到领养。

人物心语

死在上半天，杭州西湖里。

夜上海 夜上海 你是个不夜城 / 华灯起 车声响 歌舞升平 / 只见她 笑脸迎 谁知她内心苦闷 / 夜生活 都为了 衣食住行 / 酒不醉人人自醉 / 胡天胡地蹉跎了青春……（《夜上海》）

周璇

后无来者的一代歌后

春光再好，终究有消逝的一天。人生再美，终究也是繁华过后，悄然落幕。

有人说周璇的一生本就是一部精彩的影戏，由她自己导演并演绎着，不需外人去评价或扭曲，她是为了成全自己而活着。这种说法太过随便，太过恭维，却又是一种理所当然的评价。这种评价的背后逻辑是，没有人能够对她有所界定，如人饮水，冷暖自知，只有她自己才明白自己是生活在怎样的世界中，是生活在怎样的自我之中。几十年来人们对周璇的理解，总是着眼于她昔日的辉煌，她的悲惨境遇，却很少有人能触及她的灵魂。

巴金说过，一个作家要靠他的作品说话。如果套用这句话，那对一个影星歌星来说，周璇就是靠她的艺术来诠释自己了。她39年的短暂一生出演了四十几部作品，演唱了二百多首原创歌曲，像《夜上海》《何日君再来》等歌曲历时几十年而荣宠不衰。她所开创的紧靠话筒的演唱方法，引领了流行歌坛的风尚，在她的光辉之后，才有了现代流行歌曲的繁荣。多少年后，人们总是发现，周璇就像是横亘在通往歌坛朝圣路上的一座山峰，只有翻越了这座山，才能真正了解那个年代的音乐。这名"后无来者的一代歌后"，为我国上世纪二三十年代的歌坛竖起了一座纪念碑。

旅美作家白先勇在他的《上海童年》中这样记录着："那时上海滩上到处都在播放周璇的歌，家家'月圆花好'，户户'凤凰于飞'，小时候听的歌，有些歌词永远不会忘记：上海没有花\大家到龙华\龙华的桃花回不了家……大概是受了周璇这首《龙华的桃花》影响，一直以为龙华盛产桃花……夜上海\夜上海\你是个不夜城\华灯起\车声响\歌舞升平……这首周璇最有名的《夜上海》大概也相当真实地反映了战后上海的情调吧，当时霞飞路上的霓虹灯的确通宵不灭，上海城开不夜。"也许他对上海的童年记忆仅止于此了吧，这所有的阐述，都仅仅来源于周璇的"靡靡之音"……

感情之于命运

　　周璇生于1920年。有关她的童年经历曾是个未解之谜，周璇在1941年时在《我的所以出走》中披露自己的童年："我首先要告诉诸位的，是我的身世。我是一个凄零的女子，我不知道我的诞生之地，不知道我的父母，甚至不知道我的姓氏。当我6岁的时候，我开始为周姓的一个妇人所收养，她就是我的养母。6岁以前我是谁家的女孩子，我不知道，这已经成为永远不能知道的渺茫的事了！当然，我的原姓决不会姓周。"她曾在成名之后多次探寻自己的身世，却最终都无果而回，死前也未能达成所愿。但她的儿子周伟后来历经考证，寻找到了她的出生线索：周璇出生在苏家，原名苏璞，幼年时被抽大烟的舅舅顾仕佳拐骗到了金坛县王家，在王家，周璇改名王小红。6岁之时，被上海一户周姓人家收养，更姓为周，仍名小红。

　　莎士比亚说，性格即命运。而一个人的性格，与他（她）的童年经历一定紧密相连。周璇的童年是凄凉的，却也另有着一种希望。在被周家收养之后，她一直"过着困苦颠连的生活"，八岁之时，养母将她送往学校读书，后来家境渐苦，只好去做帮佣，而养父动了卖周璇做妓女的念头，所幸的是被养母所救，才免去了她一场灾难。

　　可以说，养母的抚育，让年幼的周璇有了依靠，有了来自母亲的稍许安全感。对于常

早年时的周璇

周璇影像

人来说，悲惨的童年令人生如此绝望，更多的，会令人自甘堕落，自怨自艾，他们往往不明白：上帝关上一扇窗的时候，在另一处会打开一扇门。苦难造就天才的说法俗不可耐，却时常成为了一个定理：一个卓有成就的天才往往能够找到那扇门，推开它，寻找到独属于他的光明来。对于周璇来说，那光明就是她发觉了她在音乐上的天分。周璇在给《万象》撰文时曾说："我自幼爱听人家唱歌，耳音也好，常常跟着哼，一遍两遍，三遍四遍就能上口了，在学校里，我唱歌的成绩总是第一名。"这种天分成了她得以在演艺圈立足的根基，也是藉由着这样的天分，才弥补了她童年时所遭受的缺憾。

我们发现，自始至终周璇是缺少父爱的。如若童年时的勒克特拉情结（恋父情结）未能完全表达，那她对于父爱的渴求，会让她在往后的日子中去寻求补偿或者反叛。这种情结的体现在周璇的感情生活中十分明显：她在15岁之时，便萌发了对大自己9岁的，对自己百般呵护的严华的爱恋，两人婚恋持续了五六年之后，又因严华对生活的苛刻与对她的强烈占有而产生裂痕，最终以反叛——分手出走告终。

少女时期她对严华的依恋，正是渴求父爱的一种表现。如果单看她的前半生，她是完全把自己的感情交付给命运的，命运之神给她什么，她便拿着什么，命运之神掠夺什么，她便放弃什么。她随遇而安，却又不时常是这样，只是在某些节点做出惊人的举动，而那些惊人的举动往往是日积月累的渐变造成。

"与敌人周旋于沙场之上"

周璇的命运转折，是自明月歌舞剧社的琴师章锦文而起。在章锦文的推荐下，年仅 12 岁的周璇加入了汇集当时名流王人美、白虹、胡笳、聂耳等名家的明月歌舞剧社。据说周璇入社首日唱的是一支有趣的江苏民间小调：我有一段情呀 / 唱把啦诸公听呀 / 诸公各位静呀静静心呀 / 让我来唱一支江南景呀 / 细细那道道来唱把啦诸公听呀……社长黎锦晖听后当众鼓励，并提出要她跟琴师章锦文学习五线谱、弹钢琴，十分看重。由于天分极高，又凭着一种超常的刻苦精神，在短短几个月中，周璇在音乐舞蹈上取得了大幅进步。也正是在此时，她与来自北京的艺人严华学习普通话。根据严华的回忆："她初进明月在哪里捞得着她去弹钢琴……先进社的演员上午都要练琴，她只好等人家弹，她在一边看，等到下午别人不弹了，她才能去摸一摸，她恳求号称胖姐姐的章锦文教她弹，她孜孜不倦地清晨练声乐，中午弹钢琴，深夜背台词……"

1932 年新年演出，周璇代替了当时的台柱白虹出场，献唱《特别快车》歌舞剧，成功的演出令她崭露头角，当年便灌制了第一张唱片，那时

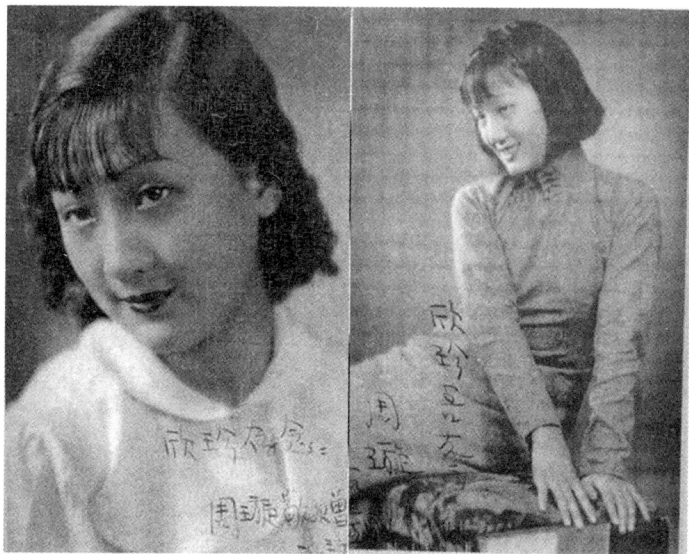

周璇自题赠送朋友的个人照

有记者曾预言："明月歌舞社里又升起了一颗新星。"不久，周璇在一次演唱会上演唱《民族之光》，其中有一句"与敌人周旋于沙场之上"，演出再次轰动。社长黎锦晖兴奋地提出：我看你的名字可以改一下了，"周旋于沙场之上"，不如就改艺名叫"周旋"，在旁的聂耳等人也一致赞成。于是"周旋"便成了她的第一个艺名，此后每当她演唱《民族之光》之时，观众便齐声高喊：周旋、周旋，与敌人周旋于沙场之上！声名鹊起之下，有人提议她将"旋（繁体字"鏇"）"换偏旁"王"，"周璇"之名便由此而来，从此名震歌坛。

此后，周璇曾辗转在新月歌舞剧社、新华歌剧社演出，年纪仅十四五岁的她由于刻苦好学，并加上专业的训练，以及舞台艺术实践，使得她逐渐成长，成为上海当时有名的名角新秀。与此同时，"友联""新新""青鸟"等电台也多次邀她去献唱，而著名的百代、胜利唱片公司还把她的歌曲《五月的风》和《叮咛》等灌片出售，不多久，这些歌曲便成了当时的流行歌曲。

> 五月的风，吹在花上
> 朵朵的花儿，吐露芬芳
> 假如呀，花儿是有知
> 懂得人海的沧桑
> 它该低下头来，哭断了肝肠
>
> 五月的风，吹在树上
> 枝头的鸟儿，发出歌唱
> 假如呀，鸟儿是有知
> 懂得日月的消长
> 它该歇下歌喉，羞惭地躲藏

五月的风，吹在天上

朵朵的云儿，颜色金黄

假如呀，云儿是有知

懂得人间的兴亡

它该掉过头去，离开这地方

　　浅吟低唱中，周璇用她独特的唱法，打动了人们在乱世当中的心。大上海的情调有着一种浮华的特质，听着冲入心怀的妙音，人生仿若成了一种空虚的悲切。战乱的惨景，国家的孱弱，当那群丧失斗志的人群找到这样一个可以躲藏自我的空间之时，怎能不为之所动？"假如呀云儿是有知 / 懂得人间的兴亡 / 它该掉过头去离开这地方"，人海沧桑无驻处，日月流转无消知，不似那隔江犹唱，而却如曾经沧海。

　　周璇的歌曲，已经悄然间引导了时代的风气。1934 年的歌星选举，14 岁的周璇以高票位居第二，跻身三大歌星之列。有一家报纸评价说"小小歌星，前程似锦，前途无量"，更有电台撰文称周璇的嗓子"如金笛鸣沁入人心……"一时间，"金嗓子"的美誉不胫而走，响彻大街小巷，妇孺皆知。

　　"歌唱是我的灵魂，我把整个的生命献给它。这是我的誓言，我牢牢地实践着，永远地、永远地……"周璇对音乐的热爱与天赋，使得她宁愿将一生奉献给音乐，她曾对母亲说，说她的一生都是为唱歌而活着，她恐怕爱音乐，比爱生命更甚。与此同时，周璇的照片也开始在报纸上逐渐增多，那清秀的少女面容，婉转的少女之音，在那样一个光怪陆离的时代，她已经将自己成功推销出去，剩下要做的，便是如何让自己成为不朽的明星……

　　1935 年，周璇演唱的上海民歌《龙华的桃花》在电台播放，成为了她成名之后的又一个代表之作。"命薄的桃花 / 断送在车轮下 / 古瓷瓶红木架 // 幸运的桃花 / 都藏在阔人家 / 上海没有花 / 大家到龙华 / 龙华的桃花都回不了家"，这首歌以民族美声的唱法，借助话筒制造不同效果，形成了周璇独特的风格。舒适曾指出："把这种会话式的自然发声的方法搬上舞台，同时把嘴紧紧地靠近话筒演唱的方法，是周璇开始的。"而当今众多明星的唱法，如邓丽君等人追本溯源的话，都不得不称始于周璇。

《马路天使》

周璇对于严华的爱，其实是没有选择余地的。早时周璇初入明月，就受到严华的百般照顾，教她普通话，维持两人生计，此后又四处奔波，为其寻找演出机会，介绍入电台，推荐给唱片公司，并放弃了自己经办的公司，为周璇出面经办新月社。种种行为，首先代表着一种父爱性质的关怀，令自小就缺失父爱的她始有一种安全感，这种需要令她不自觉地认为是"感到心灵上有了点滋润……生活上有了着落……也因为这层关系,对严华的好感逐渐增加起来"。情窦初开的少女，自然应有心有所属的对象，而面前的严华，宛若一个命中的白马王子，感激和爱情令她难以分辨。

也或许，爱就是爱了，时过境迁，一个 15 岁的少女，一个 24 岁的男子，本就是令人羡慕的一对。她口口声声叫着"严华哥哥"，是那么温馨，即便是有着什么情结又有什么关系呢？而对于一个演艺圈中的少女来说，这样的感情或许注定不会长久吧，即便严华对周璇并不存在着一种"管

周璇与严华

教"之心，鸟儿羽翼丰满，也迟早要飞出牢笼。那是谁都不能阻止的。

也正是与严华正式宣布恋情的这一年，周璇受聘于上海艺华影业公司，参与拍摄了她的第一部左翼电影《风云儿女》。电影中的主角，作词作曲以及编导，基

周璇小照

本都是当时的大腕，这一年，她正式踏入了影视圈。1936年，"金嗓子"周璇转行成功，一口气拍摄了五部电影，从第一部《花烛之夜》女二号到第四部《喜临门》与第五部《化身姑娘》，已经擢升为主角，可堪大任了。

1937年，辉煌灿烂的周璇在电影、音乐事业上达到了巅峰。如果说，初入影视界还有着一种忐忑之心的话，那拍摄了近十部电影之后，她已对自己有了强烈的认同感——这种始于内心的认同感，往往会化作一种自信，而这种自信，也自然而然带来一种普遍的认同。在认同周璇的人中，著名导演袁牧之可谓是她的伯乐了。这年春天，上海明星影业公司决定拍摄反映小人物命运的《马路天使》。据周璇回忆，袁牧之认定她是饰演歌女小红的最佳人选，为了将她收入麾下，提出了将明星公司的白杨与艺华公司交换。她当时并未意识到，《马路天使》成了她的代表作，这部电影之后被评价为30年代电影的压轴之作，成了中国早期社会问题片的集大成者。20世纪末评选百年中国十部电影时，《马路天使》位列其中。

歌女小红的多舛经历，或许与周璇早年的生活经历极为相像，她本就是乱世歌女，与其说是在表演，倒不如说只是回放自己的童年。这样的表演，自然而然达到了一种无招胜有招的境界，她对人物的理解，进入角色的速度之快，

很快证明了袁牧之选择她的慧眼独具："周璇之所以演得这样好，对她的每个动作、表情表达得恰如其分，除掉她本身的生活磨炼和天赋条件、柔和优美的歌喉、敏捷的动作反应、准确的听觉以及善良的心底、单纯的秉性，最主要的是她具备了作为一个演员最可贵的素质——那就是信赖，信赖自己的角色的一切行为和动作。"周璇只用了两个演唱的段落，就塑造了电影史上最令人深刻的歌女形象，一个是受到压迫时所唱《四季歌》，另一首是隔窗而唱《天涯歌女》："天呀呀海角 / 觅呀觅知音 / 小妹妹唱歌郎奏琴 / 郎呀咱们俩是一条心 / 嗳呀嗳呀郎呀咱们俩是一条心……"电影一放映，两首歌马上令周璇名声大振，成了上海滩上最著名的歌影两栖明星。上海百代唱片公司马上为其灌制唱片……在回忆起往事的时候，周璇总是这么说，"没有一部是我喜欢的戏，我这一生中只有一部《马路天使》……"而为这两首歌作曲的贺绿汀啧啧称奇：我发现了她的音乐天赋和使人奇异的艺术才能……她是一个本分人，衣着朴素，在那个时代，能做到洁身自爱是很不容易的。

何日君再来

抗日战争爆发后，周璇参与了诸多社会名人共同的心血《保卫卢沟桥》的话剧表演，又主演了中国第一部广告歌舞片《三星伴月》，其中的一曲《何日君再来》成了周璇一生中影响最大的一支歌。通过灌制唱片和电台播放，这支歌很快成为当时广为传播的热门舞曲，风靡一时，传世至今：

好花不常开

好景不常在

今宵离别后

何日君再来

喝完了这杯

请进点小菜

人生难得几回醉

不欢更何待

……

　　是年，17岁的周璇随未婚夫严华远赴菲律宾、香港等地巡回演出。1938年夏，两人在北平结婚，度过了四个月的甜蜜时光。秋天，周璇签约上海国华影业公司，开始了她的新一轮拍摄高潮，主演《孟姜女》《李三娘》《董小宛》《西厢记》等近二十部影片。也正在拍摄期间，她与严华的婚姻破裂。1941年夏，严华在《大公报》上发表警告信："……周女士忽不告而去，经查点后发觉所有银行存折贵重饰物，亦被席卷而去，事出突然，莫测高深，四处寻访，也不得要领。按本人几年来，栽培周女士不遗余力，方造成伊在歌咏及电影界今日之地位，今竟不顾一切……"与此同时，各种小报消息不断涌现，将两人之事渲染、扩大，周璇瞬间坠入烦恼之中，她在《我的为什么出走》一文中这样写道："……然而好景不常……一切并非我所预料的那样，渐渐地，猜疑、诬蔑、诽谤，从四面八方向我袭来，我再也不能忍受了，因为我是人，我有自己的生命和尊严。经过思索，我终于选择了'娜拉'的道路，噙着泪水离开了家，离开了相处九年的丈夫……我以为当美满的家庭不能获得，甜蜜的生活成为幻梦，而一种出人意料的痛苦紧紧压迫我的时候，我自然只好挣脱桎梏和恶劣的命运决斗，另觅新生之路了。"

　　周璇的新路，无疑与同时代写过《结婚十年》的苏青有着相似之处，但也可以说，周璇的出走是一场真正意义上的反叛，对女权的伸张。针对严华的指责，以及社会的舆论，22岁的周璇又不得不在报纸上再次诉说心声，说其带走的款项仅有两万，而其名下之钱财不止此数，多年所灌音的版税已不止十倍于此。而严华对其的苛刻，

旧报纸中的周璇

"璇囊中所存，每不逾五元，偶有亲友见访，无以置肴点，有失礼貌，使璇啼笑皆非……璇往公司拍片，严君常限制时刻，倘因工作稍久，赋归略迟，严君即以恶声相报，甚至痛殴。"感情已然到了暴力与辱骂的程度，她曾在旅馆为此而自杀未遂，

"辄思结束此生，闭悲剧之幕。顾又求死不获，痛定思痛，唯有离此牢笼，求光明之生路……"幸运的是，她与五年前自杀的阮玲玉有所不同，她的艺术生命又得以继续延续，并未因一个男人断送了自己的事业。这或许是上天安排的幸运，或许只是周璇未来之路的一个小小插曲，死亡并非是她的终点，而丧失了灵魂才是？九年的感情如同一张脆弱的纸，写一写，画一画，就成了乱糟糟的废纸，比之当年的纯真爱恋，早已是物是人非了。

夜上海

而正如周璇自己所发誓的，她将继续奋斗到底，之后两年内她陆续主演了《夜深沉》《解语花》等十七部电影，并演唱了其中三十六首插曲，这在中国电影史上是空前绝后的。周璇的影片，在东南亚的热度，远远超过了同时代的好莱坞巨星珍妮麦当娜和狄安娜。这种围绕市场而进行的商业化运作模式，即使现在，影视界恐怕也是望尘莫及的。周璇之所以成为周璇，是令人难以明白的，特别是在离开严华之后，她的人格有着一种更加趋向于超尘的势态，1941年的电影皇后选举，周璇自然而然获"影后"桂冠，但周璇却拒绝了这种虚名，"对于影后名称，绝难接受，并祈勿将影后二字，涉及贱名，则不胜感荷……"这种心态与之前胡蝶获名后的态度，可谓是对比鲜明。清雅、高贵，这样的词汇让我们很难想到生长于颠沛流离生活之中的周璇是怎样拥有的。如果一个人的一生总有一些奇遇的话，那恐怕我们也难从周璇口中得知。我们只知道，这个不图名利的女子，有着相当朴素的心态，从不把自己当作什么了不起的人物，时时刻刻保持着一种谦虚。她在数次采访中曾显现出她的率性和自然，例如"问（记者）：你以为在现时代下，观众最需要的是什么样的影片？答：教育片。问：在新体制下，每一个影人应抱什么态度？答：尽力自己的本分工作。"这样的回答，仿佛是谨慎而又谨慎的，却也从另一方面向我们明示了她对演艺事业的态度，那就是从不自我膨胀，永远保持在一种"不满"状态……

　　1944 年，周璇陆续又拍摄了《鸾凤和鸣》，其中一曲《讨厌的早晨》勾勒了"如今是马乱兵荒，眼见得国破家亡"的上海地图，同年 6 月，拍摄十四部电影版的《红楼梦》，扮演林黛玉，并演唱《葬花词》《悲秋》，传至东瀛。次年主演《凤凰于飞》中的吴淑贞，演唱了最负盛名的词作者陈蝶衣的《笑的赞美》《慈母心》《凤凰于飞歌》等十一首插曲，并在金都大剧院开了她的首场演唱会，刊载于1945 年 5 月《上海影坛》说："据说三天歌唱会共售 400 余万元，除一切必要开支

古装戏中周璇（左一）

外，周璇名利双收。"

1947 年，影片《长相思》首次上映，其中的插曲《夜上海》《花样的年华》等再次风靡影坛，受到了香港公众的空前欢迎，据当年的报载，海外公司到香港购买唱片时，皆指定要《夜上海》和《黄叶舞秋风》等，销路畅通，打破了之前所有记录。而周璇的版税，一年便达到了 2000 万，一直瞧不起上海人的香港人，受到了周璇刮来的海派文化的空前洗礼。

死在上半天，杭州西湖里

自与前夫严华分开后，周璇再没有结婚。她的第二段恋情，是与上海一家绸布店老板的儿子朱怀德同居。朱怀德是一个家道殷实，处事细致的标准上海男人，两人一直交往了八年之久。但周璇一直是充满着怀疑成分的，她引以为戒，谨小慎微，她感到只有把全身心投入到电影当中，心中恐怕才不会有失落之感。毕竟，她已经发誓成为一个新的自己了，重蹈覆辙的事情，如果再错，那只能是陷入万劫不复之境。

然而命运还是给她带去了抹不去的痛，与其说是命运所造，不如说是自己所造。1950 年 7 月，已经怀孕 8 个月的周璇从香港回到上海，这个决定让她的后半生为之改变。回到上海，周璇登报声明与朱怀德脱离同居关系，以证明怀中孩子并非朱怀德所生，而面对朱怀德的纠缠，她则置之不理。生下儿子敏敏（周民）之后，某个知名人士曾惊呼："嗨，这个孩子怎么和 × × × 像从一个模子里面刻出来的！"①

在这样一个社会环境之下，周璇对自己的演艺前景非常消极。她在给香港的朋友李厚襄写信时曾抱怨："……近因播音唱了歌，报上挨骂，在任何环境中都

① 语焉不详，如今只能猜测此孩子是另一位名流之子，而父子一直未相认。

有派别，将来拍戏又不知怎么样来应付呢！太难了！"她敏锐地感到，如今的环境并没有新中国成立前那么宽松了，她曾想再到南洋巡演，多赚一些钱，却苦于不能出行。"有一点要告诉你，关于（赴南洋）唱歌之事暂时要守秘密，上海知道他们会对我不满，切记！切记！……我觉得自己意志不定，心又太直，所以害了自己，到今天真是吃足了苦头，一言难尽，不说也罢。"一向自信而乐观的周璇，陷入到一种无法适应的状态。1951年 4 月，周璇接受大光明影业公司的

周璇旧照

邀请，准备拍摄《和平鸽》的戏。出演之前，她已经陷入一种两难境地，一方面是自己不愿出演的立场，另一方面却是大环境的裹挟。她恐怕并不能适应这种忽然转变的政治环境、社会氛围，一向认为自己是"为唱歌而生"的她，忽然在当时受到大范围舆论的指责，她的精神已经找不到归宿了。她曾想"要大哭一场"，却又不敢明说这种"哭"是为何而哭，莫名的恐惧让她不知该如何面对，只能随波逐流，一改往日的自然本性。

在周璇精神崩溃的前夕，她便已经有了诸多征兆，她在给李厚襄的第七封信中写道："……这次因王人美背后破坏，引起他们对我很大的误会，将来还是会事实证明的。"据说在政府组织的拍戏检讨会上，王人美检讨自己和周璇在旧社会的种种行为是不正确的，应当进行自我改造。而周璇则对此不解，她可能明白这只是一种表面托辞，却又无法控制内心的冲动，反常地打了王人美一耳光，接着她又道："不拍戏人家以为你是做什么的。这真是太冤枉，他们不能相信就不

令人心动的周璇

能原谅！这痛苦只有自己知道……"

对于社会的这种变化，周璇的表现开始是服从的，进而却不能抑制住内心的疑惑与敏感，她不明白的是，新中国文艺界的气氛为何这样？"革命的文艺工作者"是一个什么样的角色？她该何去何从？大概只有一疯了之了。在拍摄《和平鸽》的后期，她想到自己的身世以及没有父亲的孩子，精神病顿时发作，从此便陷入一种癫狂状态之中。

而命运的毒箭恐怕并不止于此。祸不单行，在她病得最严重之时，一个美术老师唐棣去她家为她画电影宣传广告，并趁机与之发生了关系。当时的周璇仍处在恍惚多变的阶段，当唐棣发现在沙发后藏的金条时，动了贪念并偷窃，而此举却被周璇的养母所见，于是将他告上了法庭，并怀疑他接近周璇的动机。经过一段时间的查实，法院在第二年（1952年）判处了唐棣诱奸罪，判处有期徒刑三年。当然，唐棣认为这种行为是两人的"爱情"，而根据当时的知情人士一致认为，唐棣是趁人之危而且是卑劣行径，并且他所谓的"爱情"，在周璇今后的日记当中只字未提。唐棣的出现，无疑令周璇的精神状况加剧恶化，此后她一次次被送进精神病院，与此经历有着莫大关系。

而正在判决下发之时，法院才得知周璇怀孕的消息。出于配合周璇治疗的考虑，当局又将唐棣保释出来，第二个儿子（周伟）出生后，唐棣又被以"历史反革命"罪逮捕，一年后释放。而正是这个唐棣，1956年在其执教的中学诱奸了年仅15岁的初中女生，次年旋即被划为右派，数罪并罚，获有期徒刑十二年。

周璇的一生中，一直摆脱不了美好开始、惨淡结局的感情生活。这样的境遇，再加上童年时期的磨难与痛楚，对政治时局的困惑，以及对两个儿子的阵痛，致使她一直未能恢复过来。此后六年她的病情时而反复，最终在 1957 年夏突发急性脑炎，一个月后不治长辞。

死在上半天，杭州西湖里——周璇的愿望并未达成，世俗给了她一个世俗的葬礼。人们用一辆价值 246 万元的克里斯轿车将她接走，送往了一个他们也不知的国度。

佳人如梦

周璇的歌声是天上的音籁，而不是人间的声音。

——龙应台

我和李香兰共同喜欢一个人的歌声，她就是周璇；我知道，李香兰是因为崇拜周璇而走上了歌唱道路。

——张爱玲

我创作《花样年华》的全部灵感，来自于三四十年代的上海，来自于周璇主演的《长相思》里面的主题曲《花样的年华》……

——王家卫

璇子很聪明，心肠也好，她开始踏上影坛，是以娇小的身材与甜润的歌声使人感到"我见犹怜"的。周璇的音色甜润自然，有江南水乡的韵味，又有天真烂漫的情趣……

——陈歌辛